本书由云南师范大学「西南联大文库」出版专项经费资助

# 西南联大馆藏档案记忆

## 珍贵房地契释读

王晶◎著

天津出版传媒集团
天津古籍出版社

**图书在版编目（CIP）数据**

西南联大馆藏档案记忆 : 珍贵房地契释读 / 王晶著
. -- 天津 : 天津古籍出版社, 2024.12
ISBN 978-7-5528-1454-5

Ⅰ. ①西… Ⅱ. ①王… Ⅲ. ①云南师范大学—校史
Ⅳ. ①G659.287.41

中国国家版本馆CIP数据核字(2024)第055340号

**西南联大馆藏档案记忆·珍贵房地契释读**
XINAN LIANDA GUANCANG DANGAN JIYI ZHENGUI FANGDIQI SHIDU

王 晶 / 著

出　　版　天津古籍出版社
出 版 人　任 洁
地　　址　天津市和平区西康路35号康岳大厦
邮政编码　300051
邮购电话　（022）23517902

责任编辑　吴瞳瞳
美术设计　寒 露

印　　刷　河北万卷印刷有限公司
经　　销　全国新华书店
开　　本　889毫米×1194毫米　1/16
印　　张　14.5
字　　数　220千字
版次印次　2024年12月第1版　2024年12月第1次印刷
定　　价　88.00元

# 前　言

联大学府，刚毅坚卓，其著泱泱；薪火承续，弦歌不辍，其育煌煌。

云南师范大学（以下简称“学校”）是云南省人民政府和教育部共建高校，学校前身是诞生于1938年的国立西南联合大学（以下简称“西南联大”）师范学院。1946年，组成西南联大的北京大学、清华大学、南开大学三校复员北返，其师范学院留昆明独立建校，定名国立昆明师范学院，1950年改名为昆明师范学院，1984年更名为云南师范大学，1998年与云南教育学院、云南体育进修学院合并重组云南师范大学。建校以来，学校为国家培养了一批批各级各类人才，被誉为“红土高原上人民教师的摇篮”。

学校秉承西南联大“刚毅坚卓”的校训，恪守“学高身正，明德睿智”的校风、“启智树人，教学相长”的教风、“尊师崇真，敦品励志”的学风，落实立德树人根本任务，扎根云岭大地，弘扬联大精神，矢志教师教育，加快建设西部领先、辐射南亚东南亚的高水平师范大学。

学校档案馆、校史馆的前身是成立于1938年的西南联大文书组。馆藏房地契档案共有158份，是西南联大成立之初，因建筑校舍及教工住宅的需要，通过购买的方式获得房地使用权的凭证；还有少量的房地契档案产生于20世纪50年代初，是昆明师范学院购买教工住宅用地的凭证。其中清代37份（按年代先后，依次是雍正年间1份、乾隆年间1份、道光年间2份、咸丰年间2份、同治年间2份、光绪年间22份、宣统年间7份），民国时期有114份，中华人民共和国成立后的20世纪50年代有7份，其中房契42份、管业执照12份、清丈执照60份。在这158份房地契档案中，最早的1份产生于清雍正六年（1728年）十月初三，最晚的1份产生于1953年4月4日，时间跨度长达225年。由于本书所收集的房地契时间跨度较大，其中一些地名发生了变化，故在房地契图片下方的图名中对今日所用地名进行了括注。清至民国年间，昆明的一些地基及房屋在交易后，后续的买家会将上一次买卖的房地契与本次买卖的房地契粘贴在一起，以便于保存，经过多次买卖，连续粘贴，形成了长条形的房地契“连张”，在云南师范大学档案馆保存的158件房地契中，这样的“连张”房地契仅有4件，极为罕见。为了展示这4件“连张”房地契，目录中涉及此部分内容处，未按清朝时期从雍正、乾隆、嘉庆、道光、咸丰、同治、光绪、宣统，以及民国的年代顺序排序，而是按“连张”房地契中的时间顺序排序，在此做特殊说明。房地契档案原件中凡出现异体字，均在录文中整理为通用字。

“契昭信守，约定如山。”房地契档案属于契约文书的范畴，具有地域性、唯一性的特点。这批房地契档案产生于不同历史时期的特定地域，可谓是世间独一无二。它所透露给我们的历史信息非常丰富，对于档案学者、历史学者来说，这些房地契档案都是宝贵的原始档案史料。

风雨兼程，岁月如歌。时光的流逝，淹没了许多丰富多彩的历史细节。伴随时间的推移，这些原本鲜活的校史物证史料与我们渐行渐远，恍如隔世。当我们透过发黄的房地契档案，再次触摸那段尘封已久的往事，却感受到了云师人鲜活的脉动。档案馆、校史馆奉献给师生员工、校友和社会各界的房地契档案，就是连接过去与现在的桥梁，开启记忆闸门的钥匙。它把我们带回真实的历史现场，重新感受时代的气息，体悟创业者的艰辛。

对西南联大在昆建校以来的房地契进行展示，可以展现云南师范大学的历史渊源和办学历程，全方位解读契约文书厚重的历史文化内涵及巨大的文献价值、文物价值、艺术价值和学术价值。这批珍贵的档案，从一个侧面反映了云南师范大学创建、变迁、发展的奋斗历程，使云师大师生、校友以及关心云师大发展的广大读者进一步了解师大历史，感受师大文化，传承西南联大精神。这是进行爱校、爱国教育的绝佳素材，也是一份值得全体云师人永远珍视与呵护的文化财富和精神家园。

我们在 80 周年（2018）校庆展陈的基础上，系统整理了馆藏的房地契并编纂出版，谨以此书抛砖引玉，为西南联大珍贵档案的研究贡献自己微薄的力量。

念昔日筚路蓝缕、艰难创业，感今朝不忘初心、砥砺前行。同历史对话，我们能够更好地认识过去，把握当下，面向未来。

# 目 录

# 房地契释读

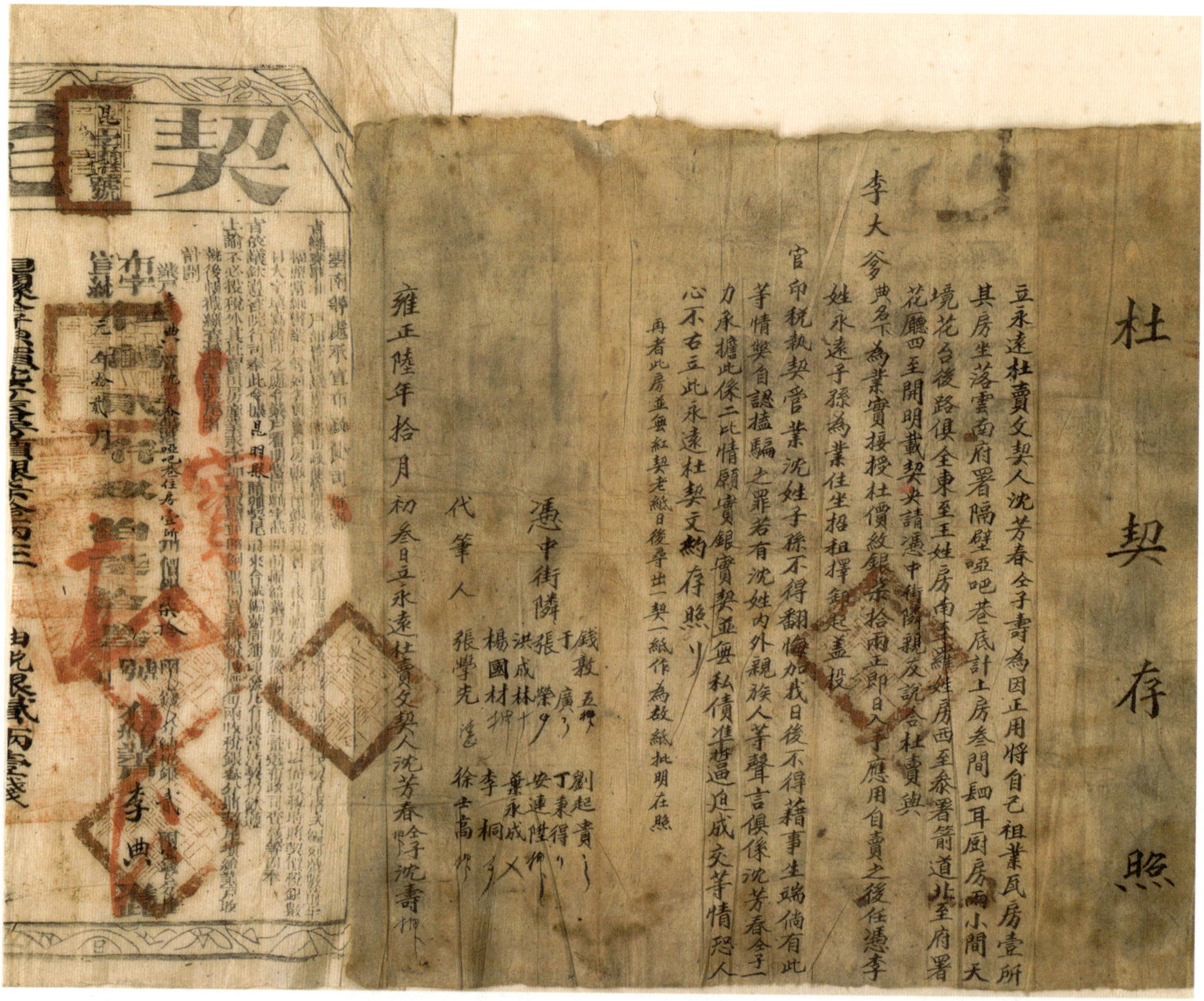

图1　雍正六年十月初三（1728年11月4日）沈芳春等立杜卖瓦房契　哑巴巷（通城巷）

**杜契存照**[1]

立永远杜卖文契人沈芳春同子寿，为因正用，将自己祖业瓦房一所，其房坐落云南府署隔壁哑吧巷底[2]，计上房三间四耳，厨房两小间，天井花台后路俱全，东至王姓房，南至罗姓房，西至参署箭道，北至府署花厅，四至开明载契。央请凭中、街邻、亲友说合，杜卖与李大爹典名下为业，实接授杜价纹银七十两正，即日入手应用。自卖之后，任凭李姓永远子孙为业，住坐招租、择卸起盖，投官印税，执契管业，沈姓子孙不得翻悔加找，日后不得藉事生端。倘有此等情弊，自认磕骗之罪。若有沈姓内外亲族人等声言，俱系沈芳春同子一力承担。此系二比情愿，实银实契，并无私债准折、逼迫成交等情。恐人心不古，立此永远杜契文约存照。

再者，此房并无红契老纸，日后寻出一契一纸作为故纸，批明在照。

凭中街邻：钱敦五　刘起贵　于广　丁秉得　张荣　安连升　洪成林　叶永成　杨国材　李桐

代笔人：张学先　徐士高

雍正六年十月初三日　立

永远杜卖文契人：沈芳春同子沈寿

① 此契距今296年，是西南联大馆藏年代最久的档案。

② 录文与原件保持一致，图片标题以及辅文中提到时统一用今名（哑巴巷）。

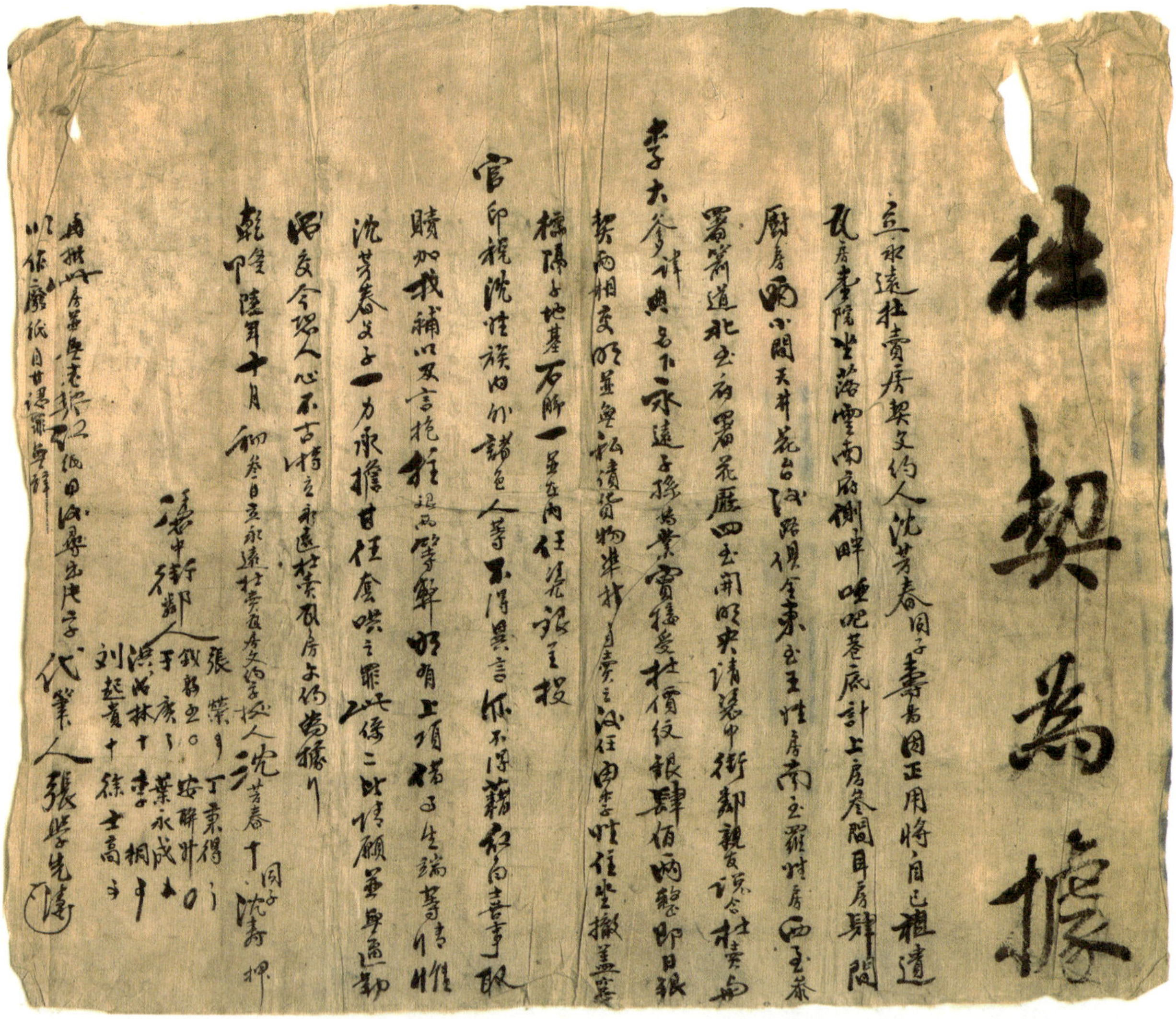

图 2　乾隆六年十月初三（1741 年 11 月 10 日）沈芳春等立杜卖瓦房契　哑巴巷（通城巷）

**杜契为据**

立永远杜卖房契文约人沈芳春同子寿，为因正用，将自己祖遗瓦房一院，坐落云南府侧畔哑吧巷底，计上房三间，耳房四间，厨房两小间，天井花台后路俱全，东至王姓房，南至罗姓房，西至参署箭道，北至府署花厅，四至开明。央请凭中、街邻、亲友说合，杜卖与李大爹津典名下，永远子孙为业。实接受杜价纹银四百两整，即日银契两相交明，并无私债、货物准折。自卖之后，任由李姓住坐、撤盖□槅阳子地基石脚，一并在内。任凭银主投官印税，沈姓族内外诸色人等不得异言，亦不得藉红白喜事取赎加找补以及言抢找银两等弊。如有上项诸事生端等情，惟沈芳春父子一力承担，甘任套哄之罪。此系二比情愿，并无逼勒成交。今恐人心不古，特立永远杜卖瓦房文约为据。

乾隆六年十月初三日　立

永远杜卖瓦房文约字据人：沈芳春同子沈寿

凭中街邻：张荣　丁秉得　钱敦五　安饼叶　于广　叶永成　洪成林　李桐　刘起贵　徐士高

代笔人：张学先

再批，此房并无老契红纸，日后寻出片字，以作废纸，自甘认罪无辞。

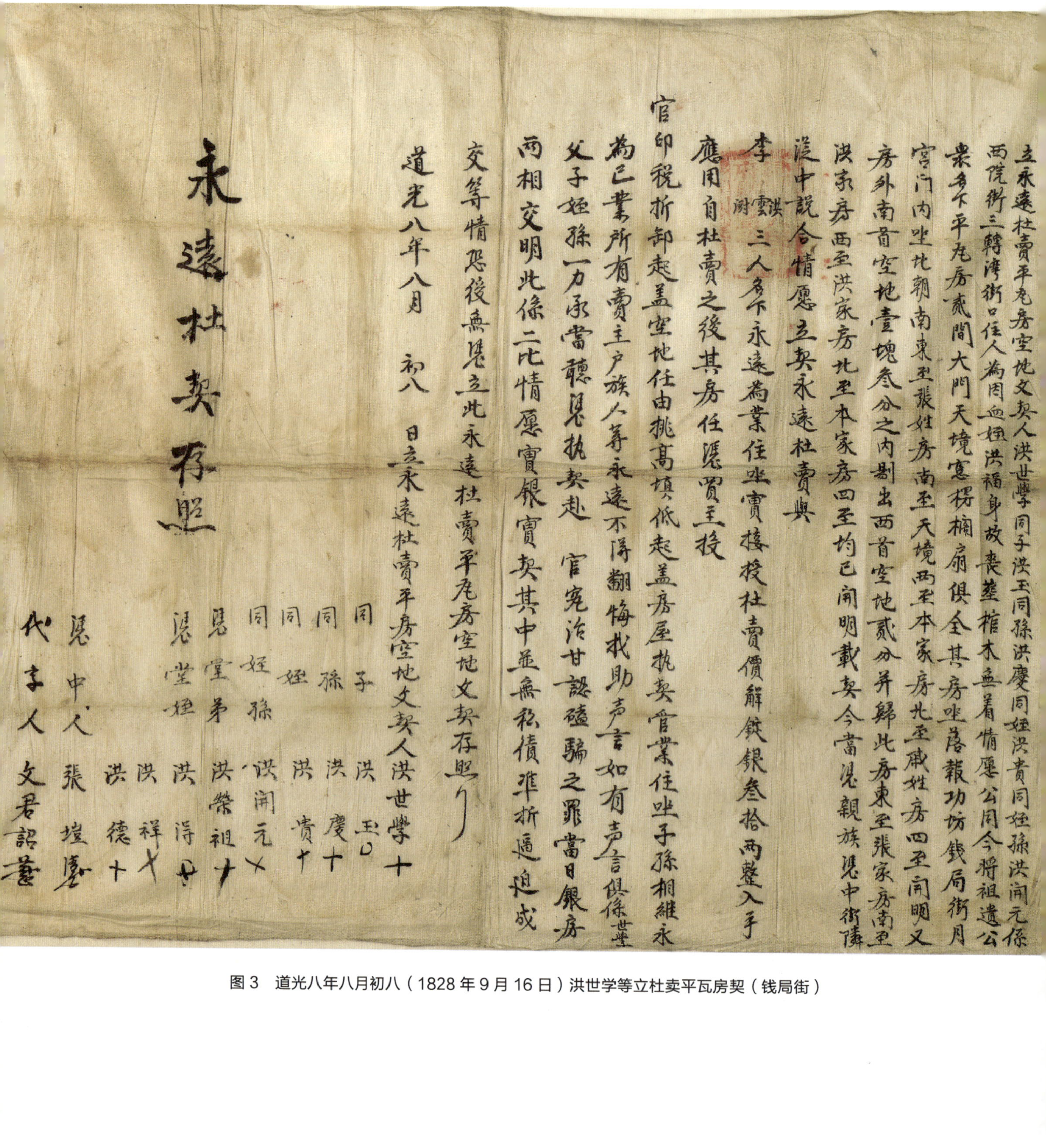

立永遠杜賣平瓦房空地文契人洪世學同子洪玉同孫洪慶同姪洪貴同姪孫洪開元係
西院街三轉灣街口住人為因血姪洪福身故喪葬棺木無着情愿公同今將祖遺公
衆名下平瓦房貳間大門天境寫楞㮰扇俱全其房坐落報功坊錢局街月
宮门内坐北朝南東至張姓房南至天境西至本家房北至戚姓房四至開明又
房外南首空地壹塊叁分之内劃出西首空地貳分并歸此房東至張家房南至
洪家房西至洪家房北至本家房四至均已開明載契今當憑親族憑中街隣
從中說合情愿立契永遠杜賣與
李 洪雲澍 三人名下永遠為業住坐實授接杜賣價紋銀叁拾兩整入手
應用自杜賣之後其房任憑買主授
官印稅折卸起蓋空地任由挑高填低起蓋房屋執契管業住坐子孫相継永
為已業所有賣主户族人等永遠不得翻悔找助声言如有声言俱係世學
父子姪孫一力承當聽憑執契赴 官究治甘認磕騙之罪當日銀房
兩相交明此係二比情愿實銀實契其中並無私債準折逼迫成
交等情恐後無憑立此永遠杜賣平瓦房空地文契存照
道光八年八月 初八 日立永遠杜賣平瓦房空地文契人洪世學 十
同 子 洪玉 ㇿ
同 孫 洪慶 十
同 姪 洪貴 十
同 姪孫 洪開元 ㄨ
憑 堂弟 洪榮祖 十
憑 堂姪 洪得 十
洪祥 七
洪德 十
憑 中人 張塏 臺
代字人 文君詔 書

永遠杜契存照

图 3　道光八年八月初八（1828 年 9 月 16 日）洪世学等立杜卖平瓦房契（钱局街）

## 永远杜契存照

立永远杜卖平瓦房空地文契人洪世学，同子洪玉、同孙洪庆、同侄洪贵、同侄孙洪开元，系西院街三转湾街口住人，为因血侄洪福身故，丧葬棺木无着，情愿公同，今将祖遗公众名下平瓦房两间，大门天境、窗楞阁扇俱全，其房坐落报功坊钱局街月宫门内，坐北朝南，东至张姓房，南至天境，西至本家房，北至戚姓房，四至开明。又房外南首空地一块，三分之内剔出西首空地两分，并归此房。东至张家房，南至洪家房，西至洪家房，北至本家房，四至均已开明载契。今当凭亲族、凭中街邻促中说合，情愿立契永远杜卖与李澍、云、洪三人名下永远为业住坐。实接授杜卖价解锭银三十两整，入手应用。自杜卖之后，其房任凭买主授官印税，折卸起盖，空地任由挑高填低，起盖房屋，执契管业住坐，子孙相继永为己业。所有卖主户族人等永远不得翻悔，找助声言。如有声言，俱系世学父子侄孙一力承当，听凭执契赴官究治，甘认磕骗之罪。当日银房两相交明，此系二比情愿，实银实契，其中并无私债准折、逼迫成交等情。恐后无凭，立此永远杜卖平瓦房空地文契存照。

道光八年八月初八日　立

永远杜卖平房空地文契人：洪世学，同子洪玉，同孙洪庆，同侄洪贵，同侄孙洪开元，凭堂弟洪荣祖，凭堂侄洪浔、洪祥、洪德

凭中人：张垲

代字人：文君诏

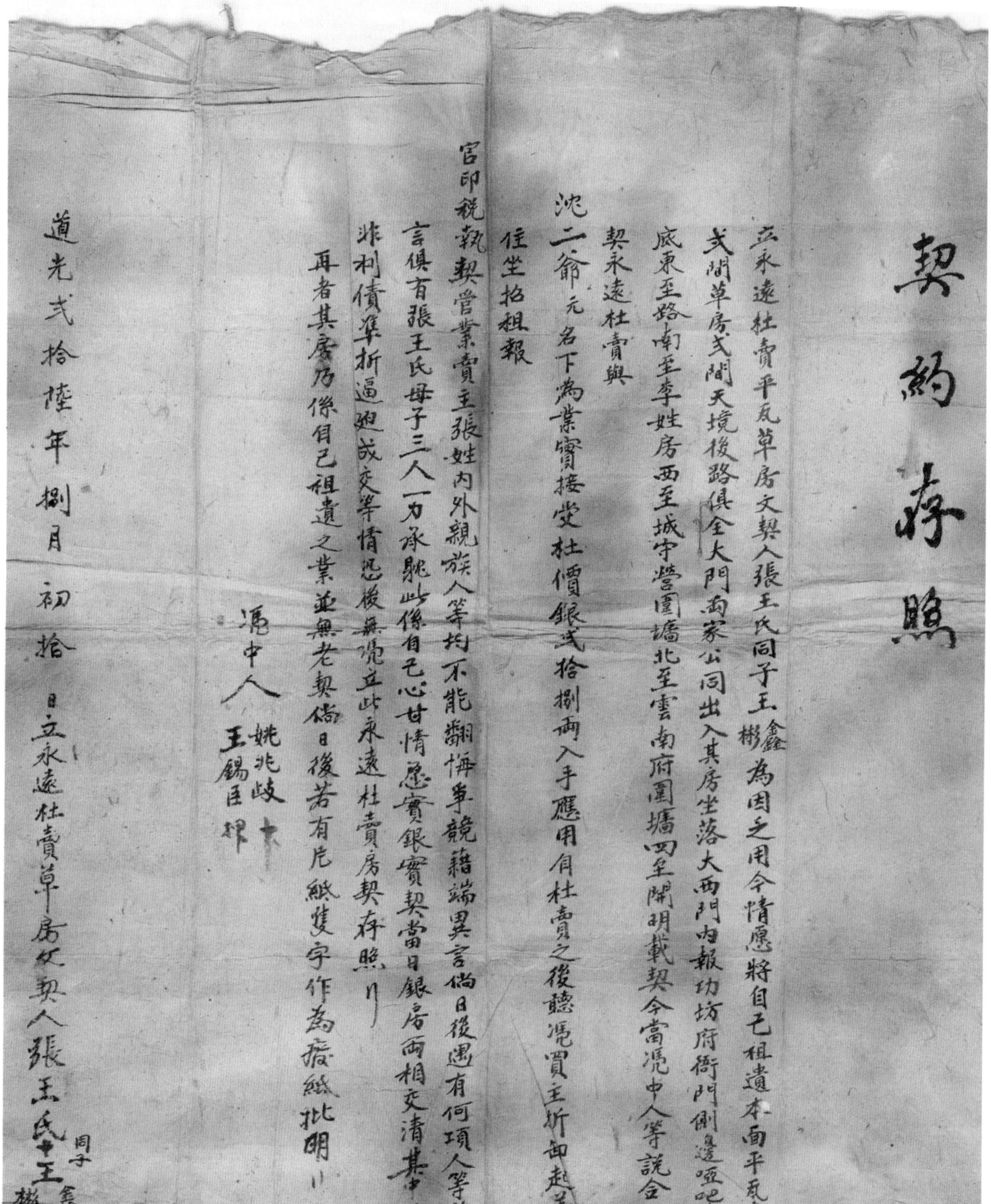
契約存照

立永遠杜賣平瓦草房文契人張王氏同子王鑫彬為因乏用今情願將自己祖遺本面平瓦房弍間草房弍間天境後路俱全大門兩家公同出入其房坐落大西門內報功坊府衙門側邊啞吧巷底東至路南至李姓房西至城守營圍墻北至雲南府圍墻四至開明載契今當憑中人等說合立契永遠杜賣與

沈二爺元名下為業實接受杜價銀弍拾捌兩入手應用自杜賣之後聽憑買主拆卸起蓋任坐招租報

官印稅執契管業賣主張姓內外親族人等均不能翻悔爭競藉端異言倘日後遇有何項人等聲言俱有張王氏母子三人一力承耽此係自己心甘情愿實銀實契當日銀房兩相交清其中並非利債準折逼迫成交等情恐後無憑立此永遠杜賣房契存照

再者其房乃係自己祖遺之業並無老契倘日後若有尾紙隻字作為廢紙批明

憑中人 姚兆岐 十 王錫臣 押

道光弍拾陸年捌月初拾日立永遠杜賣草房文契人張王氏十同子王鑫彬

图 4 道光二十六年八月初十（1846 年 9 月 29 日）张王氏等立杜卖平瓦房契 哑巴巷（通城巷）

## 契约存照

立永远杜卖平瓦草房文契人张王氏，同子王鑫、王彬，为因乏用，今情愿将自己祖遗本面平瓦房两间，草房两间，天境后路俱全，大门两家公同出入。其房坐落大西门内报功坊府衙门侧边哑吧巷底，东至路，南至李姓房，西至城守营围墙，北至云南府围墙，四至开明载契。今当凭中人等说合，立契永远杜卖与沈二爷元名下为业，实接受杜价银二十八两，入手应用。自杜卖之后，听凭买主折卸起盖，住坐招租，报官印税、执契管业。卖主张姓内外亲族人等均不能翻悔争竞，藉端异言。倘日后遇有何项人等声言，俱有张王氏母子三人一力承担。此系自己心甘情愿，实银实契，当日银房两相交清，其中并非利债准折、逼迫成交等情。恐后无凭，立此永远杜卖房契存照。

再者，其房乃系自己祖遗之业，并无老契，倘日后若有片纸只字，作为废纸批明。

凭中人：姚兆岐　王锡臣

道光二十六年八月初十日　立

永远杜卖草房文契人：张王氏同子王鑫、王彬

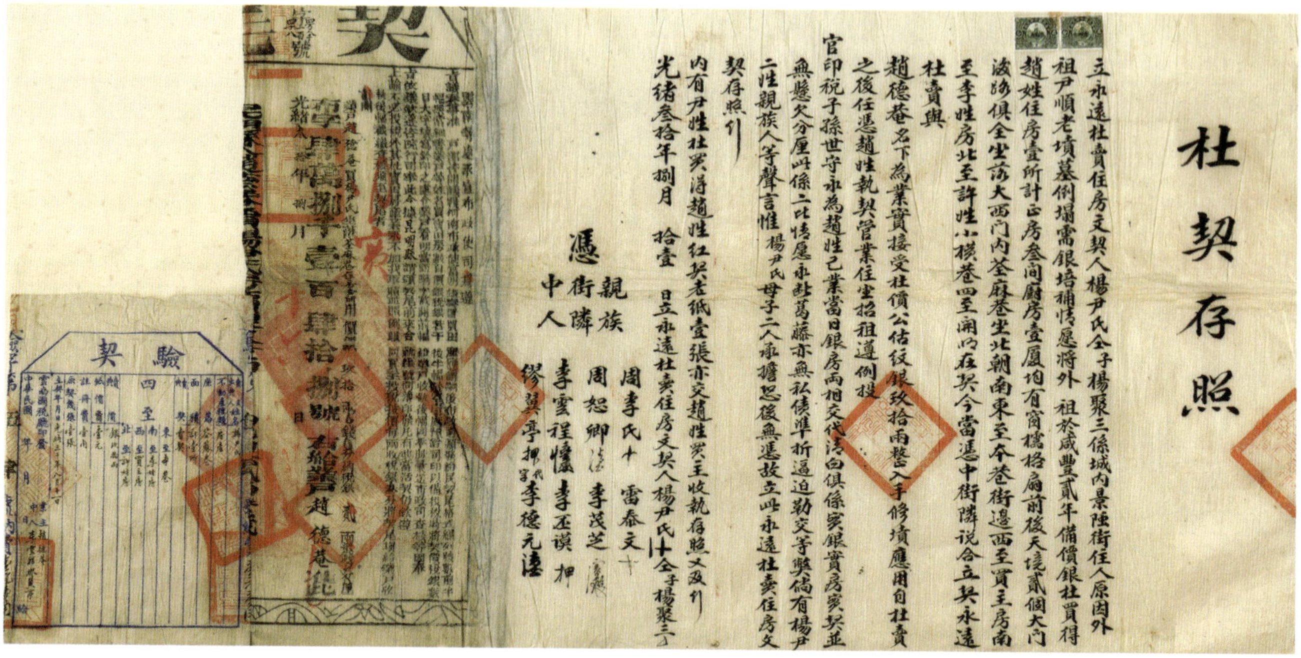

图 5　光绪三十年八月十一（1904 年 9 月 20 日）杨尹氏等立杜卖住房契

## 杜契存照

立永远杜卖住房文契人杨尹氏同子杨聚三系城内景□街住人。原因外祖尹顺老坟墓倒塌，需银培补。情愿将外祖于咸丰二年备价银杜买得赵姓住房一所，计正房三间、厨房一厦，均有窗棂格扇。前后天境二个、大门后路俱全。坐落大西门内荃麻巷，坐北朝南。东至本巷街边，西至买主房，南至李姓房，北至许姓小横巷，四至开明在契。今当凭中街邻说合，立契永远杜卖与赵德庵名下为业。实接受杜价公估纹银九十两整，入手修坟应用。自杜卖之后，任凭赵姓执契管业、住坐招租、遵例投官印税。子孙世守，永为赵姓己业。当日银房两相交代清白，俱系实银实房实契，并无悬欠分厘。此系二比情愿，永断葛藤，亦无私债准折、逼迫勒交等弊。倘有杨尹二姓亲族人等声言，惟杨尹氏母子二人承担。恐后无凭，故立此永远杜卖住房文契存照□内有尹姓杜买得赵姓红契老纸一张，亦交赵姓买主收执存照。又及□

光绪三十年八月十一日　立

永远杜卖住房文契人：杨尹氏　同子杨聚三

凭亲族、街邻、中人：周李氏　雷泰文　周恕卿　李茂芝　李云程　李丕谟
缪翼亭

代字：李德元

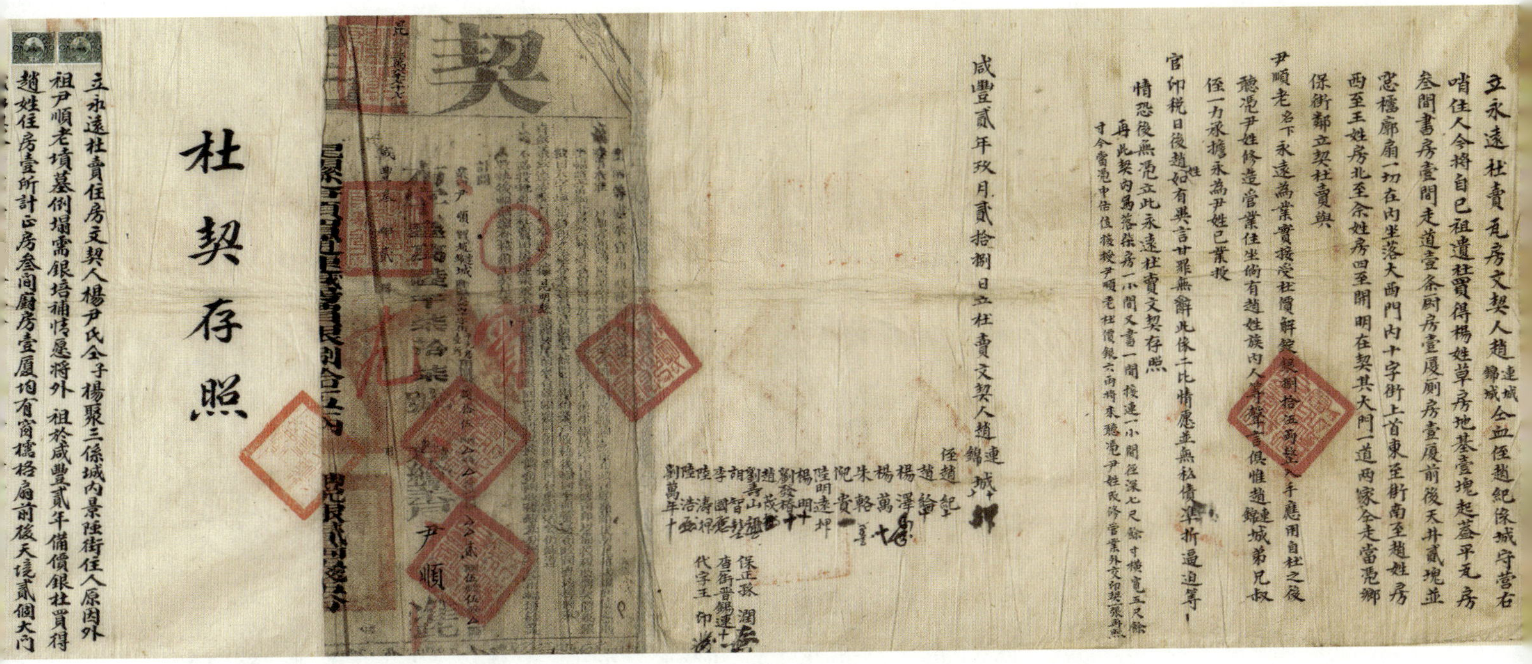


图 6　咸丰二年九月二十八（1852 年 11 月 9 日）赵连城等立杜卖瓦房契

### 杜契存照

立永远杜卖瓦房文契人赵连城、赵锦城同血侄赵纪，系城守营右哨住人。今将自己祖遗杜买得杨姓草房地基一块，起盖平瓦房三间、书房一间、走道一条、厨房一厦、厕房一厦、前后天井二块，并窗棂、廓扇一切在内，坐落大西门内十字街上首。东至街，南至赵姓房、西至王姓房、北至余姓房，四至开明在契。其大门一道，两家同走。当凭乡保街邻立契杜卖与尹顺老名下永远为业。实接受杜价解锭银八十五两整，入手应用。自杜之后，听凭尹姓修造管业住坐，倘有赵姓族内人等声言，俱惟赵连、锦城弟兄叔侄一力承担。永为尹姓己业，投官印税。日后赵姓如有异言，甘罪无辞。此系二比情愿，并无私债准折、逼迫等情。恐后无凭，立此永远杜卖文契存照。

再，此契内写落柴房一小间，又书一间，接连一小间，径深七尺余寸，横宽五尺余寸。今当凭中估值，接受尹顺老杜价银六两。将来听凭尹姓改修管业。外交印契一张再照。

咸丰二年九月二十八日　立

杜卖文契人：赵连城　赵锦城　侄赵纪　赵纶　杨泽　杨万　朱辂　倪贵　陆明远
杨明　刘发椿　赵茂　刘寿山　胡智　李国　陆涛　陆浩
刘万年

保正：孙润

查街：晋锡连

代字：王印

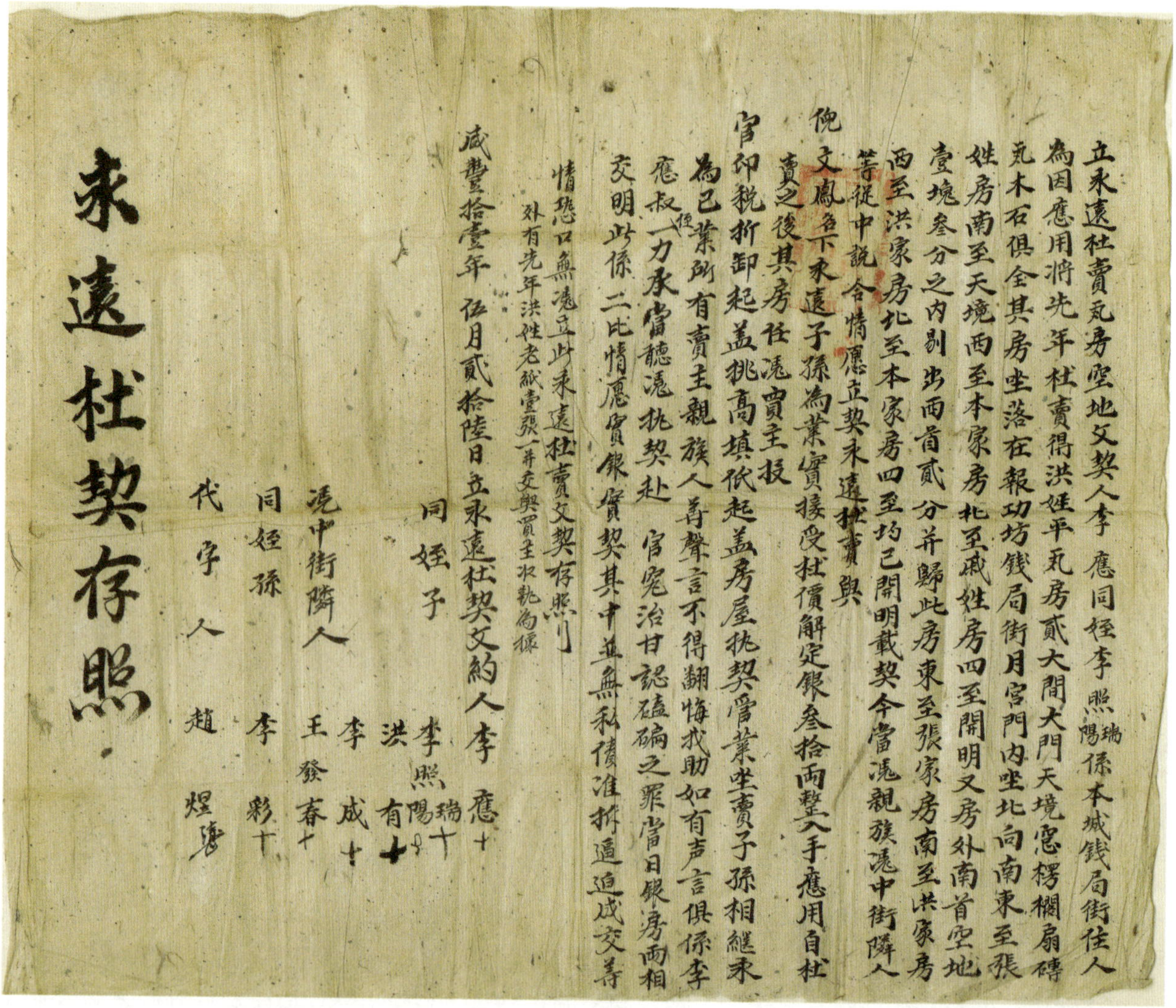
立永遠杜賣瓦房空地文契人李 應同侄李 照瑞 照陽 係本城錢局街住人
為因應用將先年杜賣得洪姪平瓦房貳大間大門天井窗楞欄扇磚
瓦木石俱全其房坐落在報功坊錢局街月宮門內坐北向南東至張
姓房南至天井西至本家房北至咸姓房四至開明又房外南首空地
壹塊叁分之內剔出西首貳分并歸此房東至張家房南至洪家房
西至洪家房北至本家房四至均已開明載契今當憑親族憑中街隣人
等從中說合情愿立契永遠杜賣與
倪文鳳名下永遠子孫為業實接受杜價銀叁拾兩整入手應用自杜
賣之後其房任憑買主投
官印稅拆卸起蓋挑高填低起蓋房屋執契管業坐賣子孫相繼承
為己業所有賣主親族人等聲言不得翻悔找助如有声言俱係李
應叔侄一力承當聽憑執契赴 官究治甘認磕碥之罪當日銀房兩相
交明此係二比情愿實銀實契其中並無私債准折逼迫成交等
情恐口無憑立此永遠杜賣文契存照
外有先年洪姓老紙壹張一并交與買主收執為據
咸豐拾壹年伍月貳拾陸日立永遠杜契文約人李 應十
同姪子 李 照瑞十 照陽十
洪 有十
李 成十
憑中街隣人 王 發春十
同姪孫 李 彩十
代字人 趙 煜
永遠杜契存照

图7　咸丰十一年五月二十六（1861年7月3日）李应等立杜卖平瓦房契（钱局街）

## 永远杜契存照

立永远杜卖瓦房空地文契人李应同侄李照瑞、李照阳，系本城钱局街住人，为因应用，将先年杜卖得洪姓平瓦房两大间，大门天境、窗楞阁扇、砖瓦木石俱全。其房坐落在报功坊钱局街月宫门内，坐北向南，东至张姓房，南至天境，西至本家房，北至戚姓房，四至开明。又房外南首空地一块，三分之内剔出西首两分，并归此房。东至张家房，南至洪家房，西至洪家房，北至本家房，四至均已开明载契。今当凭亲族、凭中街邻人等促中说合，情愿立契永远杜卖与倪文凤名下子孙永远为业。实接受杜卖价解定银三十两整，入手应用。自杜卖之后，其房任凭买主授官印税，折卸起盖，挑高填低，起盖房屋，执契管业坐卖，子孙相继永为己业。所有卖主亲族人等声言，不得翻悔找助。如有声言，俱系李应叔侄一力承当，听凭执契赴官究治其认磕骗之罪。当日银房两相交明，此系二比情愿，实银实契，其中并无私债准折、逼迫成交等情。恐口无凭，立此永远杜卖文契存照。

外有光年洪姓老纸一张，一并交于买主收执为据。

咸丰十一年五月二十六日　立

永远杜契文约人：李应　同侄子李照瑞、李照阳

凭中街邻人：洪有　李成　王发春

同侄孙：李彩

代字人：赵煋

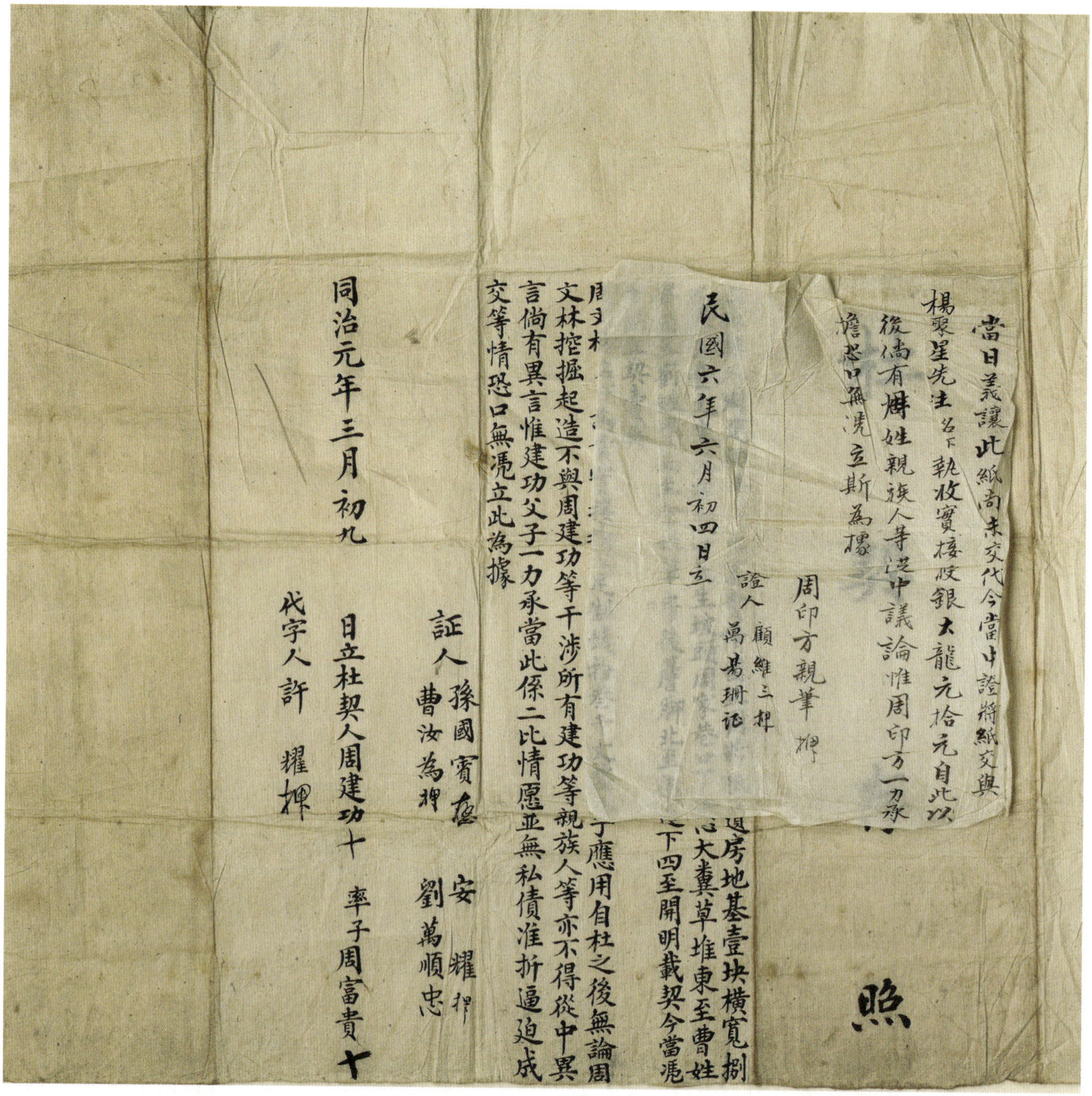
當日義讓此紙尚未交代今當中證將紙交與
楊聚星先生名下執收實接收銀大龍元拾元自此以
後倘有爾姓親族人等從中議論惟周印方一力承
擔恐口無憑立斯為據
周印方親筆 押
證人 顧維三 押
萬楊珊 記
民國六年六月初四日立

照
……道房地基壹块横寬捌
……大糞草堆東至曹姓
……下四至開明載契今當憑
……子應用自杜之後無論周
……文林控掘起造不與周建功等干涉所有建功等親族人等亦不得從中異
言倘有異言惟建功父子一力承當此係二比情愿並無私債准折逼迫成
交等情恐口無憑立此為據

証人 孫國賓 安 耀 押
曹汝為 押 劉萬順 忠

同治元年三月初九日立杜契人周建功 十 率子周富貴 十
代字人 許耀 押

图 8　同治元年三月初九（1862 年 4 月 7 日）周建功等立杜卖地基契（先生坡头周家巷口）

## 永远杜契存照

立杜契人周建功，率子周富贵，情因正用，将祖遗房地基一块，横宽八尺，直长一丈，坐落府门口先生坡头周家巷口下街心大粪草堆，东至曹姓界，西至刘姓界，南至余姓草房后檐脚，北至街边下，四至开明载契。今当凭中证立契卖与周文林名下为业。实接授大足制钱十三千文整，入手应用。自杜之后，无论周文林挖掘起造，不与周建功等干涉，所有建功等亲族人等，亦不得从中异言。倘有异言，惟建功父子一力承当。此系二比情愿，并无私债准折、逼迫成交等情。恐口无凭，立此为据。

证人：孙国宾　安耀　曹汝为　刘万顺

同治元年三月初九日　立

杜契人：周建功率子周富贵

代字人：许耀

当日义让此纸尚未交代，今当中证，将纸交与杨聚星先生名下执收。实接授银大龙元十元。自此以后，倘有周姓亲族人等从中议论，惟周印方一力承担。恐口无凭，立斯为据。

周印方亲笔

证人：顾维三　万易珊

民国六年六月初四日立

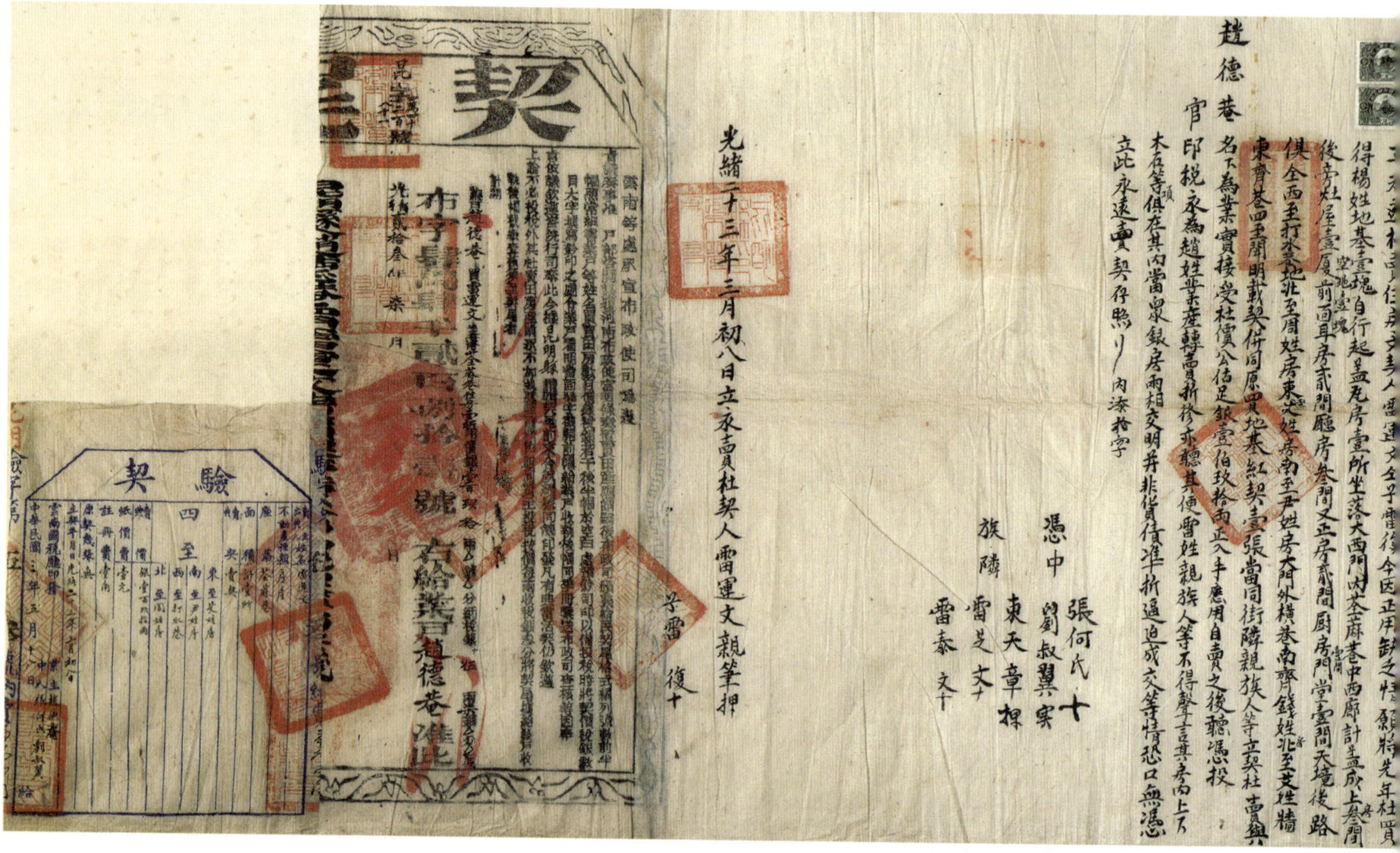

图9　光绪二十三年三月初八（1897年4月9日）雷运文等立杜卖瓦房契　大西门内荃麻巷（文化巷）

## 永远杜契存照

立永远杜卖住房文契人雷运文同子雷复，今因正用缺乏，情愿将先年杜买得杨姓地基一块，自行起盖瓦房一所，坐落大西门内荃麻巷中，西廊计盖成上房三间，后旁灶屋一厦，空地一块。前面耳房二间、厅房三间。又正房二间、厨房一间、门堂一间、天境后路俱全，西至打水巷地，北至周姓房，东至艾姓房，南至尹姓房。大门外横巷，南齐钱姓房，北至艾姓墙，东齐巷。四至开明载契，并同原买地基红契一张，当同街邻亲族人等，立契杜卖与赵德庵名下为业。实接受杜价公估足银一百九十两正，入手应用。自卖之后，听凭投官印税。永为赵姓业产，转卖折修，亦听其便，雷姓亲族人等不得声言。其房内上下木石等项俱在其内，当众银房两相交明，并非货债准折、逼迫成交等情。恐口无凭，立此永远卖契存照。内添十字。

凭中：张何氏　刘叔翼

族邻：柬天章　雷芝文　雷泰文

光绪二十三年三月初八日　立

永卖杜契人：雷运文亲笔　子雷复

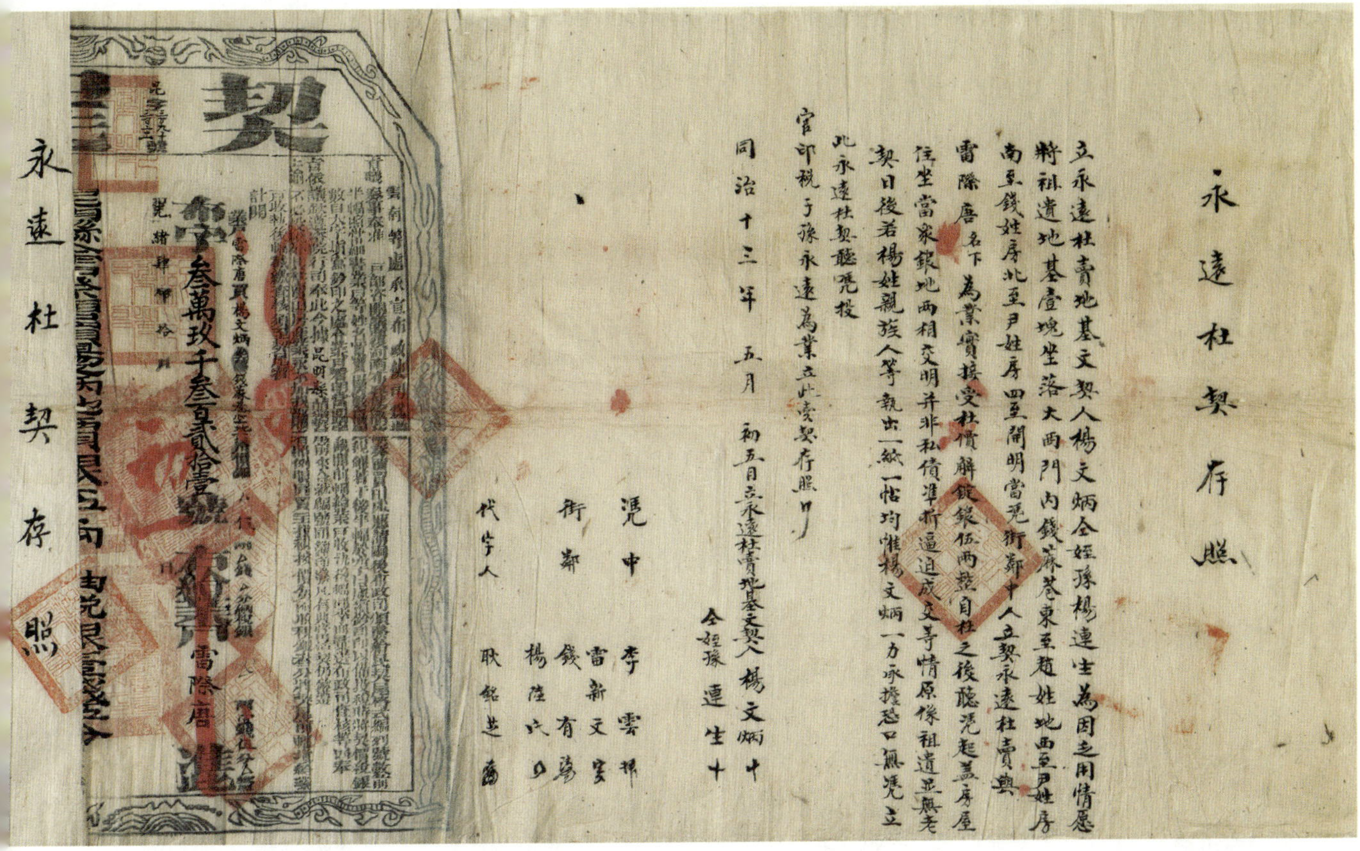
永遠杜契存照

立永遠杜賣地基文契人楊文炳仝姪孫楊連生為因乏用情愿將祖遺地基壹塊坐落大西門内錢麻巷東至趙姓地西至尹姓房南至錢姓房北至尹姓房四至開明當凭街鄰中人立契永遠杜賣與雷際唐名下為業實接受杜價解錠銀伍兩整自杜之後聽凭起蓋房屋住坐當衆銀地兩相交明并非私債準折逼迫成交等情原係祖遺並無老契日後若楊姓親族人等執出一紙一帖均惟楊文炳一力承擔恐口無凭立此永遠杜契聽凭投官印税子孫永遠為業立此賣契存照

同治十三年五月初五日立永遠杜賣地基文契人楊文炳十 仝姪孫連生十

凭中 李雲押

街鄰 雷新文 錢有 楊陸氏

代字人 耿銘芝

图10 同治十三年五月初五（1874年6月18日）杨文炳等立杜卖地基契 大西门内荃麻巷（文化巷）

## 永远杜契存照

立永远杜卖地基文契人杨文炳同侄孙杨连生，为因乏用，情愿将祖遗地基一块，坐落大西门内钱麻巷①，东至赵姓地，西至尹姓房，南至钱姓房，北至尹姓房，四至开明。当凭街邻、中人立契，永远杜卖与雷际唐名下为业。实接受杜价解锭银五两整。自杜之后，听凭起盖房屋住坐。当众银地两相交明，并非私债准折、逼迫成交等情。原系祖遗，并无老契。日后若杨姓亲族人等执出一纸一帖，均惟杨文炳一力承担。恐口无凭，立此永远杜契，听凭投官印税，子孙永远为业。立此卖契存照。

同治十三年五月初五日　立

永远杜卖地基文契人：杨文炳同侄孙杨连生

凭中：李云

街邻：雷新文　钱有　杨陆氏

代字人：耿铭芝

① 钱麻巷：又称“全麻巷、荃麻巷、荨麻巷、钱妈巷”，今为“文化巷”，下同。

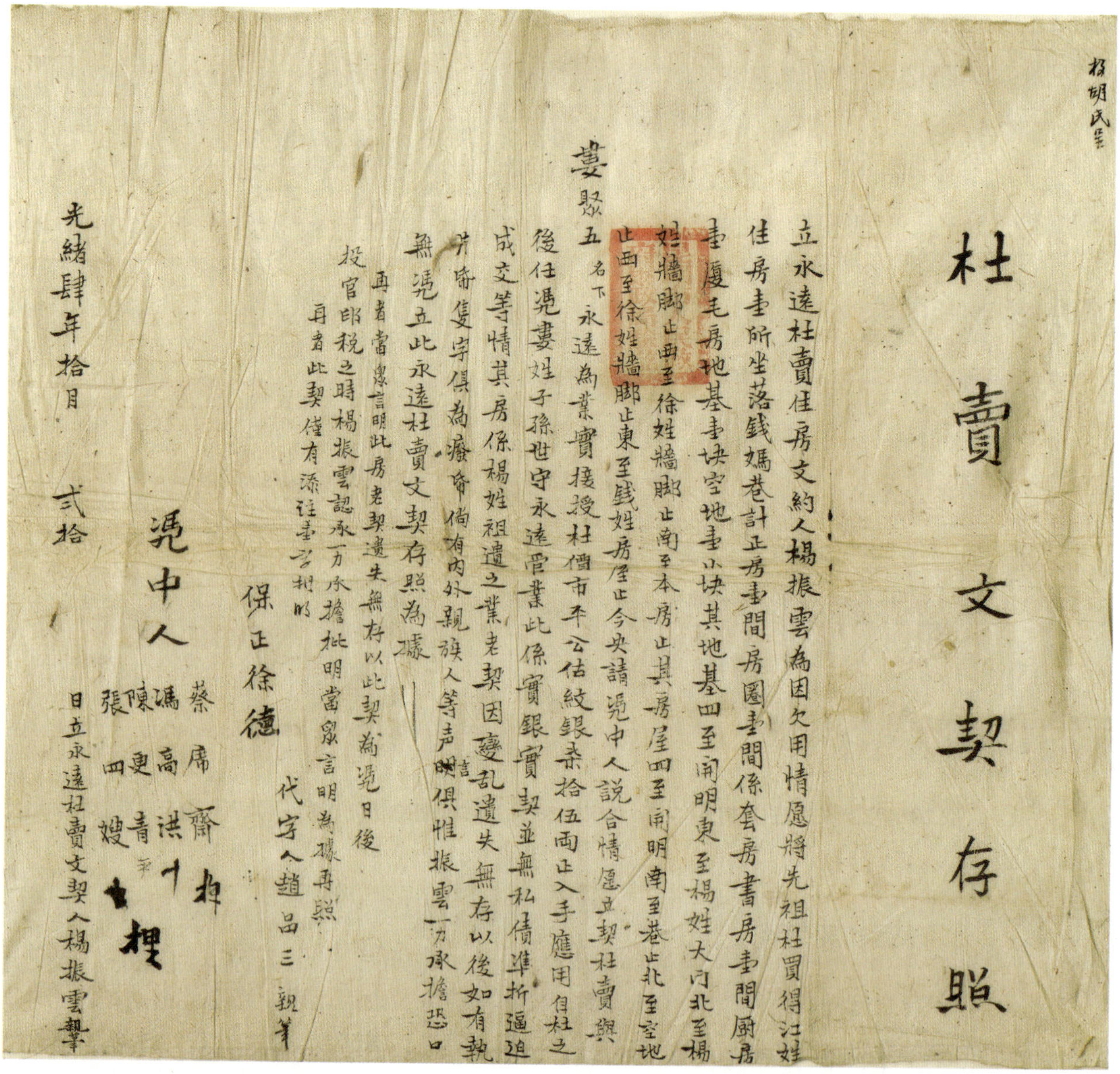

图 11　光绪四年十月二十（1878 年 11 月 14 日）杨振云立杜卖住房契　钱妈巷（文化巷）

## 杜卖文契存照

立永远杜卖住房文约人杨振云，为因欠用，情愿将先祖杜买得江姓住房一所，坐落钱妈巷，计正房一间，房圈一间，系套房，书房一间，厨房一厦，毛房地基一块，空地一小块。其地基四至开明，东至杨姓大门，北至杨姓墙脚止，西至徐姓墙脚止，南至本房止。其房屋四至开明，南至巷止，北至空地止，西至徐姓墙脚止，东至钱姓房屋止。今央请凭中人说合，情愿立契杜卖与娄聚五名下永远为业，实接授杜价市平公估纹银七十五两正，入手应用。自杜之后，任凭娄姓子孙世守，永远管业。此系实银实契，并无私债准折、逼迫成交等情。其房系杨姓祖遗之业，老契因变乱遗失无存。以后如有执片纸只字，俱为废纸。倘有内外亲族人等声言，俱惟振云一力承担。恐口无凭，立此永远杜卖文契存照为据。

再者，当众言明，此房老契遗失无存，以此契为凭，日后投官印税之时，杨振云认承一力承担。批明当众言明为据。再照。再者，此契仅有添注一字批明。

保正：徐德

代字人：赵品三亲笔

凭中人：蔡席斋　冯高洪　陈更青　张四嫂

光绪四年十月二十日　立

永远杜卖文契人：杨振云亲笔

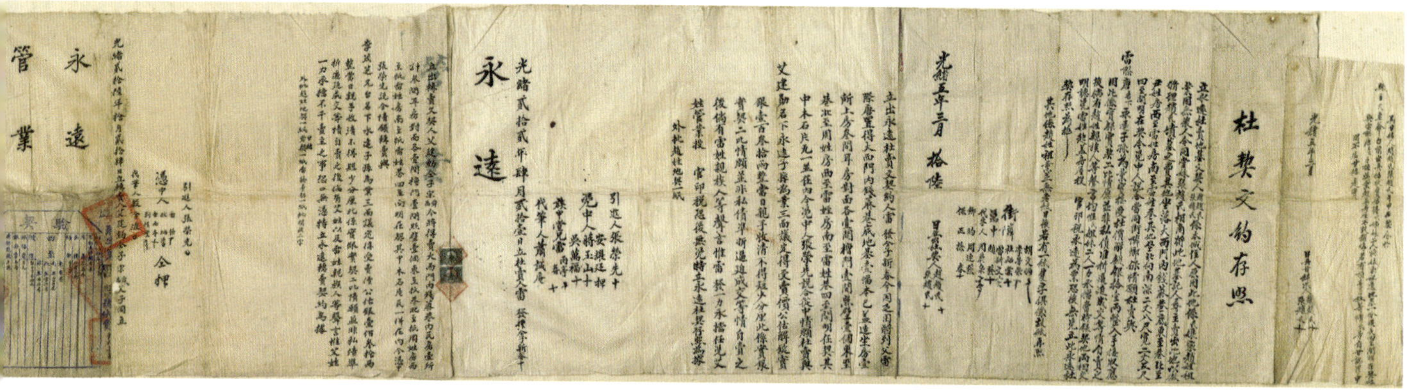

图 12 光绪五年至光绪二十六年赵赵氏等立杜卖地基及瓦房契缩略图全图 大西门内荃麻巷底（文化巷）

光绪五年三月十六（1879 年 4 月 7 日） 赵赵氏等立杜卖地基契 大西门内荃麻巷底（文化巷）

光绪二十二年四月二十一（1896 年 6 月 2 日）雷发等立杜卖瓦房契 大西门内荃麻巷底（文化巷）

光绪二十六年十月二十四（1900 年 12 月 15 日）艾建勋等立杜卖瓦房契 大西门内荃麻巷底（文化巷）

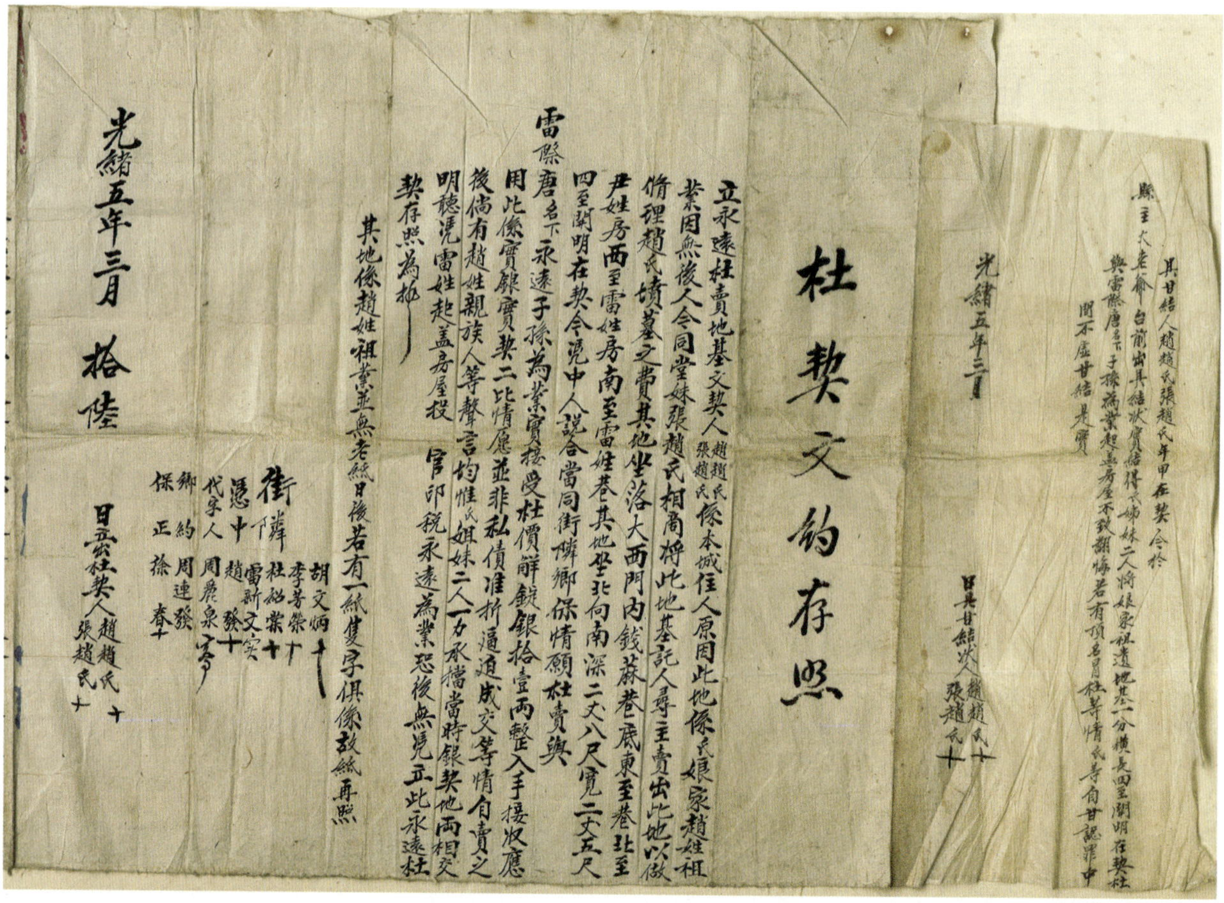

具甘結人趙趙氏張趙氏年甲在契，今於
縣主大老爺台前出具結狀，實結得氏姊妹二人將娘家祖遺地基一分，橫長四至開明在契，杜
與雷發唐名下子孫為業，起蓋房屋，不致翻悔，若有頂名冒杜等情，氏等自甘認罪，中
間不虛，甘結是實。
光緒五年三月
日具甘結狀人趙趙氏十 張趙氏十

杜契文約存照

立永遠杜賣地基文契人趙趙氏、張趙氏，係本城住人，原因此地係氏娘家趙姓祖
業，因無後人，今同堂妹張趙氏相商，將此地基託人尋主賣出，此地以做
脩理趙氏墳墓之費。其地坐落大西門內錢蘇巷底，東至巷，北至
尹姓房，西至雷姓房，南至雷姓巷，其地坐北向南，深二丈八尺，寬二丈五尺，
四至開明在契。今憑中人說合，當同街隣鄉保情願杜賣與
雷發唐名下永遠子孫為業，實接受杜價鮮錠銀拾壹兩整入手，接收應
用。此係實賣實契，二比情愿，並非私債准折逼迫成交等情。自賣之
後，倘有趙姓親族人等聲言，均惟氏姐妹二人一力承擋，當將銀契兩相交
明，聽憑雷姓起蓋房屋，投官印稅，永遠為業，恐後無憑，立此永遠杜
契存照為據。
其地係趙姓祖業，並無老紙，日後若有一紙隻字，俱係故紙，再照。
街隣 胡文炳十 李芳榮十 杜松棠十 雷新文
憑中 趙發十
代字人 周震泉
鄉約 周連發
保正 徐春十
光緒五年三月拾陸日立杜契人趙趙氏十 張趙氏十

图 13 光绪五年三月十六（1879 年 4 月 7 日） 赵赵氏等立杜卖地基契 大西门内荃麻巷底（文化巷）

## 杜契文约存照

具甘结人赵赵氏、张赵氏年甲在契，今于县主大老爷台前出具结状，实结得氏姊妹二人将娘家祖遗地基一分，横长四至开明在契，杜与雷际唐名下子孙为业，起盖房屋。不致翻悔。若有顶名冒杜等情，氏等自甘认罪。中间不虚，甘结是实。

光绪五年三月　具

甘结状人：赵赵氏　张赵氏

## 杜契文约存照

立永远杜卖地基文契人赵赵氏、张赵氏，系本城住人。原因此地系氏娘家赵姓祖业，因无后人，今同堂妹张赵氏相商，将此地基托人寻主卖出。此地以做修理赵氏坟墓之费。其地坐落大西门内钱麻巷底。东至巷，北至尹姓房，西至雷姓房，南至雷姓巷。其地坐北向南，深二丈八尺，宽二丈五尺，四至开明在契。今凭中人说合，当同街邻乡保，情愿杜卖与雷际唐名下永远子孙为业，实接受杜价解锭银十一两整，入手接收应用。此系实银实契，二比情愿，并非私债准折、逼迫成交等情。自卖之后，倘有赵姓亲族人等声言，均惟氏姐妹二人一力承挡。当时银契地两相交明，听凭雷姓起盖房屋，投官印税，永远为业。恐后无凭，立此永远杜契存照为据。其地系赵姓祖业，并无老纸。日后若有一纸只字，俱系故纸。再照。

街邻：胡文炳　李芳荣　杜绍棠　雷新文

凭中：赵发

代字人：周鹿泉

乡约：周连发

保正：徐春

光绪五年三月十六日　立

出杜契人：赵赵氏　张赵氏

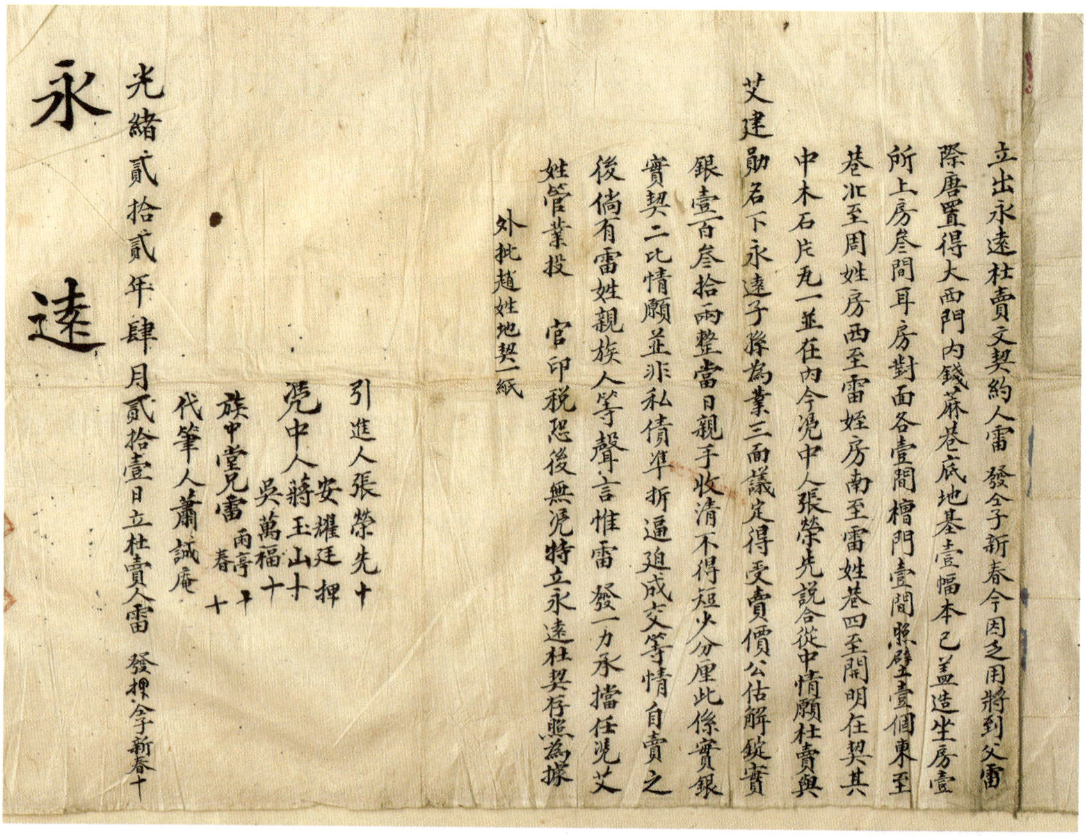

图 14 光绪二十二年四月二十一（1896 年 6 月 2 日）雷发等立杜卖瓦房契 大西门内荃麻巷底（文化巷）

## 杜卖瓦房契

立出永远杜卖文契约人雷发同子新春，今因乏用，将到父雷际唐置得大西门内钱麻巷底地基一幅，本已盖造坐房一所，上房三间、耳房对面各一间，橹门一间，照壁一个，东至巷，北至周姓房，西至雷姓房，南至雷姓巷，四至开明在契。其中木石片瓦一并在内。今凭中人张荣先说合从中，情愿杜卖与艾建勋名下永远子孙为业。三面议定得受卖价公估解锭实银一百三十两整。当日亲手收清，不得短少分厘。此系实银实契，二比情愿，并非私债准折、逼迫成交等情。自卖之后，倘有雷姓亲族人等声言，惟雷发一力承担，任凭艾姓管业投官印税。恐后无凭，特立永远杜契存照为据。

外批赵姓地契一纸。

引进人：张荣先

凭中人：安耀廷　蒋玉山　吴万福

族中堂兄：雷雨亭　雷春

代笔人：萧诚庵

光绪二十二年四月二十一日　立

杜卖人：雷发同子新春

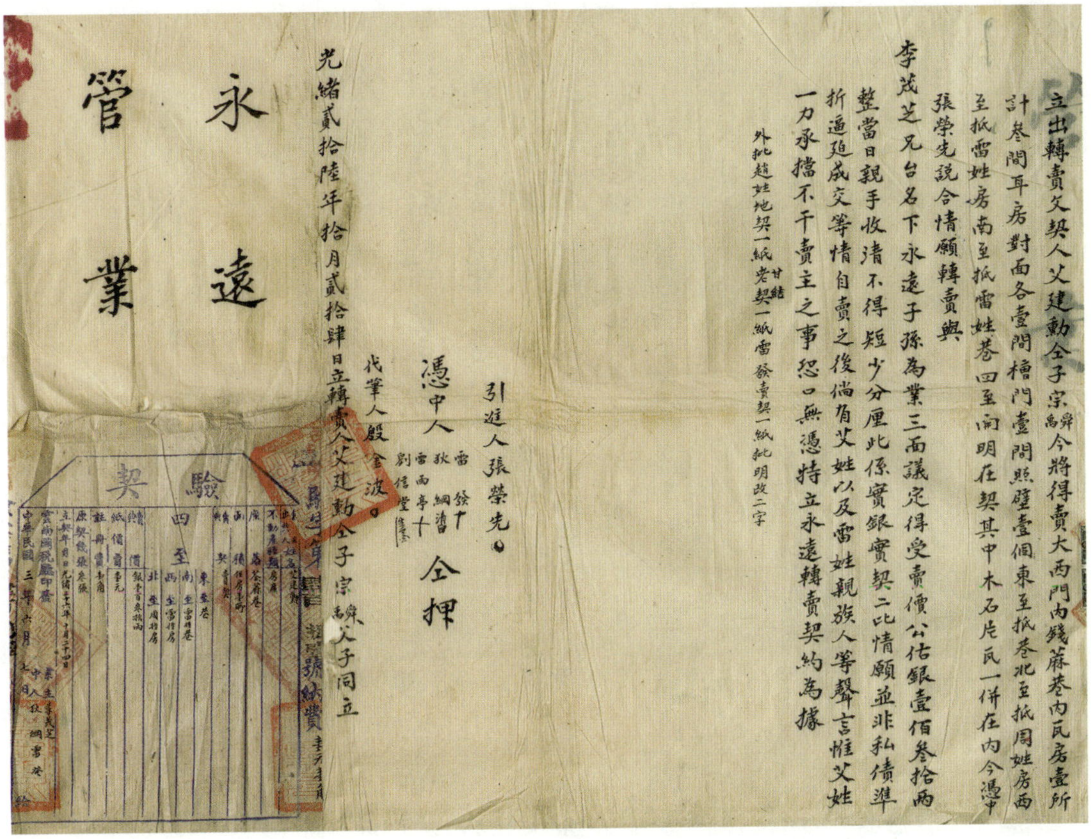
立出轉賣文契人艾建勳仝子宗舜宗禹今將得賣大西門內錢蔴巷內瓦房壹所
計叁間耳房對面各壹間槽門壹間照壁壹個東至抵巷北至抵周姓房西
至抵雷姓房南至抵雷姓巷四至開明在契其中木石片瓦一併在內今憑中
張榮先說合情願轉賣與
李茂芝兄台名下永遠子孫為業三面議定得受賣價公估銀壹佰叁拾兩
整當日親手收清不得短少分厘此係實銀實契二比情願並非私債準
折逼廹成交等情自賣之後倘有艾姓以及雷姓親族人等聲言惟艾姓
一力承擔不干賣主之事恐口無憑特立永遠轉賣契約為據
外批趙姓地契一紙甘結老契一紙雷發賣契一紙批明改二字
引進人張榮先
憑中人 雷發 狄綱 雷雨亭 劉信堂 仝押
代筆人殷金波
光緒貳拾陸年拾月貳拾肆日立轉賣人艾建勳仝子宗舜宗禹父子同立
永遠管業
驗契

图 15　光绪二十六年十月二十四（1900 年 12 月 15 日）艾建勋等立杜卖瓦房契　大西门内荃麻巷底（文化巷）

## 验契

立出转卖文契人艾建勋同子宗舜、宗禹，今将得卖大西门内钱麻巷内瓦房一所，计三间耳房，对面各一间，槽门一间，照壁一个，东至抵巷，北至抵周姓房，西至抵雷姓房，南至抵雷姓巷，四至开明在契。其中木石片瓦一并在内。今凭中张荣先说合，情愿转卖与李茂芝兄台名下，永远子孙为业，三面议定，得受卖价公估银一百三十两整，当日亲手收清，不得短少分厘。此系实银实契，二比情愿，并非私债准折、逼迫成交等情。自卖之后，倘有艾姓以及雷姓亲族人等声言，惟艾姓一力承担，不干卖主之事。恐口无凭，特立永远转卖契约为据。

外批赵姓地契一纸、甘结老契一纸、雷发卖契一纸，批明改二字。

引进人：张荣先

凭中人：雷发　狄纲　雷雨亭　刘信堂

代笔人：殷金波

光绪二十六年十月二十四日　立

转卖人：艾建勋同子宗舜、宗禹，父子同立

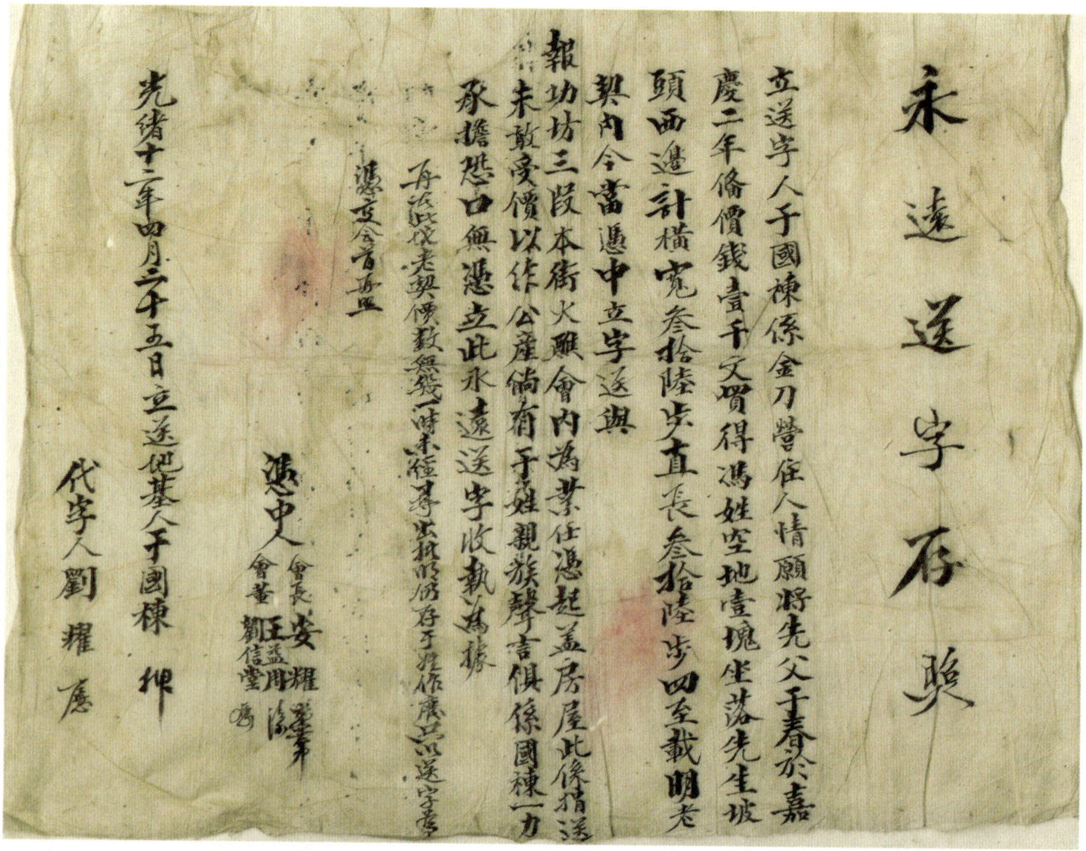
永遠送字存照

立送字人于國棟係金刀營住人情願將先父于春於嘉慶二年備價錢壹千文買得馮姓空地壹塊坐落先生坡頭西邊計横寬叁拾陸步直長叁拾陸步四至載明老契內今當憑中立字送與報功坊三段本街火醮會內為業任憑起蓋房屋此係捐送未敢受價以作公產倘有于姓親族聲言俱係國棟一力承擔恐口無憑立此永遠送字收執為據

再者此地老契價數無幾一時未經尋出批明仍存于姓作廢只以送字憑交會首再照

憑中人 會長安耀 會董王益周 劉信堂

光緒十二年四月二十五日 立送地基人于國棟 押

代字人劉耀書

图 16　光绪十二年四月二十五（1886 年 5 月 26 日）于国栋立赠送空地契（先生坡头西边）

## 永远送字存照

立送字人于国栋，系金刀营住人，情愿将先父于春于嘉庆二年备价钱一千文买得冯姓空地一块，坐落先生坡头西边，计横宽三十六步，直长三十六步，四至载明老契内。今当凭中立字，送与报功坊三段本街火醮会内为业，任凭起盖房屋。此系捐送，未敢受价，以作公产。倘有于姓亲族声言，俱系国栋一力承担。恐口无凭，立此永远送字收执为据。

再者，此地老契价数无几，一时未经寻出，批明仍存于姓作废。只以送字为凭交会首。再照。

凭中人：会长安耀　会董王益周　刘信堂

光绪十二年四月二十五日　立

送地基人：于国栋

代字人：刘耀

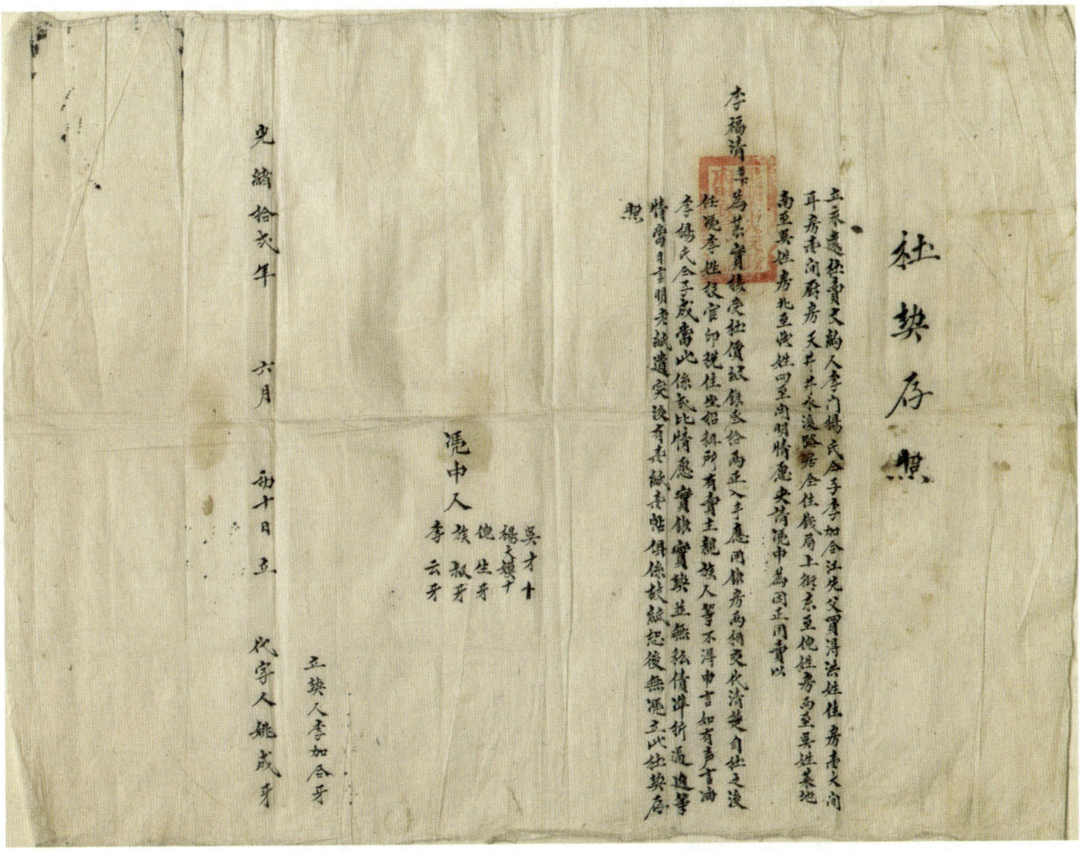

图 17　光绪十二年六月初十（1886 年 7 月 9 日）　李门杨氏立永远杜卖房契（钱局上街）

## 杜契存照

立永远杜卖文约人李门杨氏同子李加合，江（将）先父买得洪姓住房一大间，耳房一间，厨房、天井、井水后路居全。住钱局上街，东至倪姓房，西至吴姓菜地，南至吴姓房，北至钱姓，四至开明。情愿央请凭中，为因正用，卖以李福清名下为业，实接受杜价纹银三十两正，入手应用，银房两相交代清楚。自杜之后，任凭李姓投官印税，住坐招租，所有卖主亲族人等不得申（声）言。如有声言，油（由）李杨氏同子成当。此系二比情愿，实银实契，并无私债准折、逼迫等情。当日言明，老纸遗实（失），后有一纸一帖，俱系故纸。恐后无凭，立此杜契存照。

凭中人：吴才　杨大嫫　倪生　族叔　李云

立契人：李加合

代字人：姚成

光绪十二年六月初十日　立

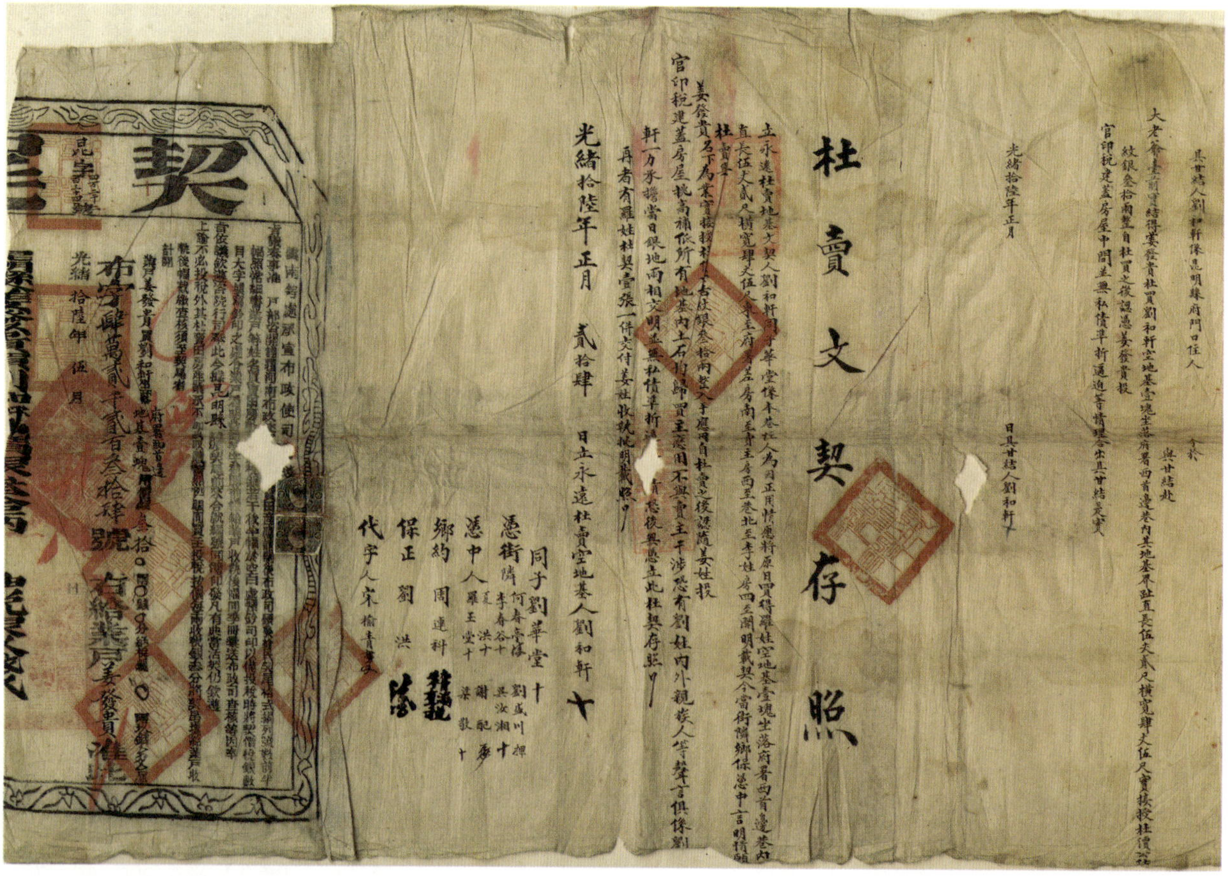

图 18　光绪十六年正月二十四（1890 年 2 月 13 日）刘和轩等立杜卖地基契（首边巷）

具甘结人刘和轩，系昆明县府门口住人，今于大老爷台前，实结得姜发贵杜买刘和轩空地基一块，坐落府署西首边巷内，其地基界趾（址）直长五丈二尺，横宽四丈五尺，实接授杜价公估纹银三十两整。自杜买之后，认（任）凭姜发贵投官印税，建盖房屋。中间并无私债准折、逼迫等情。理合出具甘结是实。

光绪十六年正月日

具甘结人：刘和轩

### 杜卖文契存照

立永远杜卖地基文契人刘和轩同子华堂，系本巷住人，为因正用，情愿将原日买得罗姓空地基一块，坐落府署西首边巷内，直长五丈二尺，横宽四丈五尺，东至府署差房，南至卖主房，西至巷，北至李姓房，四至开明载契。今当街邻、乡保、凭中言明，情愿杜卖与姜发贵名下为业，实接授杜价公古（估）纹银三十两整，入手应用。自杜卖之后，认（任）随姜姓投官印税，建盖房屋，挑高补低，所有地基内土石均归买主应用，不与卖主干涉。恐有刘姓内外亲族人等声言，俱系刘和轩一力承担。当日银地两相交明，并无私债准折、逼□□情。恐后无凭，立此杜契存照。

再者，有罗姓杜契一张，一并交付姜姓收执。批明载照。

光绪十六年正月二十四日　立

永远杜卖空地基人：刘和轩同子刘华堂

凭街邻：何春亭　刘盛川　李春谷　吴汝湘

凭中人：夏洪　谢配　罗玉堂　梁敬

乡约：周连科

保正：刘洪

代字人：宋榆青

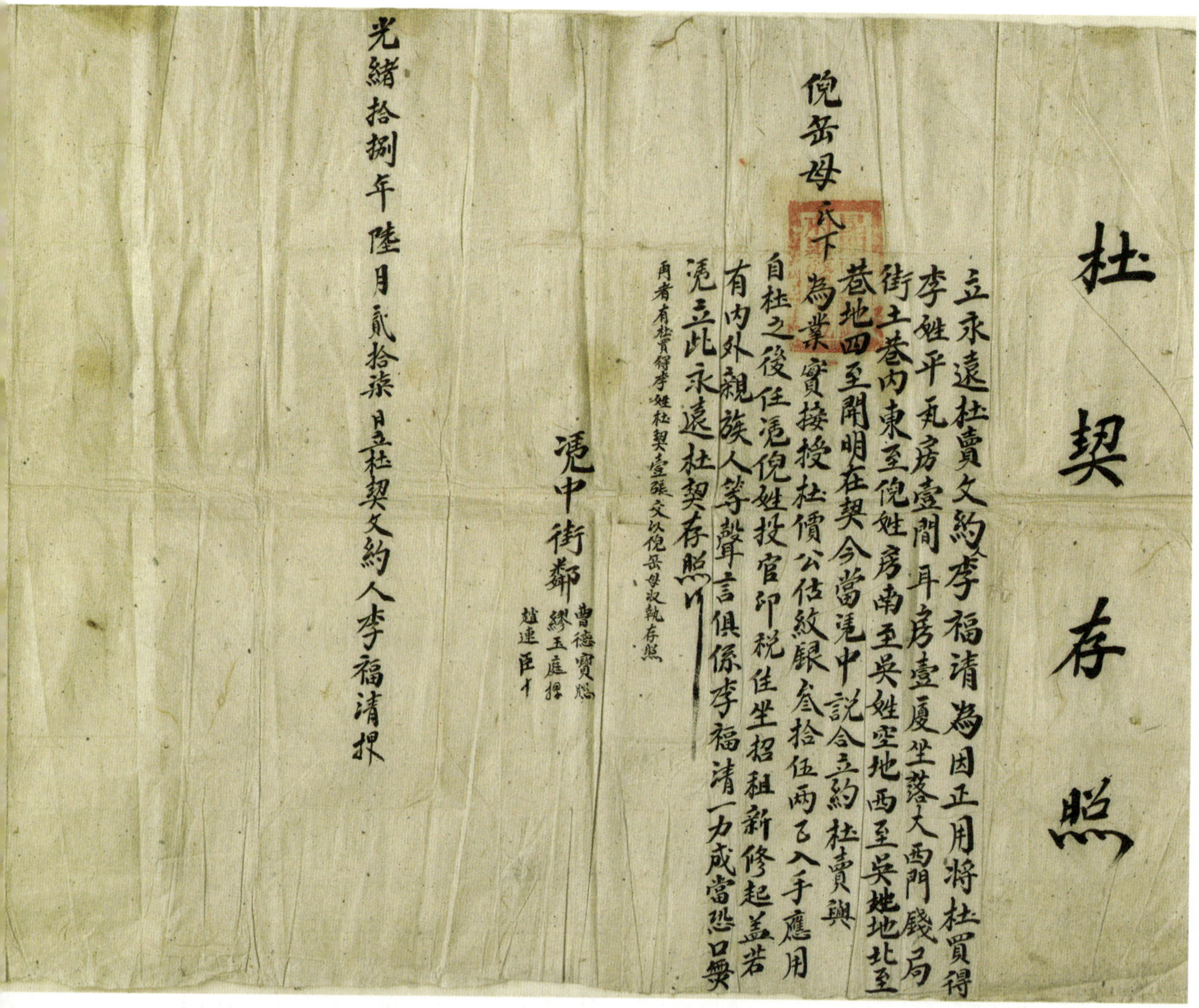
杜契存照

立永遠杜賣文約人李福清為因正用將杜買得李姓平瓦房壹間耳房壹厦坐落大西門錢局街土巷内東至倪姓房南至吴姓空地西至吴姓地北至巷地四至開明在契今當凭中説合立約杜賣與倪岳母氏下為業實接授杜價公估紋銀叁拾伍兩正入手應用自杜之後任凭倪姓投官印稅住坐招租新修起盖若有内外親族人等聲言俱係李福清一力成當恐口無凭立此永遠杜契存照

再者有杜買得李姓杜契壹張交以倪岳母收執存照

凭中街鄰 曹德寶 繆玉庭 趙連臣

光緒拾捌年陸月貳拾柒日立杜契文約人李福清

图 19　光绪十八年六月二十七（1892 年 7 月 20 日）李福清立杜卖平瓦房契　大西门钱局街（大西门内钱局街）

## 杜契存照

立永远杜卖文约人李福清，为因正用，将杜买得李姓平瓦房一间，耳房一厦。坐落大西门钱局街土巷内，东至倪姓房，南至吴姓空地，西至吴姓地，北至巷地，四至开明在契。今当凭中说合，立约杜卖与倪岳母氏下为业，实接授杜价公估纹银三十五两正，入手应用。自杜之后，任凭倪姓投官印税，住坐招租，新修起盖。若有内外亲族人等声言，俱系李福清一力成当。恐口无凭，立此永远杜契存照。

再者，有杜买得李姓杜契一张，交以倪岳母收执存照。

凭中街邻：曹德宝　缪玉庭　赵连臣

光绪十八年六月二十七日　立

杜契文约人：李福清

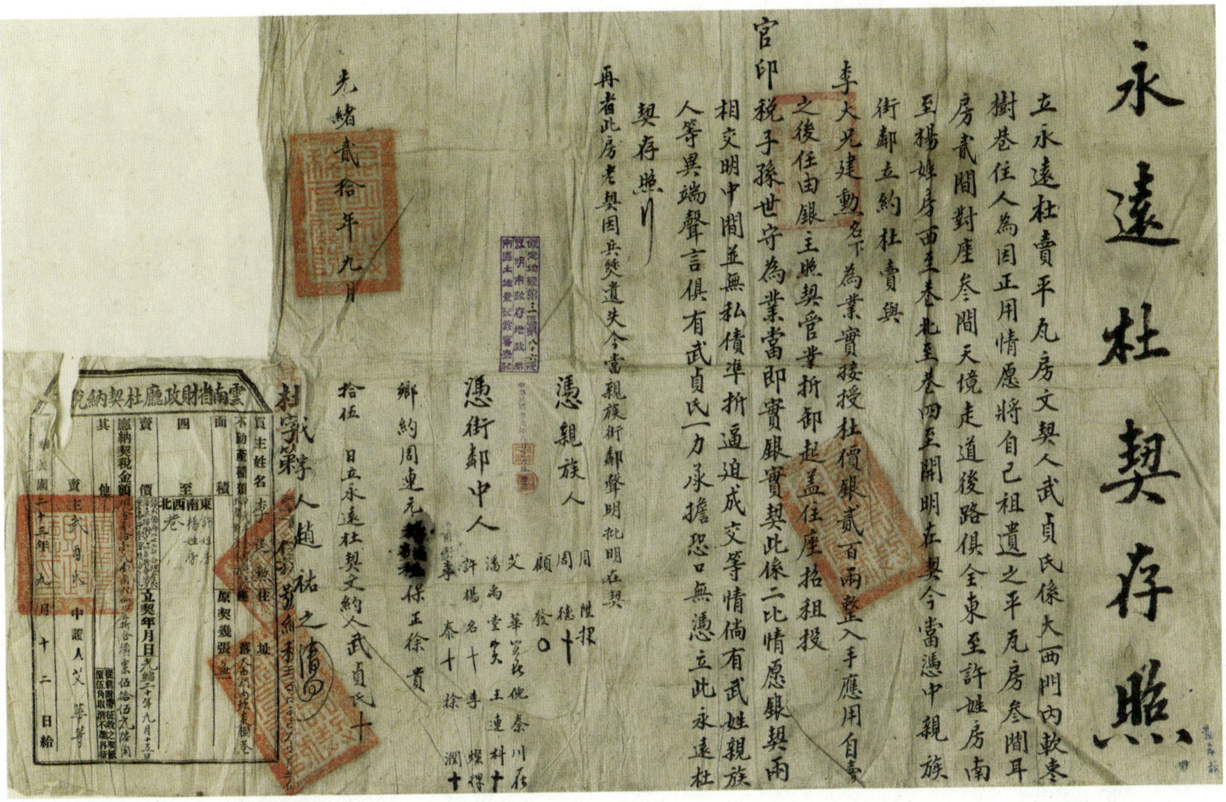

图 20　光绪二十年九月十五（1894 年 10 月 13 日）武贞氏立杜卖平瓦房契（大西门内枣树巷）

## 永远杜契存照

立永远杜卖平瓦房文契人武贞氏，系大西门内软枣树巷住人，为因正用，情愿将自己祖遗之平瓦房三间，耳房两间，对座三间，天境走道后路俱全。东至许姓房，南至杨姓房，西至巷，北至巷，四至开明在契。今当凭中、亲族、街邻，立约杜卖与李大兄建勋名下为业。实接授杜价银两百两整，入手应用。自卖之后，任由银主照契管业，折卸起盖，住座招租，投官印税，子孙世守为业。当即实银实契，此系二比情愿，银契两相交明，中间并无私债准折、逼迫成交等情。倘有武姓亲族人等异端声言，俱有武贞氏一力承担。恐口无凭，立此永远杜契存照。

再者，此房老契因兵燹遗失，今当亲族街邻声明批明在契。

凭亲族人：周升　周德　顾发

凭街邻中人：艾华　潘禹堂　许杨名　李泰　倪秦川　王连科　李灿　徐润

乡约：周连元

保正：徐贵

光绪二十年九月十五日　立

永远杜契文约人：武贞氏

代字人：赵祐之

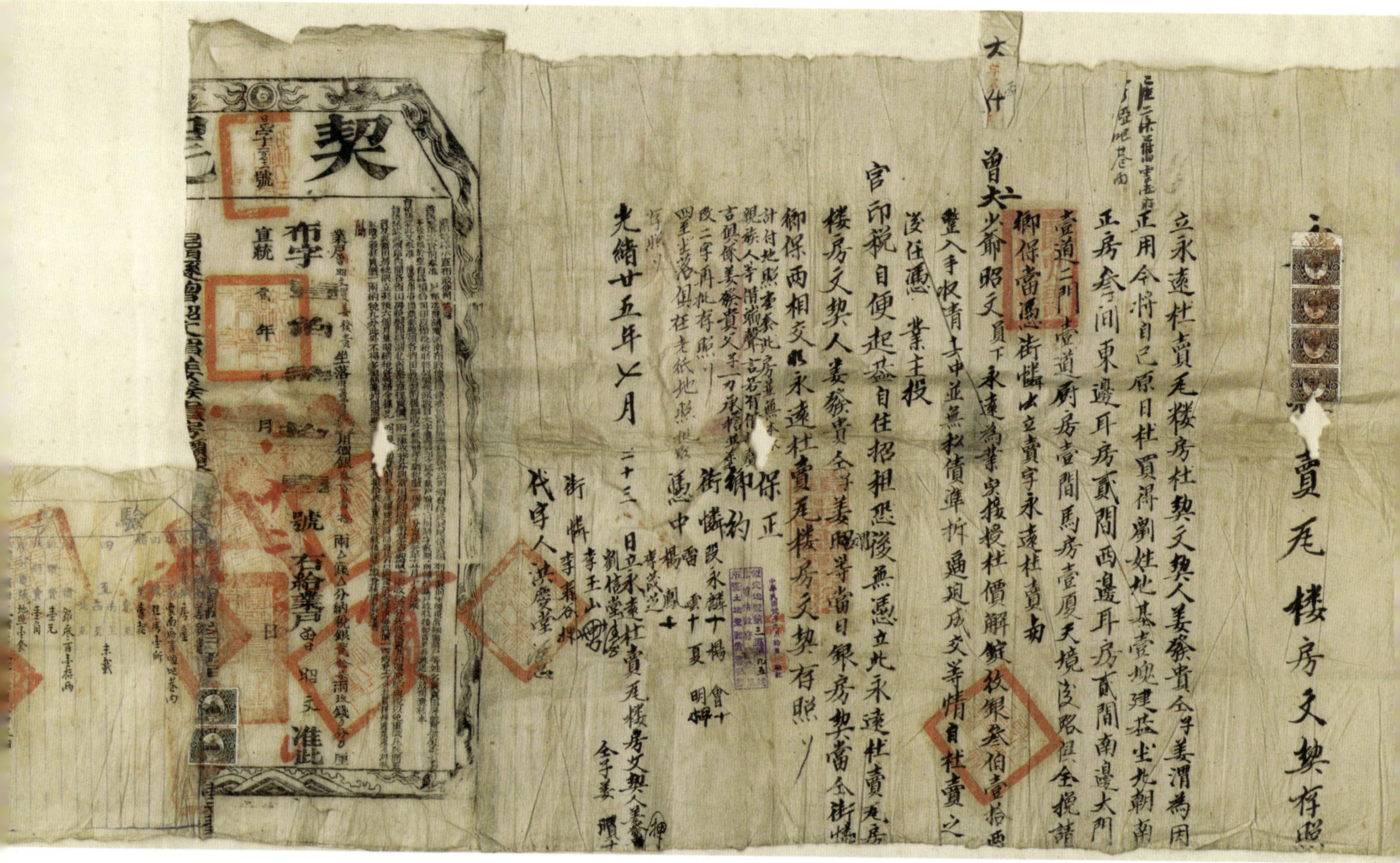

图 21 光绪二十五年七月十三（1899 年 8 月 19 日）姜发贵等立杜卖瓦房契

## 永远杜卖瓦楼房文契存照

立永远杜卖瓦楼房杜契文契人姜发贵同子姜渭，为因正用，今将自己原日杜买得刘姓地基一块，建盖坐北朝南，正房三间，东边耳房二间，西边耳房二间，南边大门一道，二门一道，厨房一间，马房一厦，天境后路俱全。挽请乡保、当凭、街邻，出立卖字，永远杜卖与曾大、二少爷昭文名下永远为业。实接授杜价解锭纹银三佰（百）一十两整，人手收清，其中并无私债准折、逼迫成交等情。自杜卖之后，任凭业主投官印税，自便起盖，自住招租。恐后无凭，立此永远杜卖瓦房楼房文契人姜发贵同子姜渭等，当日银、房契，当同街邻乡保两相交明，永远杜卖瓦楼房文契存照。

计付地照一套，此房并无本□亲族人等借端声言，若有借□声言，俱系姜发贵父子一力承担，并涂改二字，再批存照。四至、坐落俱在老纸地照批明存照。

保正

乡约

街怜（邻）：段永麟　杨会

凭中：雷云　夏明　杨凤　李茂芝

光绪二十五年七月二十三日　立

永远杜卖瓦楼房文契人：姜发贵同子姜渭

街怜（邻）：刘信堂　李玉山　李春谷

代字人：洪庆堂

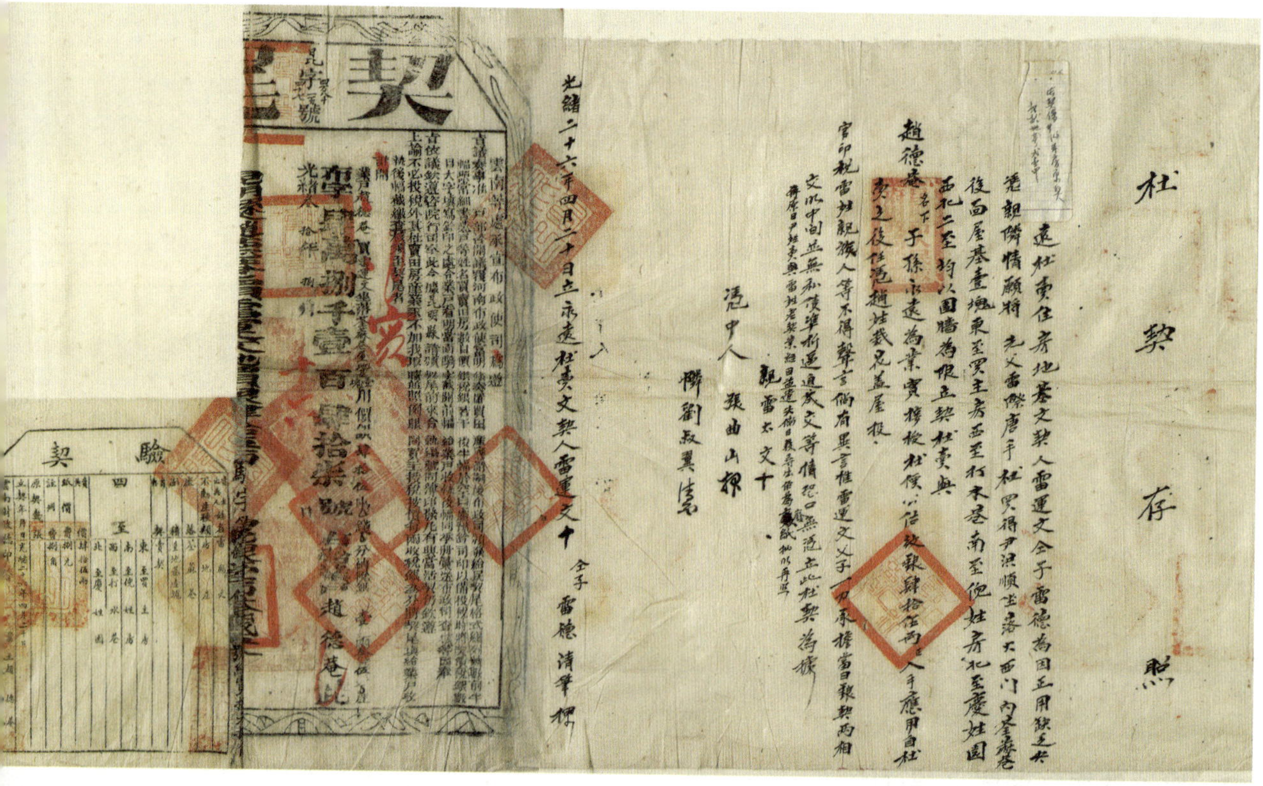

图 22　光绪二十六年四月二十（1900 年 5 月 18 日）雷运文等立杜卖地基契　大西门内荃麻巷（文化巷）

## 杜契存照

立永远杜卖住房地基文契人雷运文同子雷德，为因正用缺乏，央凭亲邻，情愿将先父雷际唐手杜买得尹洪顺坐落大西门内荃麻巷后面屋基一块，东至买主房，西至打木巷，南至倪姓房，北至庆姓园，西北二至均以围墙为限。立契杜卖与赵德庵名下子孙永远为业。实接授杜价公估纹银四十五两正，入手应用。自杜卖之后，任凭赵姓栽花盖屋，投官印税。雷姓亲族人等不得声言。倘有异言，惟雷运文父子一力承担。当日银契两相交明，中间并无私债准折、逼迫成交等情。恐口无凭，立此杜契为据。再，原日尹姓卖与雷姓老契，业经因益遗失，倘日后寻出作为废纸。批明再照。

凭中人：

亲：雷太文　张曲山

邻：刘叔翼

光绪二十六年四月二十日　立

永远杜卖文契人：雷运文同子雷德　清笔　押

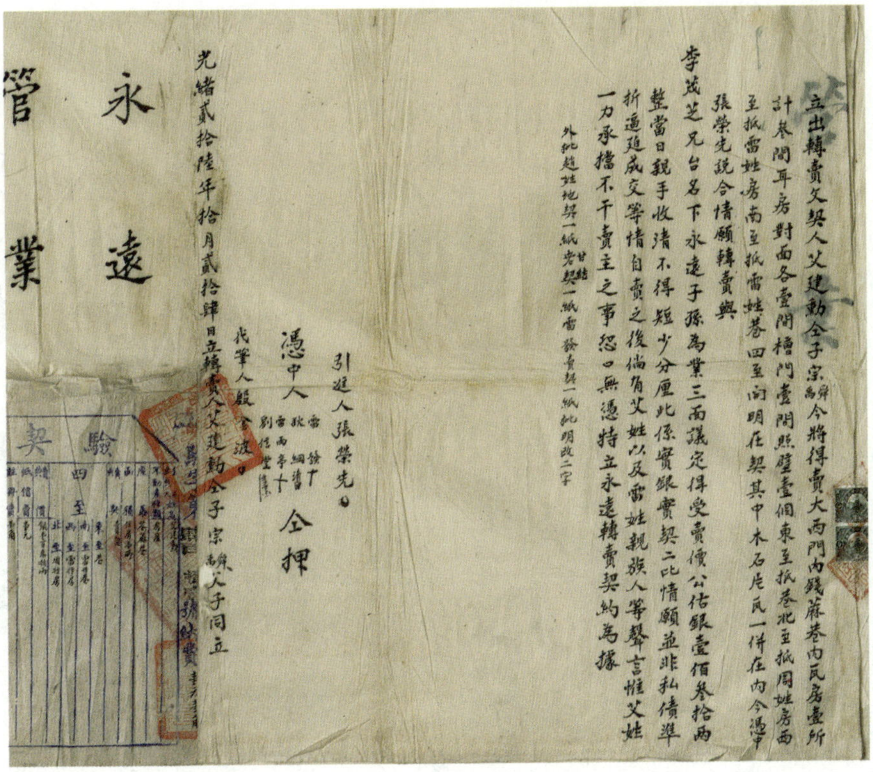


图 23　光绪二十六年十月二十四（1900 年 11 月 22 日）艾建勋等立杜卖平瓦房契　大西门内苲麻巷（文化巷）

## 杜契存照

立出转卖文契人艾建勋同子宗舜、宗禹，今将得卖大西门内钱麻巷内瓦房一所，计三间耳房，对面各一间，橹门一间，照壁一个，东至抵巷，北至抵周姓房，西至抵雷姓房，南至抵雷姓巷，四至开明在契，其中木石片瓦一并在内。今凭中张荣先说合，情愿转卖与李茂芝兄台名下永远子孙为业。三面议定得受卖价公估银一百三十两整。当日亲手收清，不得短少分厘。此系实银实契，二比情愿，并非私债准折、逼迫成交等情。自卖之后，倘有艾姓以及雷姓亲族人等声言，惟艾姓一力承挡，不干卖（买）主之事。恐口无凭，特立永远转卖契约为据。外批赵姓地契一纸、老契（甘结）一纸、雷发卖契一纸，批明改二字。

引进人：张荣先

凭中人：雷发　狄纲　雷雨亭　刘信堂

代笔人：殷金波

光绪二十六年十月二十四日　立

转卖人：艾建勋同子宗舜、宗禹父子同立

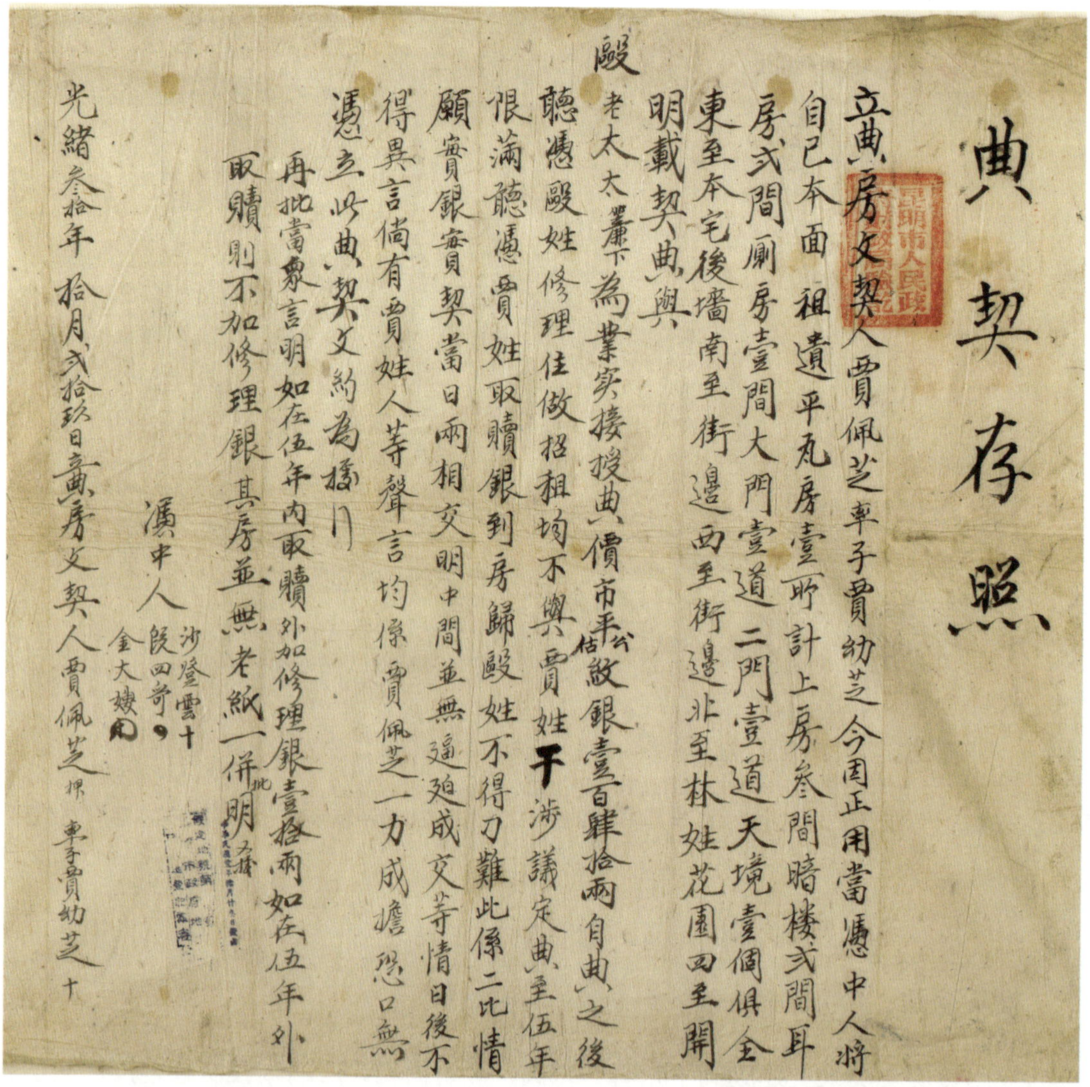
典契存照

立典房文契人賈佩芝 車子賈幼芝 今因正用當憑中人將
自己本面 祖遺平瓦房壹所 計上房叁間 暗樓貳間 耳
房貳間 廂房壹間 大門壹道 二門壹道 天井壹個 俱全
東至本宅後牆 南至街邊 西至街邊 北至林姓花園 四至開
明 載契典與
殿
老太太叢下為業 實接授典價市平公估敵銀壹百肆拾兩 自典之後
聽憑殿姓修理住做 招租均不與賈姓干涉 議定典至伍年
限滿聽憑賈姓取贖 銀到房歸殿姓 不得刁難 此係二比情
願 實銀實契 當日兩相交明 中間並無逼迫成交等情 日後不
得異言 倘有賈姓人等聲言 均係賈佩芝一力成擔 恐口無
憑 立此典契文約為據
再批 當衆言明 如在伍年內取贖 外加修理銀壹拾兩 如在伍年外
取贖 則不加修理銀 其房並無老紙 一併批明 存

漢中人 沙登雲 十 段四爺 金大嫂

光緒叁拾年 拾月貳拾玖日 立典房文契人賈佩芝 押 車子賈幼芝 十

图24 光绪三十年十月二十九（1904年12月5日）贾佩芝等立出典平瓦房契

## 典契存照

立典房文契人贾佩芝率子贾幼芝，今因正用，当凭中人，将自己本面祖遗平瓦房一所，计上房三间，暗楼二间，耳房二间，厕房一间，大门一道，二门一道，天境一个俱全，东至本宅后墙，南至街边，西至街边，北至林姓花园，四至开明载契，典与殴老太太帘下为业，实接授典价市平公估纹银一百四十两。自典之后，听凭殴姓修理住做招租，均不予贾姓干涉。议定典主五年限满，听凭贾姓取赎，银到房归，殴姓不得刁难。此系二比情愿，实银实契，当日两相交明，中间并无逼迫成交等情，日后不得异言，倘有贾姓人等声言，均系贾佩芝一力成（承）担。恐口无凭，立此典契文约为据。

再批，当众言明如在五年内取赎，外加修理银一十两。如在五年外取赎，则不加修理银。其房并无老纸，一并批明。又据。

凭中人：沙登云　段四奇　金大嫂

光绪三十年十月二十九日　立

典房文契人：贾佩芝率子贾幼芝

引进人：张荣先

凭中人：雷发　狄纲　雷雨亭　刘信堂

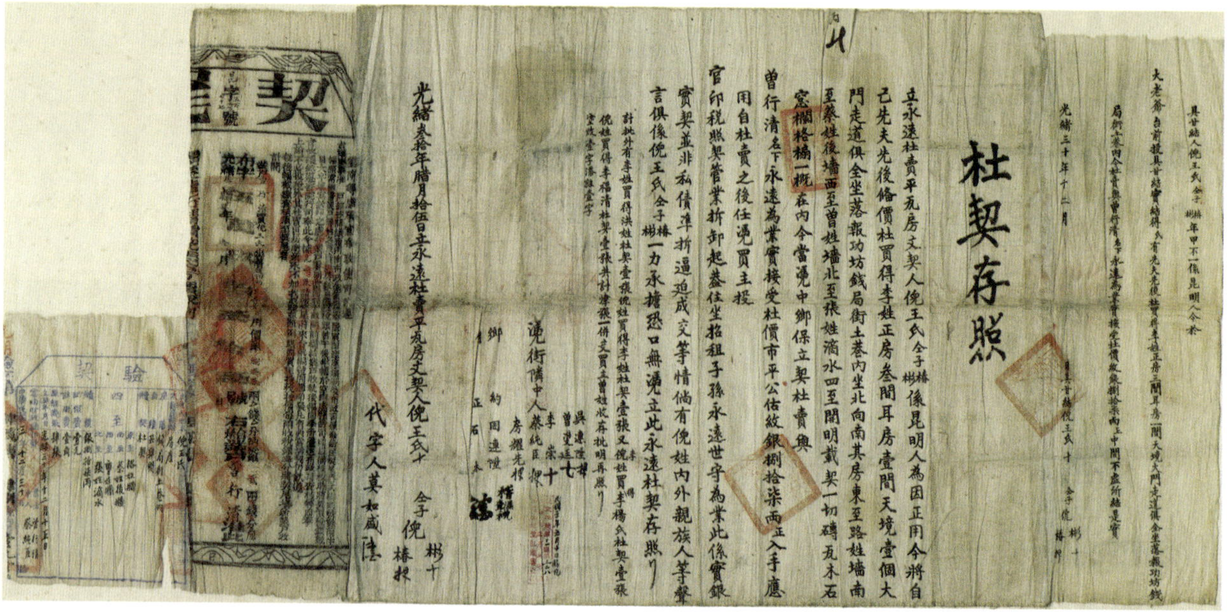

图 25　光绪三十年腊月十五（1905 年 1 月 20 日）倪王氏等立杜卖平瓦房文契（钱局街）

具甘结人倪王氏同子椿、彬，年甲不一，系昆明人，今于大老爷台前投具甘结，实结得氏，有先夫先后杜买得李姓正房三间，耳房一间，天境大门走道俱全。坐落报功坊钱局街土巷内，今杜卖与曾行清名下永远为业。实接受杜价纹银八十七两正，中间不虚，所结是实。

光绪三十年十二月日

具甘结：倪王氏同子倪彬、倪椿

## 杜契存照

立永远杜卖平瓦房文契人倪王氏同子椿、彬，系昆明人，为因正用，今将自己先夫先后备价杜买得李姓正房三间，耳房一间，天井一个，大门走道俱全。坐落报功坊钱局街土巷内，坐北向南，其房东至路姓墙，南至蔡姓后墙，西至曾姓墙，北至张姓滴水，四至开明载契，一切砖瓦木石、窗栏格扇，一概在内。今当凭中乡保，立契杜卖与曾行清名下永远为业。实接受杜价市平公估纹银八十七两正，入手应用。自杜卖之后，任凭买主投官印税，照契管业，折卸起盖，住坐招租，子孙永远世守为业。此系实银实契，并非私债准折、逼迫成交等情。倘有倪姓内外亲族人等声言，俱系倪王氏同子椿、彬一力承担。恐口无凭，立此永远杜契存照。

计批外有李姓买得洪姓杜契一张、倪姓买得李姓杜契一张、又李姓买得李杨氏杜契一张、倪姓买得李福清杜契一张，共计四张，一并交买主曾姓收存，批明再照。

凭街邻中人：吴连升　曾双廷　李崇　蔡纯臣　房耀先

乡约：周连升

保正：石春

光绪三十年腊月十五日　立

永远杜卖平瓦房文契人：倪王氏同子倪彬、倪椿

代字人：莫如戚

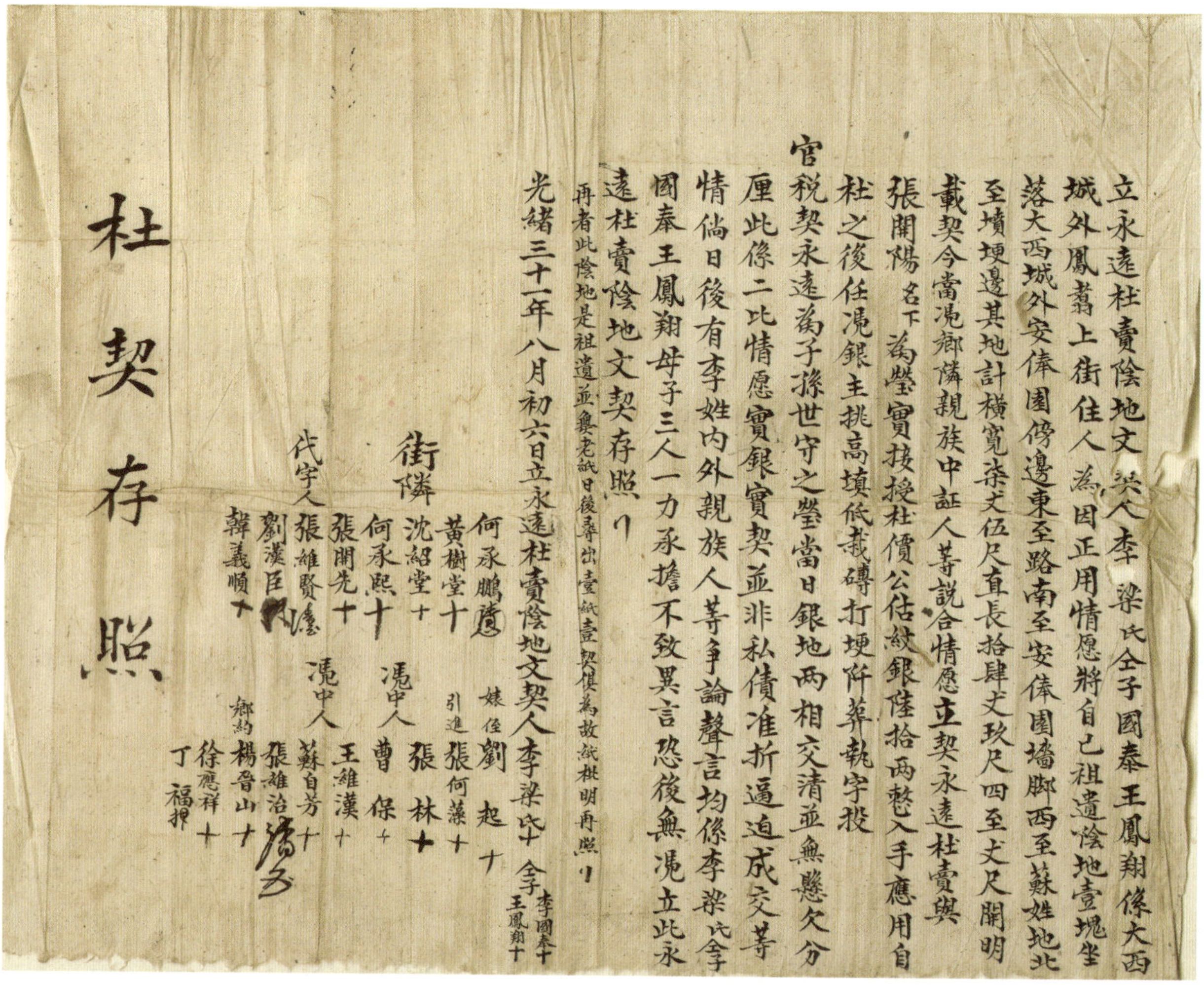
立永遠杜賣陰地文契人李梁氏仝子國泰王鳳翔係大西
城外鳳翥上街住人為因正用情愿將自己祖遺陰地壹塊坐
落大西城外安俸園傍邊東至路南至安俸園墻脚西至蘇姓地北
至墳埂邊其地計橫寬柒丈伍尺直長拾肆丈玖尺四至丈尺開明
載契今當憑鄉鄰親族中証人等說合情愿立契永遠杜賣與
張開煬名下為塋實授授杜價公估紋銀陸拾兩整入手應用自
杜之後任憑銀主挑高填低栽磚打埂阡葬執守投
官稅契永遠為子孫世守之塋當日銀地兩相交清並無懸欠分
厘此係二比情愿實銀實契並非私債准折逼迫成交等
情倘日後有李姓內外親族人等爭論聲言均係李梁氏仝
國泰王鳳翔母子三人一力承擔不致異言恐後無憑立此永
遠杜賣陰地文契存照 刂
再者此陰地是祖遺並無老紙日後尋出壹紙壹契俱為故紙批明再照 刂
光緒三十一年八月初六日立永遠杜賣陰地文契人李梁氏十 仝子 李國泰十 王鳳翔十

婊侄 劉 起十
何承鵬（押）
引進 張何藻十
黃樹堂十
街鄰 沈紹堂十
憑中人 張 林十
何承熙十
曹 保十
張開先十
憑中人 王維漢十
代字人 張維賢（押）
蘇自芳十
劉漢臣（押）
張維治（押）
韓義順十
鄉約 楊晉山十
徐應祥十
丁 福押十

杜契存照

图 26　光绪三十一年八月初六（1905 年 9 月 4 日）李梁氏等立杜卖阴地契（大西城外安俸园旁）

## 杜契存照

立永远杜卖阴地文契人李梁氏同子国泰、王凤翔，系大西城外凤翥上街住人，为因正用，情愿将自己祖遗阴地一块，坐落大西城外安俸园旁边。东至路，南至安俸园墙脚，西至苏姓地，北至坟埂。其地计横款七丈五尺，直长十四丈九尺。四至丈尺开明载契。今当凭乡邻、亲族、中证人等说合，情愿立契，永远杜卖与张开阳名下为茔。实接授杜价公估纹银六十两整，入手应用。自杜之后，任凭银主挑高填低，栽砖打埂阡葬，执字投官税契，永远为子孙世守之茔。当日银地两相交清，并无悬欠分厘。此系二比情愿，实银实契，并非私债准折、逼迫成交等情。倘日后有李姓内外亲族人等争论声言，均系李梁氏同子国泰、王凤翔母子三人一力承担，不致异言。恐后无凭，立此永远杜卖阴地文契存照。

再者，此阴地是祖遗，并无老纸。日后寻出一纸一契，俱为故纸。批明再照。

光绪三十一年八月初六日　立

永远杜卖阴地文契人：李梁氏同子李国泰　王凤翔

街邻：何承鹏　黄树堂　沈绍堂　何承熙　张开先

代字人：张维贤　刘汉臣　韩义顺

凭中人：表侄刘起　引进张何藻　张林　曹保　王维汉　苏自芳　张维治
乡约杨晋山　徐应祥　丁福

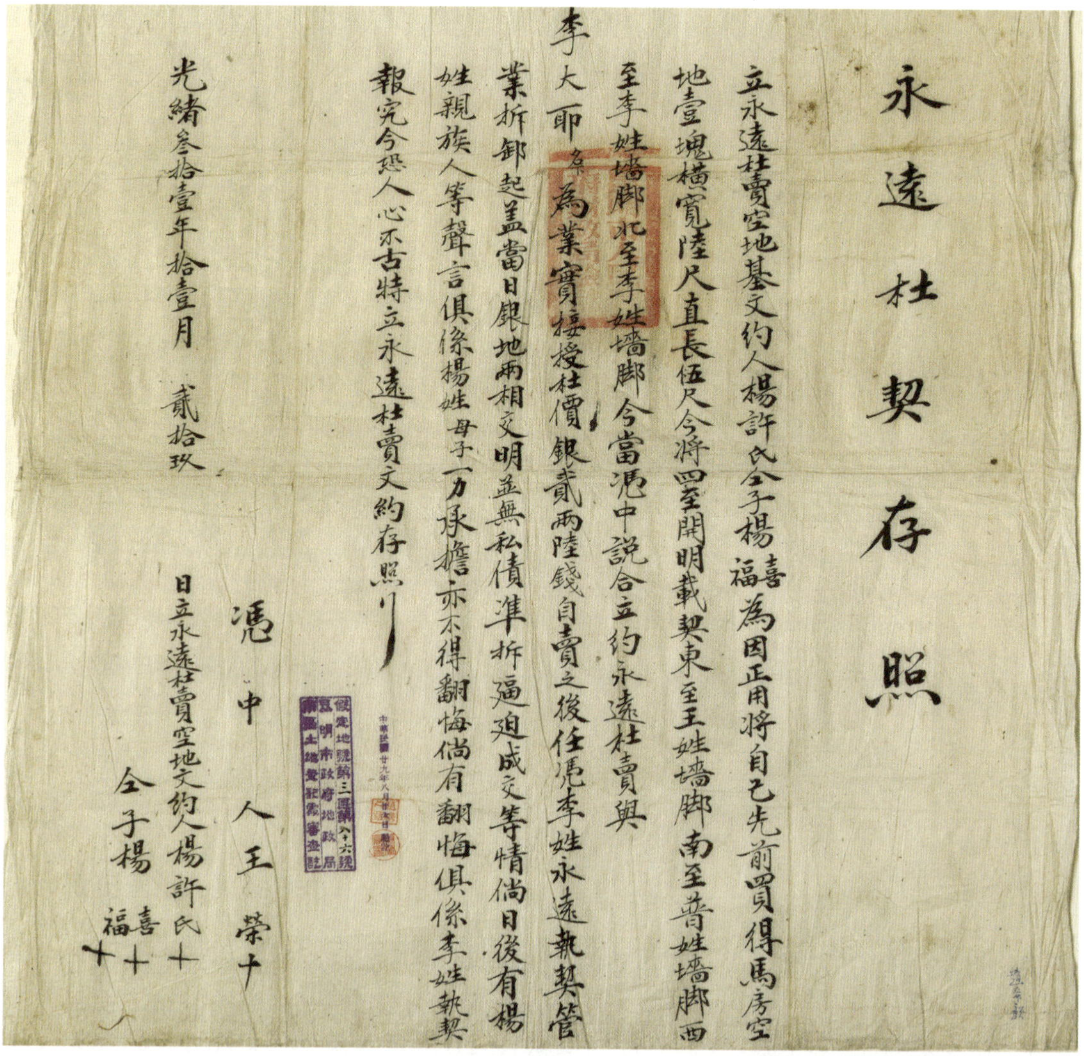

永遠杜契存照

立永遠杜賣空地基文約人楊許氏仝子楊喜福為因正用將自己先前買得馬房空地壹塊橫寬陸尺直長伍尺今將四至開明載契東至王姓墻脚南至普姓墻脚西至李姓墻脚北至李姓墻脚今當憑中說合立約永遠杜賣與李大耶名下為業實接授杜價銀貳兩陸錢自賣之後任憑李姓永遠執契管業拆卸起蓋當日銀地兩相交明並無私債準折逼迫成交等情倘日後有楊姓親族人等聲言俱係楊姓母子一力承擔亦不得翻悔倘有翻悔俱係李姓執契報究今恐人心不古特立永遠杜賣文約存照

憑中人王榮十

光緒叁拾壹年拾壹月貳拾玖日立永遠杜賣空地文約人楊許氏十

仝子楊喜十 福十

图 27　光绪三十一年十一月二十九（1905 年 12 月 25 日）杨许氏等立杜卖地基契

## 永远杜契存照

立永远杜卖空地基文约人杨许氏同子杨喜、杨福，为因正用，将自己先前买得马房空地一块，横宽六尺、直长五尺，今将四至开明载契。东至王姓墙脚，南至普姓墙脚，西至李姓墙脚，北至李姓墙脚。今当凭中说合，立约永远杜卖与李大耶名下为业。实接授杜价银二两六钱。自卖之后，任凭李姓永远执契管业，拆卸起盖。当日银地两相交明，并非私债准折、逼迫成交等情。倘日后有杨姓亲族人等声言，俱系杨姓母子一力承担，亦不得翻悔。倘有翻悔，俱系李姓执契报究。今恐人心不古，特立永远杜卖文约存照。

凭中人：王荣

光绪三十一年十一月二十九日　立

永远杜卖空地文约人：杨许氏同子杨喜、杨福

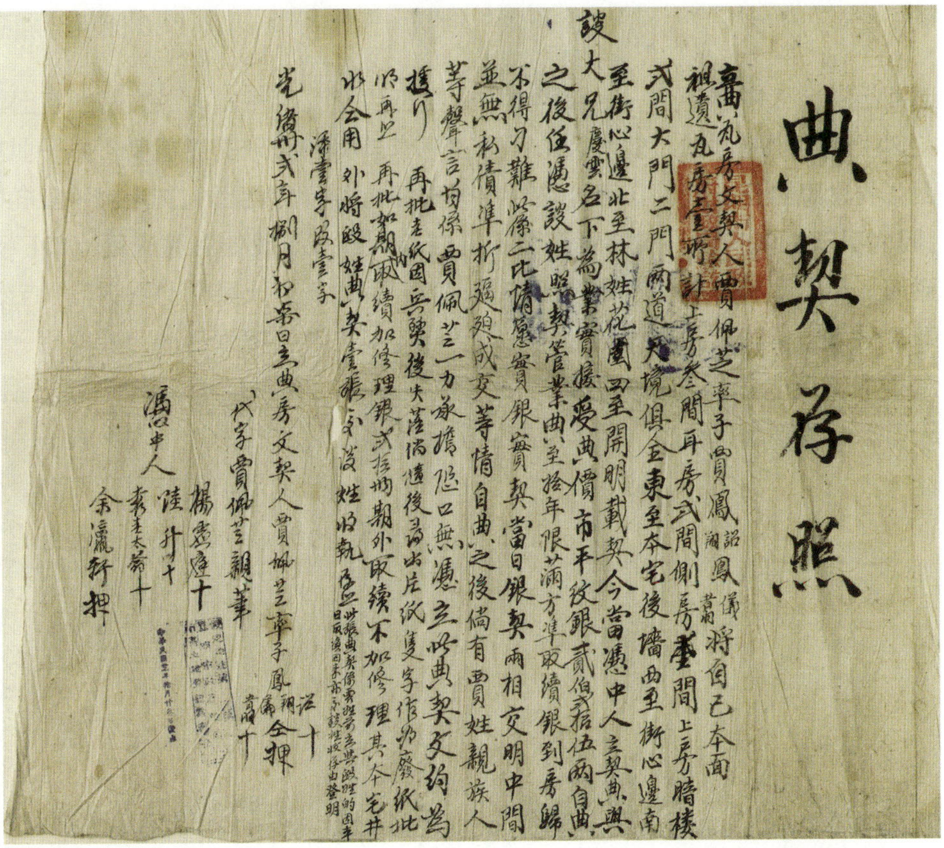

图 28　光绪三十二年八月初七（1906 年 9 月 24 日）贾佩芝等立出典瓦房契

## 典契存照

立典瓦房文契人贾佩芝率子贾凤诏、贾凤翔、贾凤仪、贾凤翥，将自己本面祖遗瓦房一所，计上房三间，耳房二间，侧房一间，上房暗楼二间，大门、二门两道，天境俱全。东至本宅后墙，西至街心边，南至街心边，北至林姓花园，四至开明载契。今当凭中人立契典与谈大兄庆云名下为业。实接受典价市平纹银二百二十五两。自典之后，任凭谈姓照契管业，典至十年限满方准取续，银到房归，不得刁难。此系二比情愿，实银实契，当日银契两相交明，中间并无私债准折、逼迫成交等情。自典之后，倘有贾姓亲族人等声言，均系贾佩芝一力承担。恐口无凭，立此典契文约为据。

再批，老纸因兵燹后失落，倘随后寻出片纸只字，作为废纸。批明再照。

再批，如期内取续，加修理银二十两。期外取续不加修理。其本宅井水同用。外将殴姓典契一张，交谈姓收执存照。此张典契系贾姓前立与殴姓的，因年日取续，因未亦交谈姓收存，由登明。

光绪三十二年八月初七日　立

典房文契人：贾佩芝率子贾凤诏、贾凤翔、贾凤仪、贾凤翥同押

代字人：贾佩芝亲笔

凭中人：杨虚庭　陆升　袁老太爷　余瀛轩

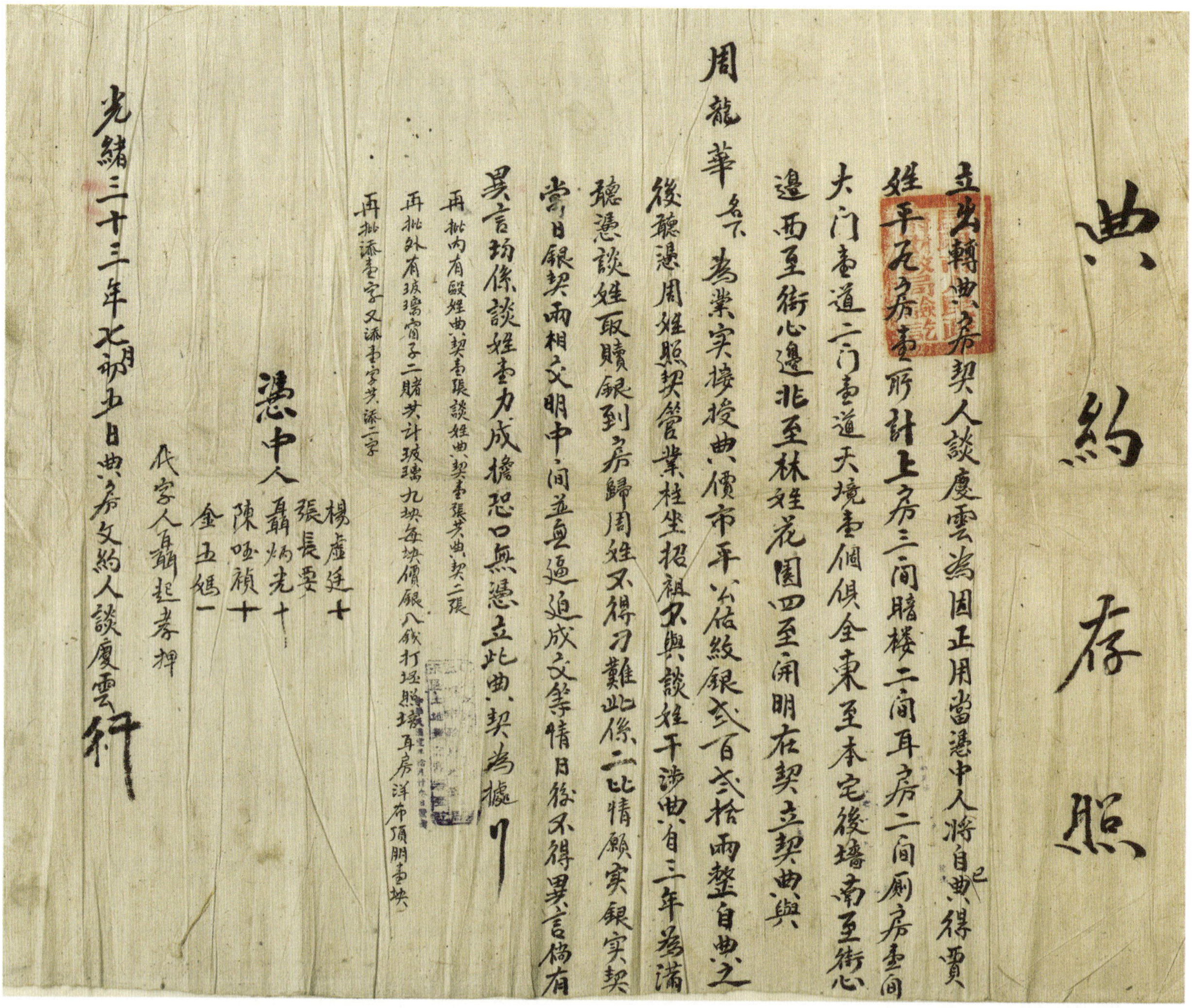

图 29　光绪三十三年七月初五（1907 年 8 月 13 日）谈庆云立转典平瓦房契

**典约存照**

立出转典房契人谈庆云，为因正用，当凭中人将自己典得贾姓平瓦房一所，计上房三间，暗楼二间，耳房二间，厕房一间，大门一道，二门一道，天境一个俱全。东至本宅后墙，南至街心边，西至街心边，北至林姓花园。四至开明在契。立契典与周龙华名下为业，实接授典价市平公估纹银二百二十两整。自典之后，听凭周姓照契管业，柱坐招租，不与谈姓干涉。典自三年为满，听凭谈姓取赎。银到房归，周姓不得刁难。此系二比情愿，实银实契，当日银契两相交明，中间并无逼迫成交等情。日后不得异言，倘有异言，均系谈姓一力成（承）担。恐口无凭，立此典契为据。

再批，内有殴姓典契一张，谈姓典契一张，共典契二张。

再批，外有玻璃窗子二赌（堵），共计玻璃九块，每块价银八钱，打坏照赔。耳房洋布顶朋一块。

再批，添一字，又添一字，共添二字。

凭中人：杨虚廷　张长要　聂炳光　陈哑祯　金五妈

代字人：聂起孝

光绪三十三年七月初五日

典房文约人：谈庆云

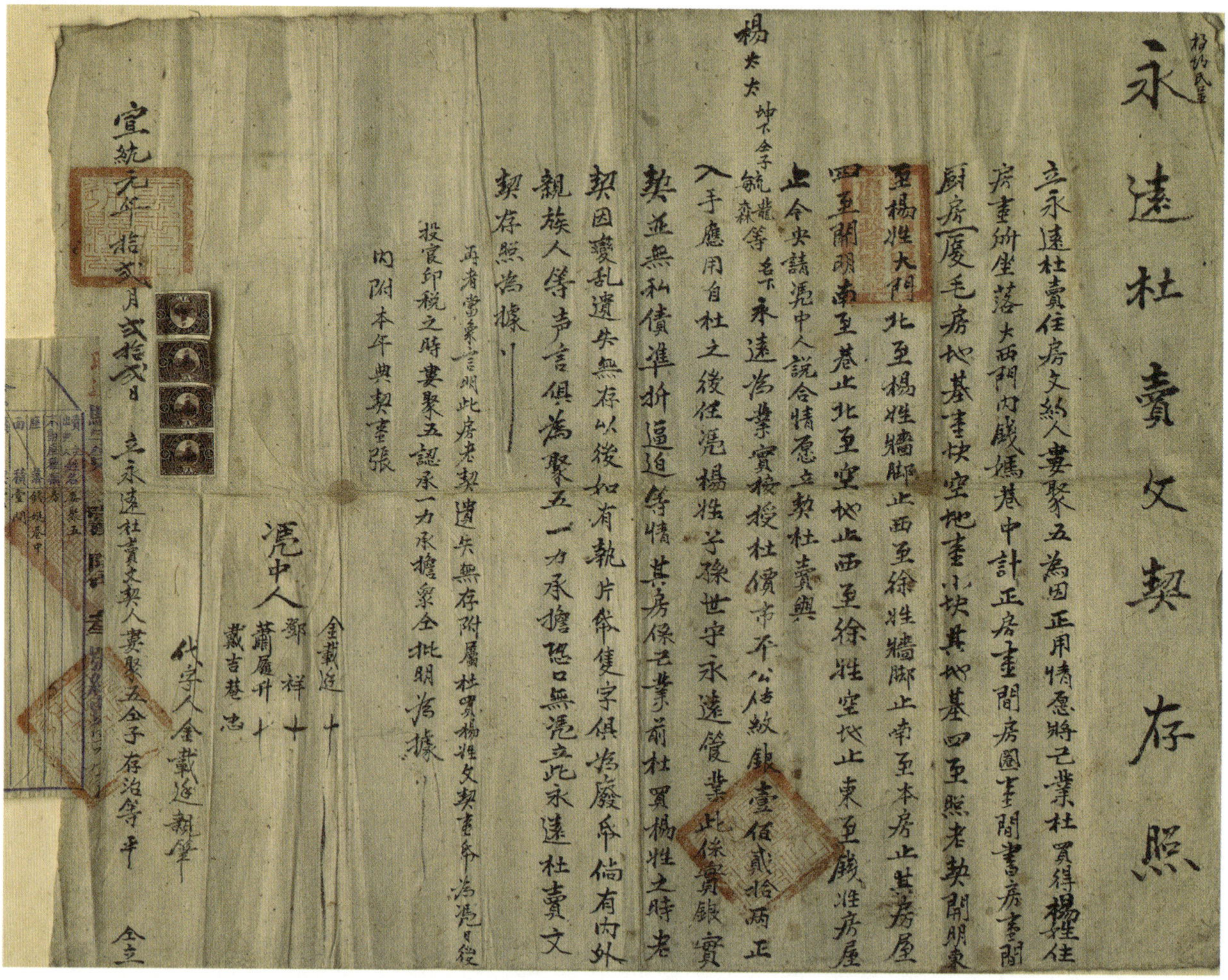

永遠杜賣文契存照

立永遠杜賣住房文約人婁聚五為因正用情愿將己業杜賣得楊姓住房壹所坐落大西門內全麻巷中計正房壹間房園壹間書房壹間廚房廈毛房地基壹塊空地壹小塊其地基四至照老契開明東至楊姓大門北至楊姓牆腳止西至徐姓牆腳止南至本房止其房屋四至開明南至巷止北至空地止西至徐姓空地止東至錢姓房屋止今央請憑中人說合情愿立契杜賣與

楊太太坤下仝子毓龍毓森等名下永遠為業實授杜價市平公估紋銀壹佰貳拾兩正入手應用自杜之後任憑楊姓子孫世守永遠管業此係實銀實契並無私債準折逼迫等情其房係己業前杜買楊姓之時老契因變亂遺失無存以後如有執片紙隻字俱為廢紙倘有內外親族人等聲言俱為聚五一力承擔恐口無憑立此永遠杜賣文契存照為據

再者當衆言明此房老契遺失無存附屬杜買楊姓文契壹紙為憑日後投稅印稅之時婁聚五認承一力承擔衆全批明為據

內附本年典契壹張

憑中人 全載逵 十 鄧祥 十 蕭履升 十 戴吉甚 志

代字人全載逵親筆

立永遠杜賣文契人婁聚五仝子存治等 押

宣統元年拾貳月貳拾貳日 仝立

图 30 宣统元年十二月二十二（1910 年 2 月 1 日）娄聚五等立杜卖房屋契 大西门内全麻巷（文化巷）

## 永远杜卖文契存照

立永远杜卖住房文约人娄聚五，为因正用，情愿将己业杜买得杨姓住房一所，坐落大西门内钱妈巷中，计正房一间，房圈一间，书房一间，厨房一厦，毛房地基一块，空地一小块。其地基四至照老契开明，东至杨姓大门，北至杨姓墙脚止，西至徐姓墙脚止，南至本房止。其房屋四至开明，南至巷止，北至空地止，西至徐姓空地止，东至钱姓房屋止。今央请凭中人说合，情愿立契杜卖与杨太太坤下同子毓龙、森等名下永远为业，实接授杜价市平公估纹银一百二十两正，入手应用。自杜之后，任凭杨姓子孙世守永远管业。此系实银实契，并无私债准折、逼迫等情。其房系己业前杜买杨姓之时，老契因变乱遗失无存。以后如有执片纸只字，俱为废纸。倘有内外亲族人等声言，俱为（惟）聚五一力承担。恐口无凭，立此永远杜卖文契存照为据。

再者，当众言明，此房老契遗失无存，附属杜买杨姓文契一纸为凭，日后投官印税之时，娄聚五认承一力承担。众同批明为据。

内附本年典契一张。

凭中人：金载廷　邓祥　萧履升　戴吉庵

代字人：金载廷亲笔

宣统元年十二月二十二日　立

永远杜卖文契人：娄聚五同子存治等

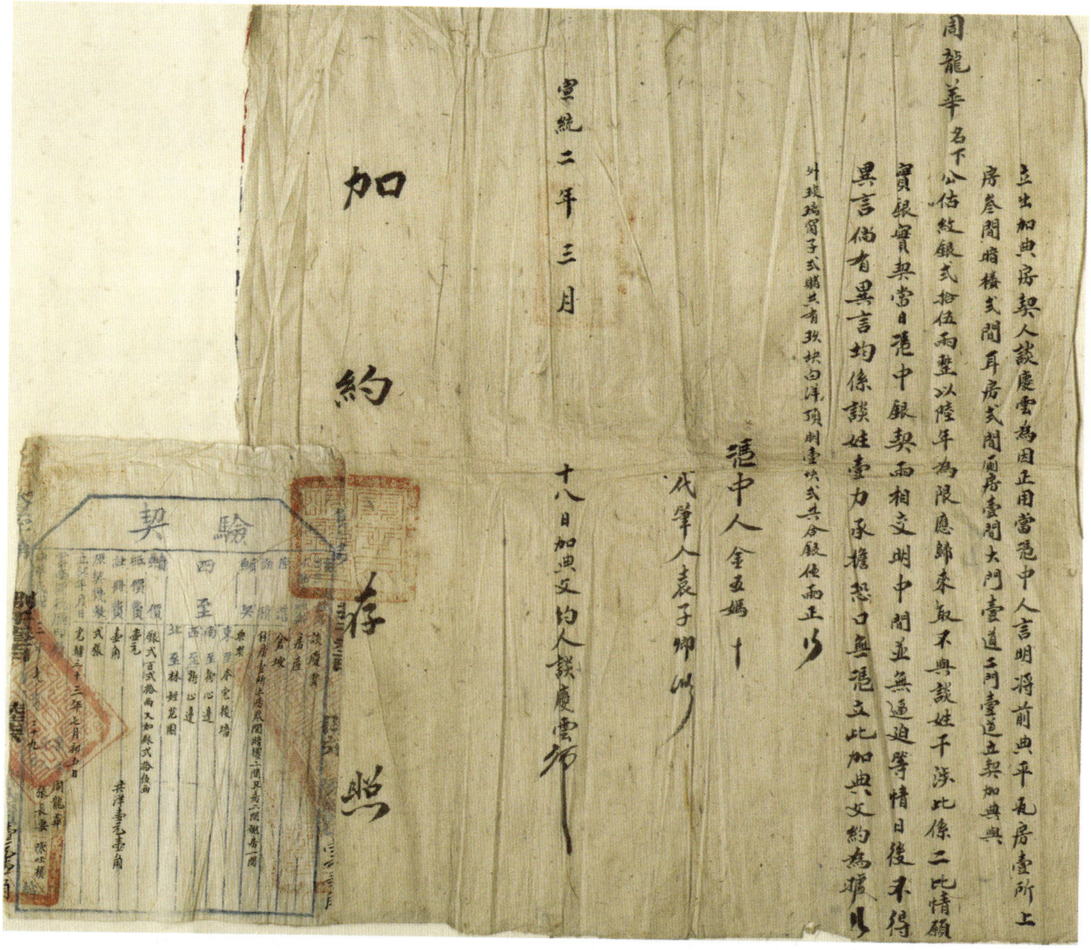

图 31　宣统二年三月十八（1910 年 4 月 27 日）谈庆云立加典房契

## 加约存照

立出加典房契人谈庆云，为因正用，当凭中人言明，将前典平瓦房一所，上房三间，暗楼两间，耳房两间，厕房一间，大门一道，二门一道，立契加典与周龙华名下，公估纹银二十五两整。以六年为限，应归来取，不与谈姓干涉。此系二比情愿，实银实契。当日凭中，银契两相交明，中间并无逼迫等情。日后不得异言，倘有异言，均系谈姓一力承担。恐口无凭，立此加典文约为据。

外，玻璃窗子二赌（堵）共有九块，白洋顶朋一块二，共合银五两正。

凭中人：金五妈

代笔人：袁子卿

宣统二年三月十八日

加典文约人：谈庆云

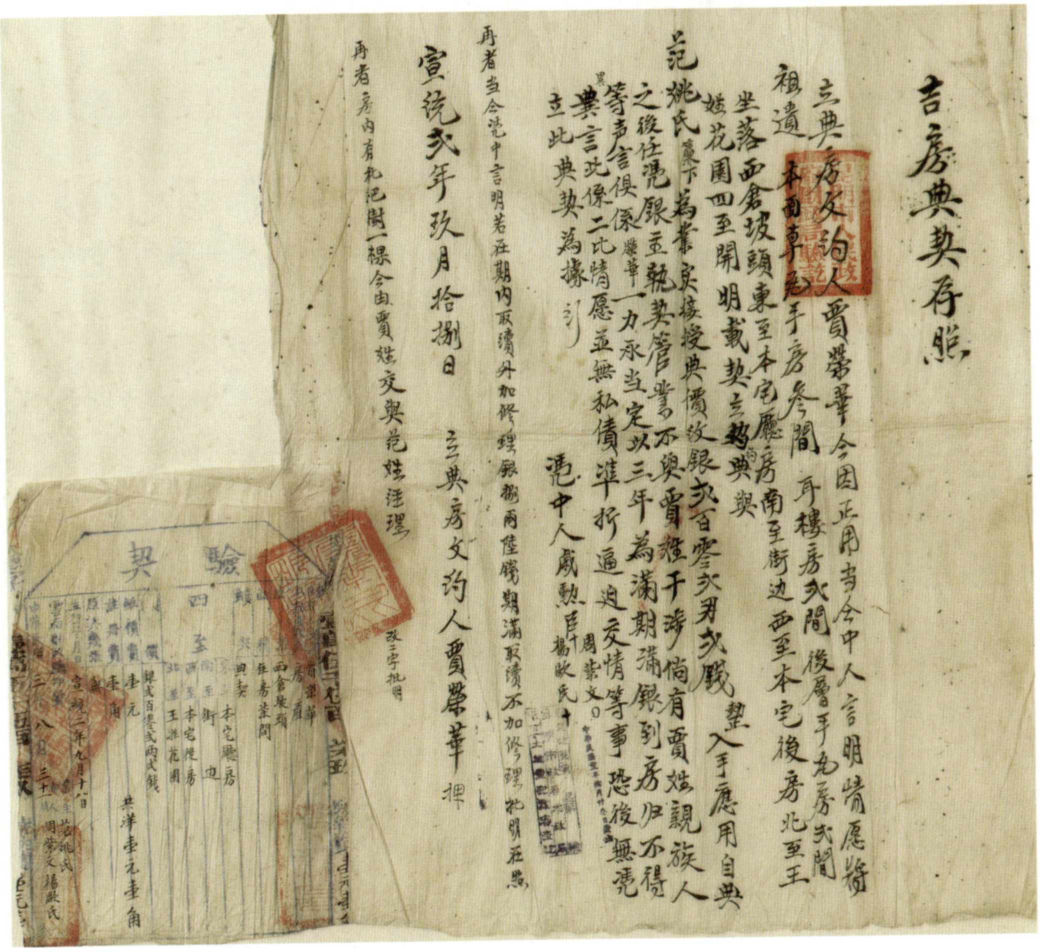

图 32　宣统二年九月十八（1910 年 10 月 20 日）贾荣华立出典平瓦房契（钱局街西仓坡头）

## 吉房典契存照

立典房文约人贾荣华，今因正用，当今中人言明，情愿将祖遗本面草瓦平房三间，耳楼房二间，后层平瓦房二间，坐落西仓坡头，东至本宅厅房，南至街边，西至本宅后房，北至王姓花园，四至开明载契。立文约典与范姚氏帘下为业，实接授典价纹银二百零二两二钱整，入手应用。自典之后，任凭银主执契管业，不与贾姓干涉。倘有贾姓亲族人等声言，俱系荣华一力承当。定以三年为满，期满银到房归，不得异言。此系二比情愿，并无私债准折、逼迫交情等事。恐后无凭，立此典契为据。

再者，当今凭中言明，若在期内取赎，外加修理银八两六钱。期满取赎，不加修理。批明在照。

凭中人：戚勋臣　周紫文　杨欧氏

宣统二年九月十八日　立

典房文约人：贾荣华

再者，房内有枇杷树一棵，今由贾姓交与范姓经理。

改二字批明

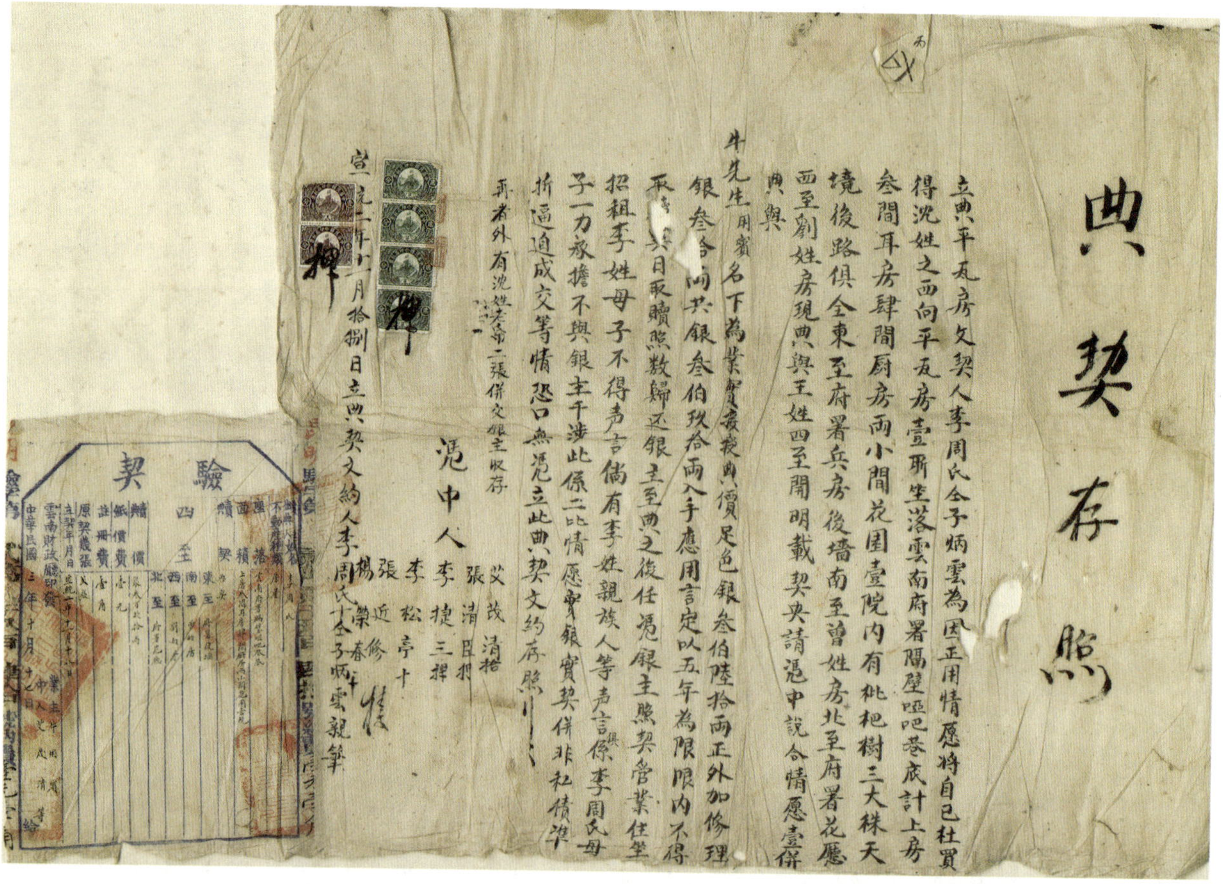

图 33　宣统二年十一月十八（1910 年 12 月 19 日）李周氏等立出典平瓦房契　哑巴巷底（通城巷）

## 典契存照

立典平瓦房文契人李周氏同子炳云，为因正用，情愿将自己杜买得沈姓之西向平瓦房一所，坐落云南府署隔壁哑吧巷底，计上房三间，耳房四间，厨房两小间，花园一院，内有枇杷树三大株，天境后路俱全。东至府署兵房后墙，南至曾姓房，北至府署花厅，西至刘姓房。现典与王姓，四至开明载契。央请凭中说合，情愿一并典与牛先生用实名下为业，实接授典价足色银三百六十两正，外加修理银三十两，共银三百九十两，入手应用。言定以五年为限，限内不得取赎，异日取赎，照数归还银主。至典之后，任凭银主照契管业，住坐招租，李姓母子不得声言。倘有李姓亲族人等声言，俱系李周氏母子一力承担，不与银主干涉。此系二比情愿，实银实契，并非私债准折、逼迫成交等情。恐口无凭，立此典契文约存照。

再者，外有沈姓老纸两张并交银主收存。

凭中人：艾茂清　张清臣　李捷三　李松亭　张近修　杨荣春

宣统二年十一月十八日　立

典契文约人：李周氏同子炳云亲笔

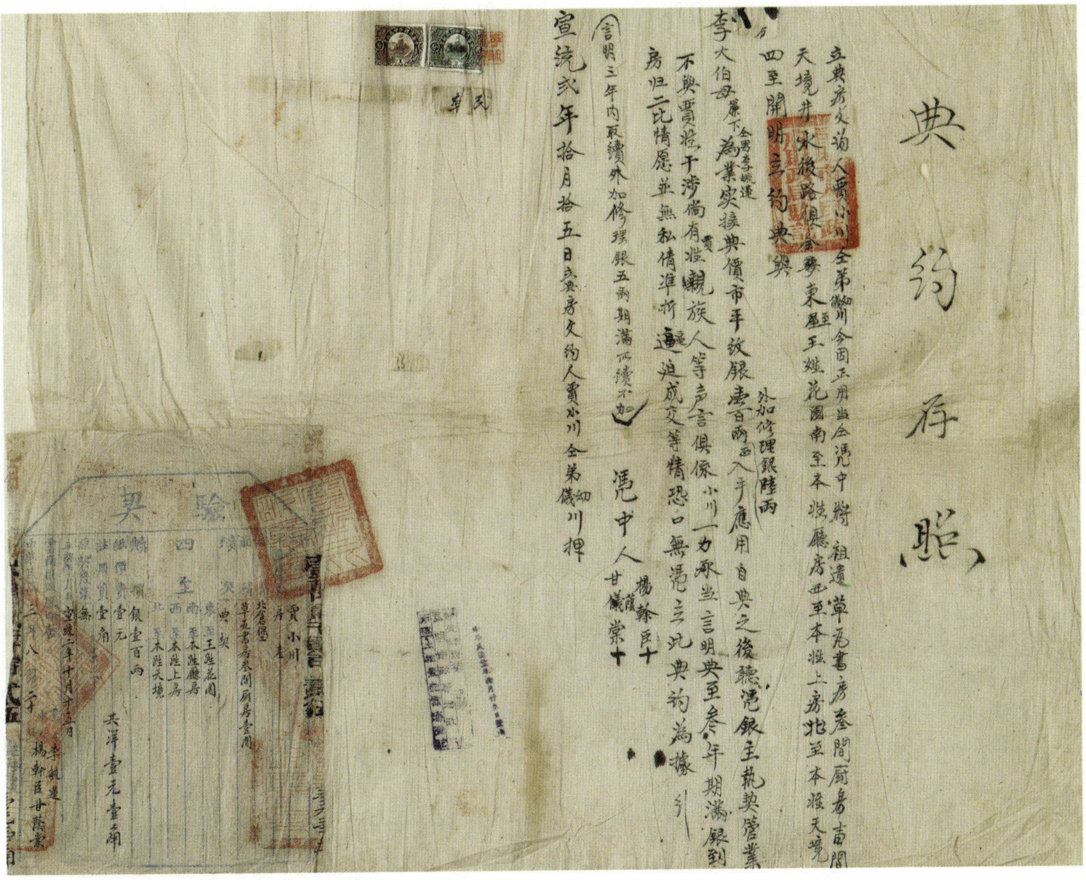

图 34　宣统二年十月十五（1910 年 11 月 16 日）贾小川立典房文约（瓦仓堡）

## 典约存照

立典房文约人贾小川同弟幼川、仪川，今因正用，当同凭中，将祖遗草瓦书房三间，厕房一间，天境、井水、后路俱全，东至王姓花园，南至本姓厅房，西至本姓上房，北至本姓天境，四至开明，立约典与李大伯母帘下同男李毓连为业，实接典价市平纹银一百两，外加修理银六两整，入手应用。自典之后，听凭银主执契管业，不与贾姓干涉，倘有贾姓亲族人等声言，俱系小川一力承当。言明典至三年期满，银到房归，二比情愿，并无私债准折、逼迫成交等情。恐口无凭，立此典约为据。

言明三年内取续，外加修理银五两，期满取赎不加。

凭中人：杨干臣　甘荫棠

宣统二年十月十五日　立

典房文约人：贾小川同弟幼川、仪川

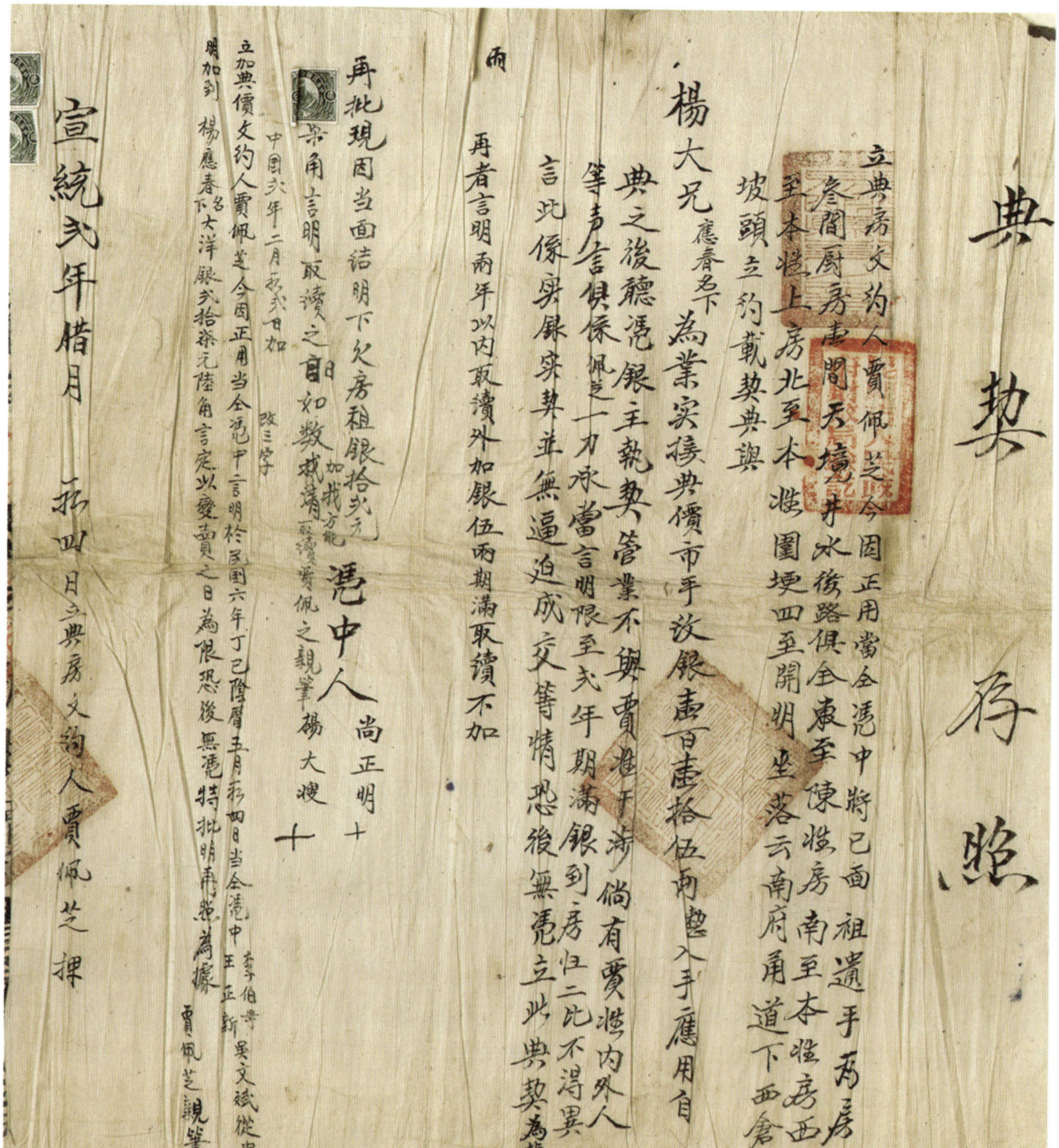
典契存照

立典房文約人賈佩芝今因正用當仝憑中將已面祖遺手爲房叁間廚房壹間天井水後路俱全東至陳姓房南至本姓房西至本姓上房北至本姓園埂四至開明坐落云南府角道下西倉坡頭立約載契典與

楊大兄應春名下爲業實接典價市平紋銀壹百壹拾伍兩整入手應用自典之後聽憑銀主執契管業不與賈姓干涉倘有賈姓內外人等声言俱係佩芝一力承當言明限至弍年期滿銀到房归二比不得異言此係實錄實契並無逼迫成交等情恐後無憑立此典契爲據

再者言明兩年以內取讀外加銀伍兩期滿取贖不加

兩

再批現因当面诘明下欠房租銀拾弍元[illegible]角言明取讀之日如数找清加找方能取讀

賈佩芝親筆

憑中人 尚正明 十 楊大嫂 十

中国六年二月初六日加 改三字

立加典價文約人賈佩芝今因正用当仝憑中言明於民国六年丁巳陰曆五月初四日当仝憑中李伯譽、王正新、吳文斌從中言明加到楊應春名下大洋銀弍拾柒元陸角言定以變當贖之日為限恐後無憑特批明再照為據

賈佩芝親筆

宣統弍年腊月 初四日立典房文約人賈佩芝押

图 35 宣统二年腊月初四（1911 年 1 月 4 日）贾佩芝立出典平瓦房契（钱局街西仓坡头）

## 典契存照

立典房文约人贾佩芝，今因正用，当同凭中，将己面祖遗平瓦房三间，厨房一间，天境、井水、后路俱全。东至陈姓房，南至本姓房，西至本姓上房，北至本姓围埂，四至开明。坐落云南府甬道下西仓坡头，立约载契，典与杨大兄应春名下为业，实接典价市平纹银一百一十五两整，入手应用。自典之后，听凭银主执契管业，不与贾姓干涉。倘有贾姓内外人等声言，俱系佩芝一力承当。言明限至二年，期满银到房归，二比不得异言。此系实银实契，并无逼迫成交等情。恐后无凭，立此典契为据。

再者，言明两年以内取赎，外加银五两，期满取赎不加。

再批，现因当面结明下欠房租银十二元七角，言明取赎之日如数加找，方能取赎。贾佩芝亲笔。

凭中人：尚正明　杨大嫂

宣统二年二月初二日　加改三字

立加典价文约人贾佩芝，今因正用，当同凭中言明，于民国六年丁巳阴历五月初四日，当同凭中李伯母、王正新、吴文斌从中言明，加到杨应春名下大洋银二十七元六角，言定以变卖之日为限。恐后无凭，特批明再照为据。贾佩芝亲笔。

宣统二年腊月初四日　立

典房文约人：贾佩芝

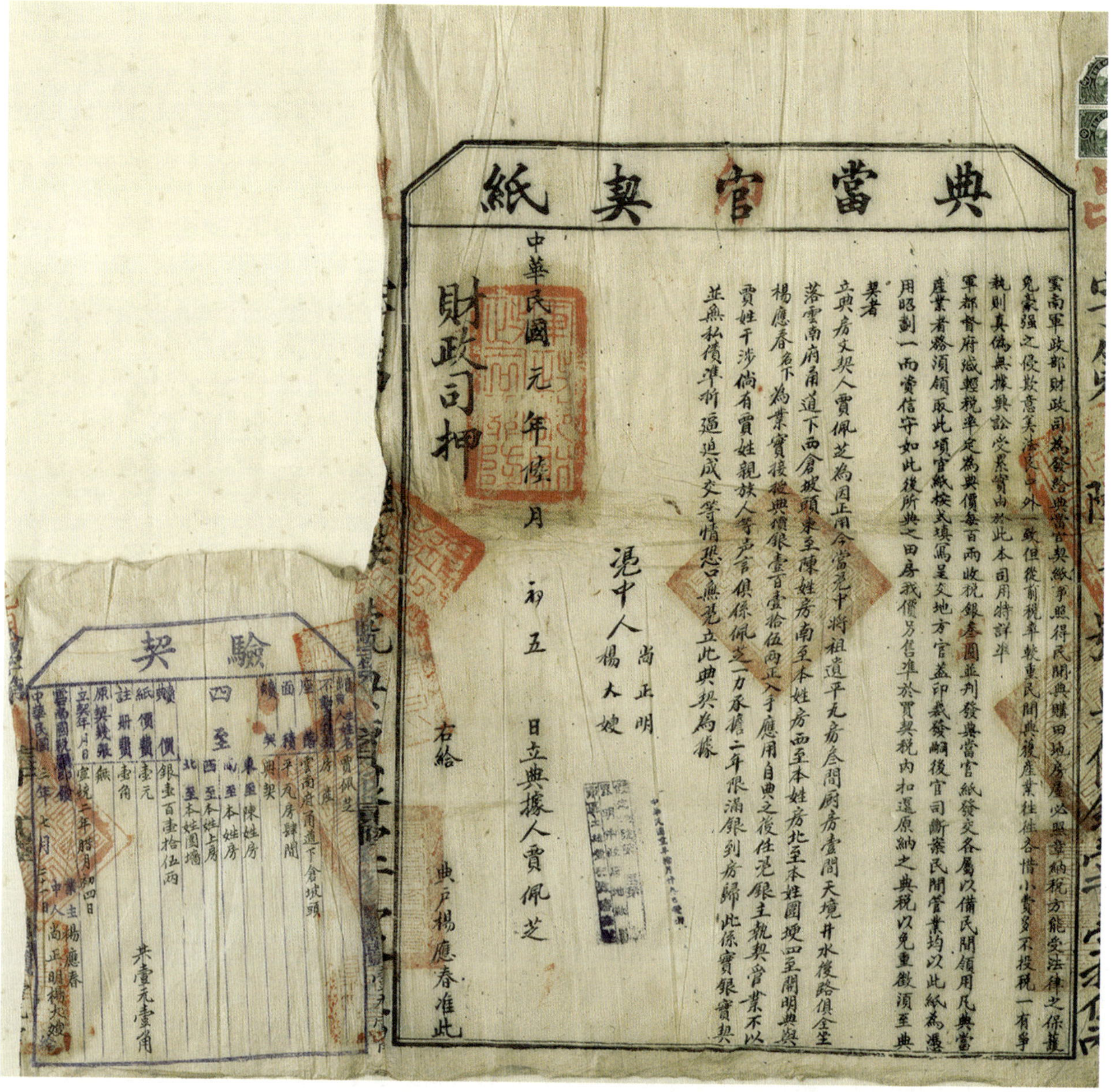

图 36 民国元年六月初五（1912 年 7 月 18 日）贾佩芝出典平瓦房典当官契纸本（钱局街西仓坡头）

## 典当官契纸

云南军政部财政司为发给典当官契纸事。照得民间典购田地房产，必照章纳税，方能受法律之保护，免豪强之侵欺。意美法良，中外一致。但从前税率较重，民间典获产业，往往吝惜小费，多不投税。一有争执则真伪无据，兴讼受累，实由于此。本司用特详准军都督府减轻税率，定为典价每百两收税银三圆，并刊发典当官纸发交各属，以备民间领用。凡典当产业者，务须领取此项官纸，按式填写，呈交地方官盖印裁发。嗣后官司断案，民间管业，均以此纸为凭，用昭划一而资信守。如此后所典之田房找价另售，准于买契税内扣还原纳之典税，以免重征，须至典契者。

立典房文契人贾佩芝，为因正用，今当同凭中，将祖遗平瓦房三间，厨房一间，天境井水后路俱全，坐落云南府甬道下西仓坡头。东至陈姓房，南至本姓房，西至本姓上房，北至本姓围埂，四至开明。典与杨应春名下为业，实接授典价银一百一十五两正，入手应用。自典之后，任凭银主执契管业，不以贾姓干涉。倘有贾姓亲外人等声言，俱系佩芝一力承当担。二年限满，银到房归。此系实银实契，并无私债准折、逼迫成交等情。恐口无凭，立此典契为据。

凭中人：尚正明　杨大嫂

中华民国元年六月初五日　立

典据人：贾佩芝

财政司押

右给　典户杨应春准此

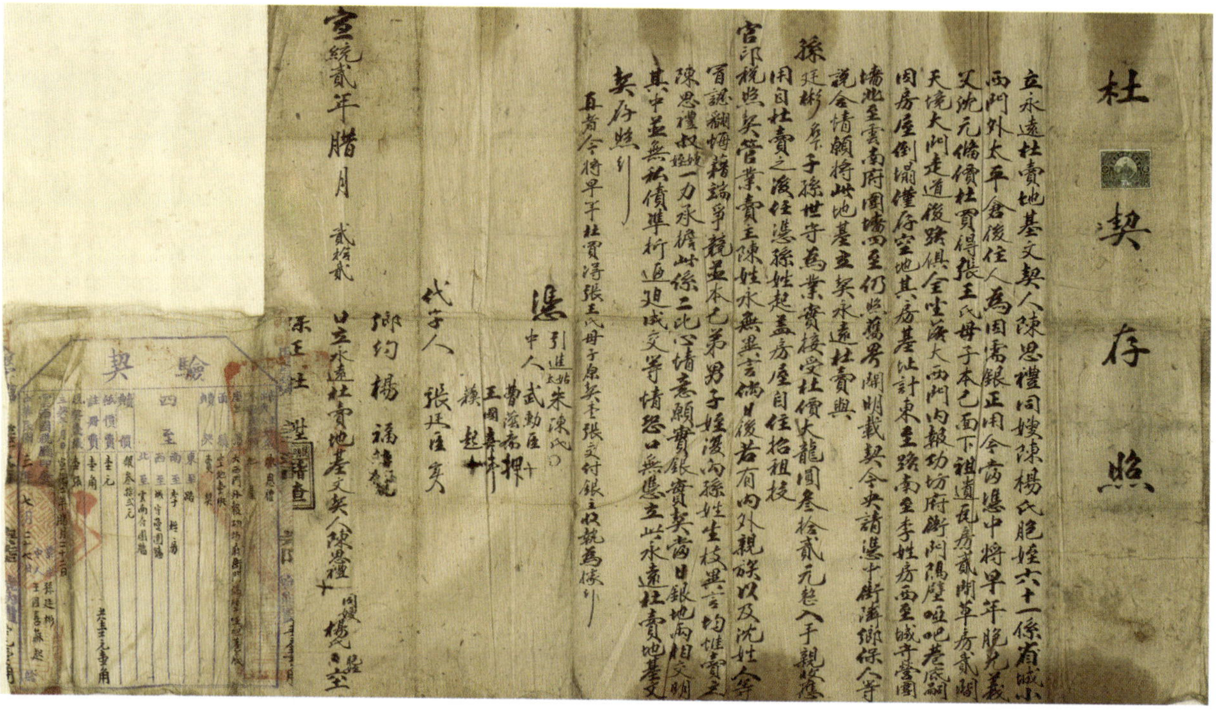

图 37　宣统二年腊月二十二（1911 年 1 月 22 日）陈思礼等立杜卖地基契　哑巴巷（通城巷）

## 杜契存照

立永远杜卖地基文契人陈思礼同嫂陈杨氏、胞侄六十一，系省城小西门外太平仓后住人，为因需银正用，今当凭中，将早年胞兄义父沈元备价杜买得张王氏母子本己面下祖遗瓦房两间，草房两间，天境大门、走道后路俱全。坐落大西门内报功坊府衙门隔壁哑吧巷底，嗣因房屋倒塌，仅存空地。其房基址计：东至路，南至李姓房，西至城守营围墙，北至云南府围墙，四至仍照万方，开明载契。今央请凭中街邻乡保人等说合，情愿将此地基立契永远杜卖与孙廷彬名下子孙世守为业。实接受杜价大龙圆三十二元整，入手亲收应用。自杜卖之后，任凭孙姓起盖房屋，自住招租，授官印税，照契管业。卖主陈姓永无异言，倘日后若有内外亲族以及沈姓人等冒认翻悔，藉端争竞，并本己弟男子侄，后向孙姓生枝异言，均惟卖主陈思礼叔侄嫂一力承担。此系二比心情意愿，实银实契，当日银地两相交明，其中并无私债准折、逼迫成交等情。恐口无凭，立此永远杜卖地基文契存照。

再者，今将早年杜买得张王氏母子原契一张交付银主收执为据。

凭引进：太姑朱陈氏

凭中人：武勋臣　曹汉斋　王国喜　苏起

代字人：张廷注

乡约：杨福

宣统二年腊月二十二日　立

永远杜卖地基文契人：陈思礼同嫂杨氏、胞侄六十一

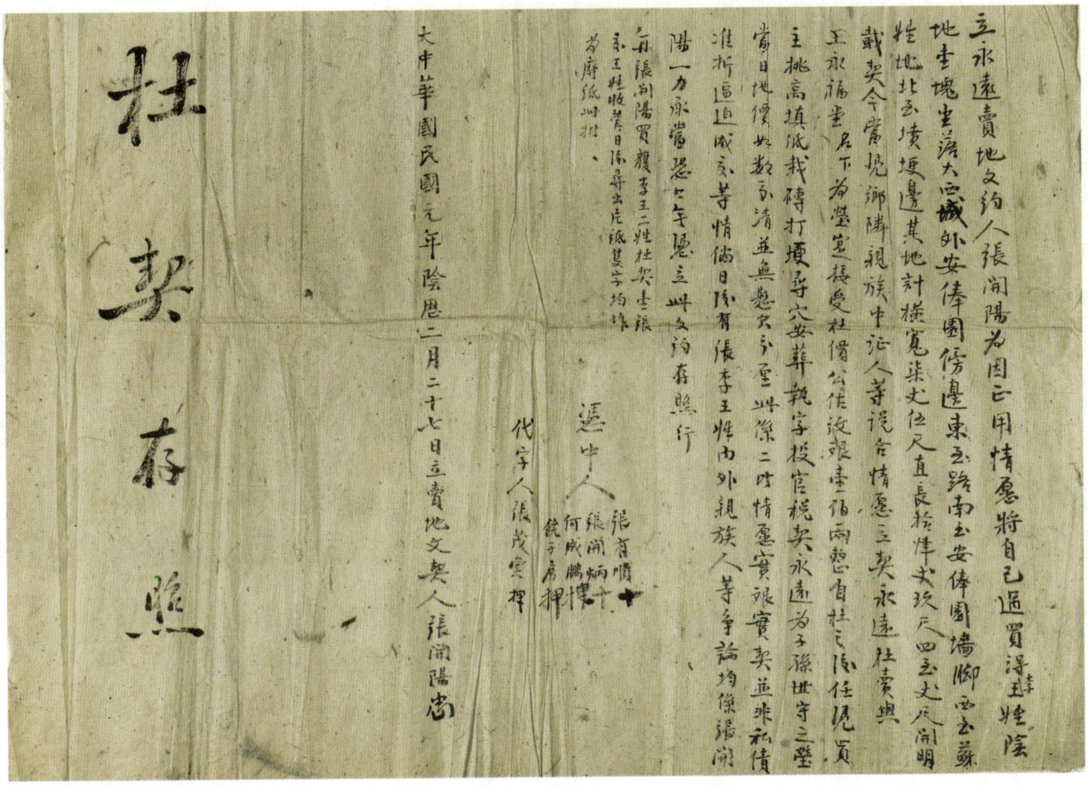

图 38　民国元年二月二十七（1912 年 4 月 14 日）张开阳立杜卖阴地契（大西城外安俸园旁）

## 杜契存照

立永远卖地文约人张开阳，为因正用，情愿将自己过买得李王姓阴地一块，坐落大西城外安俸园旁边。东至路，南至安俸园墙脚，西至苏姓地，北至坟埂旁。其地计横宽七丈五尺，直长十四丈九尺，四至、丈尺开明载契。今当凭乡邻、亲族、中证人等说合，情愿立契，永远杜卖与王永福堂名下为茔。实接受杜价公估纹银一百两整。自杜之后，任凭买主挑高填低，栽砖打埂，寻穴安葬，执字投官税契，永远为子孙世守之茔。

当日地价如数交清，并无悬欠分厘。此系二比情愿，实银实契，并非私债准折、逼迫成交等情。倘日后有张、李、王姓内外亲族人等争论，均系张开阳一力承当。恐口无凭，立此文约存照。

再，张开阳买获李、王二姓杜契一张，交王姓收管。日后寻出片纸只字，均作为废纸。此批。

凭中人：张有顺　张开炳　何成鹏　饶子房

代字人：张茂宾

大中华民国元年阴历二月二十七日　立

卖地文契人：张开阳　忠

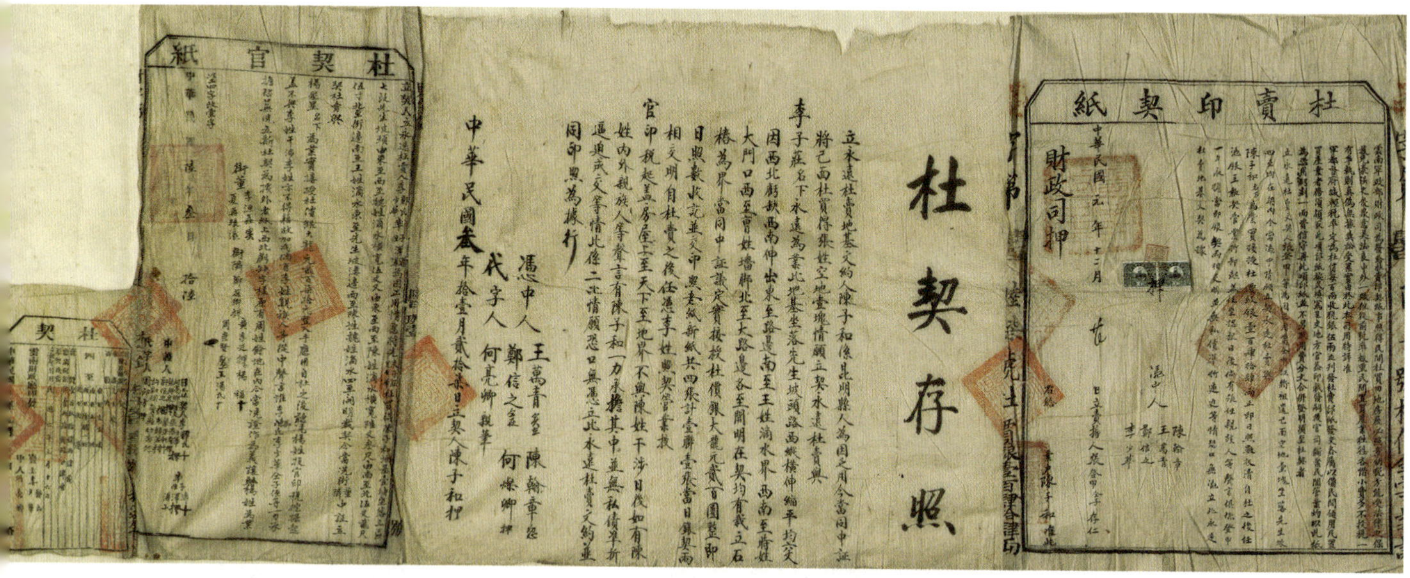

图 39 民国六年三月十六（1917 年 5 月 6 日）李郑氏等立杜卖地基契（先生坡）

民国三年十一月二十七（1915 年 1 月 12 日）陈子和等立杜卖地基契（先生坡）

民国元年十二月二十（1913 年 1 月 26 日）张登甲等立杜卖地基契（先生坡）

**杜契官纸**（见图 39）

立契人立永远杜卖人李郑氏、少华率侄子泽、涛、溥，为因正用，情愿将先兄华、先夫子田杜买得陈子和地基一块，坐落三区七段先生坡头，由东至西至魏姓滴水，横宽五丈，又由东至西至陈姓滴水，横宽六丈三尺，由南至北五丈二尺五寸，北至街边，南至王姓滴水，东至先生坡沟边，西至陈姓、魏姓滴水，四至开明载契。今当凭街邻、街董中证立契杜卖与杨聚星名下为业。实接授杜价银大龙元二百七十元整，入手应用。自杜之后，听凭杨姓投官印税，挖掘起盖，不与李姓干涉，李姓不得藉故加找。倘有李姓亲族人等从中声言，惟李郑氏、李少华同侄子等一力承担。恐口无凭，立斯杜契为据。

外，老纸上西北污缺字样，原有周姓余地在内，今当凭证作为义让于杨姓为业。

街　董：李源鑫　夏再琅

街　邻：郑保卿　周崇贤　王汤氏　黄季廷　杨福

立契人：李郑氏　李少华　率子李涛　侄李泽、李溥

中证人：略

代字人：周印方

中华民国六年三月十六日

## 杜契存照（见图 39）

立永远杜卖地基文约人陈子和，系昆明县人，为因乏用，今当同中证，将己面杜买得张姓空地一块，情愿立契永远杜卖与李子庄名下永远为业。此地基坐落先生坡头路西，纵横伸缩平均六丈。因西北亏缺，西南伸出。东至路边，南至王姓滴水界，西南至时姓大门口，西至曹姓墙脚，北至大路边，各至开明在契，均有栽立石椿为界。当同中证议定，实接授杜价银大龙元二百元整，即日照数收讫，并交印照老纸、新纸共四张，计一联一张，当日银契两相交明。自杜卖之后，任凭李姓照契管业，投官印税，起盖房屋，上至天，下至地界，不与陈姓干涉。日后如有陈姓内外亲族人等声言，有陈子和一力承担。其中并无私债准折、逼迫成交等情，此系二比情愿。恐口无凭，立此永远杜卖文约并同印照为据。

凭中人：王万青　陈翰章　郑信之　何灿卿

代字人：何亮卿亲笔

中华民国三年十一月二十七日

立契人：陈子和

## 杜卖印契纸（见图 39）

云南军政部财政司为发给杜卖印契纸事，照得民间杜买田地房屋，必照章纳税，方能受法律之保护，免豪强之侵欺。意美法良，中外一致。但从前税率较重，民间置买房业，往往吝惜小费，多不投税。一有争执，则真伪无据，典讼受累，实由于此。本司特详准军都督府减轻税率，定为杜价每百两收税银五两，并刊发杜卖印纸，发交各属以备民间领用。凡置买产业者务须领取此项印纸，按式填写，呈交地方官盖印裁发。嗣后官司断案、民间管业，均以此纸为凭，用昭划一而资信守。再，此项印纸并不另取用费分文，合并登明须至杜契者。

立永远杜卖文契人张登甲等，为因正用，当同中证，将祖遗己面空地一块，坐落先生坡，四至均在契内。今当凭中，情愿立契永远杜卖与陈子和名下为业。实接授杜价纹银一百四十四两正，即日照数收清。自杜之后，任凭银主执契管业，拆卸起盖，住坐招租。日后倘有张姓亲族人等声言，俱系登甲一力承担。当即银契两相交明，并无私债准折、逼迫等情。恐口无凭，立此永远杜卖此地基文契为据。

中华民国元年十二月二十日　立

卖据人：张登甲同子存仁

财政司押　右给　业户陈子和准此

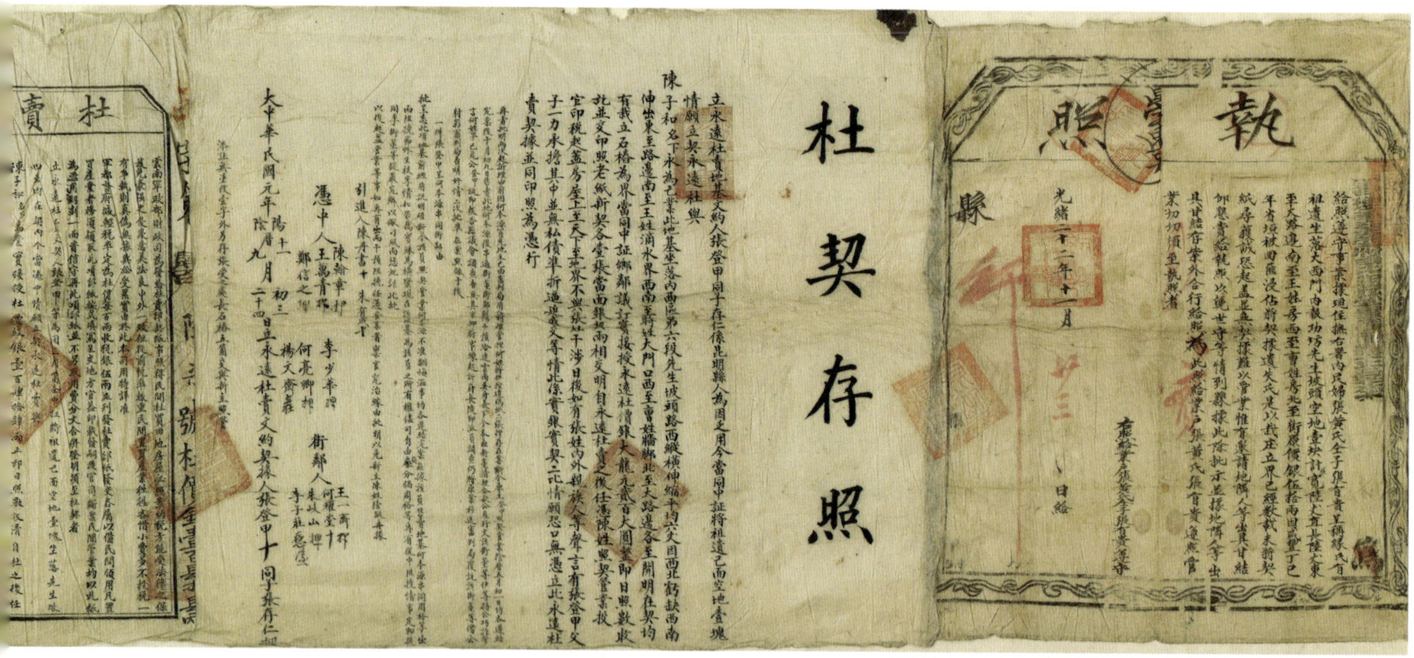


图 40 民国元年九月二十四（1912 年 11 月 3 日）张登甲等立杜卖地基契（先生坡）
光绪二十二年十一月二十三（1896 年 10 月 18 日）张黄氏等管业执照（先生坡）

**杜契存照**（见图 40）

立永远杜卖地基文约人张登甲同子存仁，系昆明县人，为因乏用，今当同中证，将祖遗己面空地一块，情愿立契永远杜与陈子和名下永为己业。此地基坐落内西区第六段先生坡头路西，纵横伸缩平均六丈。因西北亏缺，西南伸出。东至路边，南至王姓滴水界，西南至时姓大门口，西至曹姓墙脚，北至大路边，各至开明在契，均有栽立石椿为界。当同中证乡邻议定，实接授杜价银大龙元二百大元整，即日照数收讫，并交印照老纸、新契各一张，当面银契两相交明。自永远杜卖之后，任凭陈姓照契管业投官印税，起盖房屋，上至天，下至地，界不与陈姓干涉。日后如有张姓内外亲族人等声言，有张登甲父子一力承担。其中并无私债准折、逼迫成交等情，此系实银实契，二比情愿。恐口无凭，立此永远杜卖契据并同印照为凭行。

再者，批明两次起诉理由前因何本源冒充地主，已由审判局盾讯明确管押，何姓将伊捏造伪纸二张，押存在案断，令原主登甲照契管业，阴历五月初一日均各遵结，完案后于月初九日售卖此地。何本源后串通街董、街邻到场干预，洽逢云南吴府长下令各区街董清理公款公产行文。该街董等、伊等持公巧诈声言何姓早已充公，登甲旋即报告县议会调查，杳无其事。抑将事缘起诉，府长随即派员调查，仍将原案移送审判局覆讯，该街董等借公射影，审判局查明奸情，二次批准在案，照缘于后。

一件张登甲呈何本源串同街邻由，批呈悉此项地基前经盾讯，明确断令该员照契管业。何本源不准翻悔滋事，均各遵结完案，兹据该员售卖地基，何本源串同周裕等出而阻挠，节外生枝等情如果属实，殊为横蛮。现在该地基为该员之所有，权尽可自由处分。倘周裕等再有从中阻挠情事，定即提同李街董等从严究辩，以儆刁风而惩记诈此批。

以后起盖管业等事，如再有出而干预阻挠，任凭管业者禀官究治，缘由批明以免新主陈姓猜疑再据。

引进人：陈丹书

凭中人：陈翰章　王万青　郑信之　李少华　何亮卿　杨文斋

街邻人：王一斋　何耀堂　朱岐山　李子庄

大中华民国元年阴历九月二十四日（阳历十一月初三日）　立

永远杜卖文约契据人：张登甲同子张存仁

添注无涂改一字外，另存一张受之处长石椿五箇交与新主照管

**执照**（见图 40）

给照遵守事案，据现住抚右署内民妇张黄氏同子张有贵，呈称缘氏有祖遗坐落大西门内报功坊先生坡头空地一块，计宽六丈，直长六丈。东至大路边，南至王姓房，西至曹姓房，北至街。原价银五十两，因咸丰丁巳年省垣被回匪浸佔（侵占），将契据遗失，氏是以栽庄立界已经数载。未将契纸寻获，恐起盖并无契据，难以管业，惟有邀请地邻人等出具甘结仰恳赏给执照，以凭世守等情，到县据此除批示，并据地邻人等出具甘结存案。外合行给照，为此照给业户张黄氏、张有贵，遵照管业，切切须至执照者。

右照给业户张黄氏同子张有贵遵守

光绪二十二年十一月二十三日

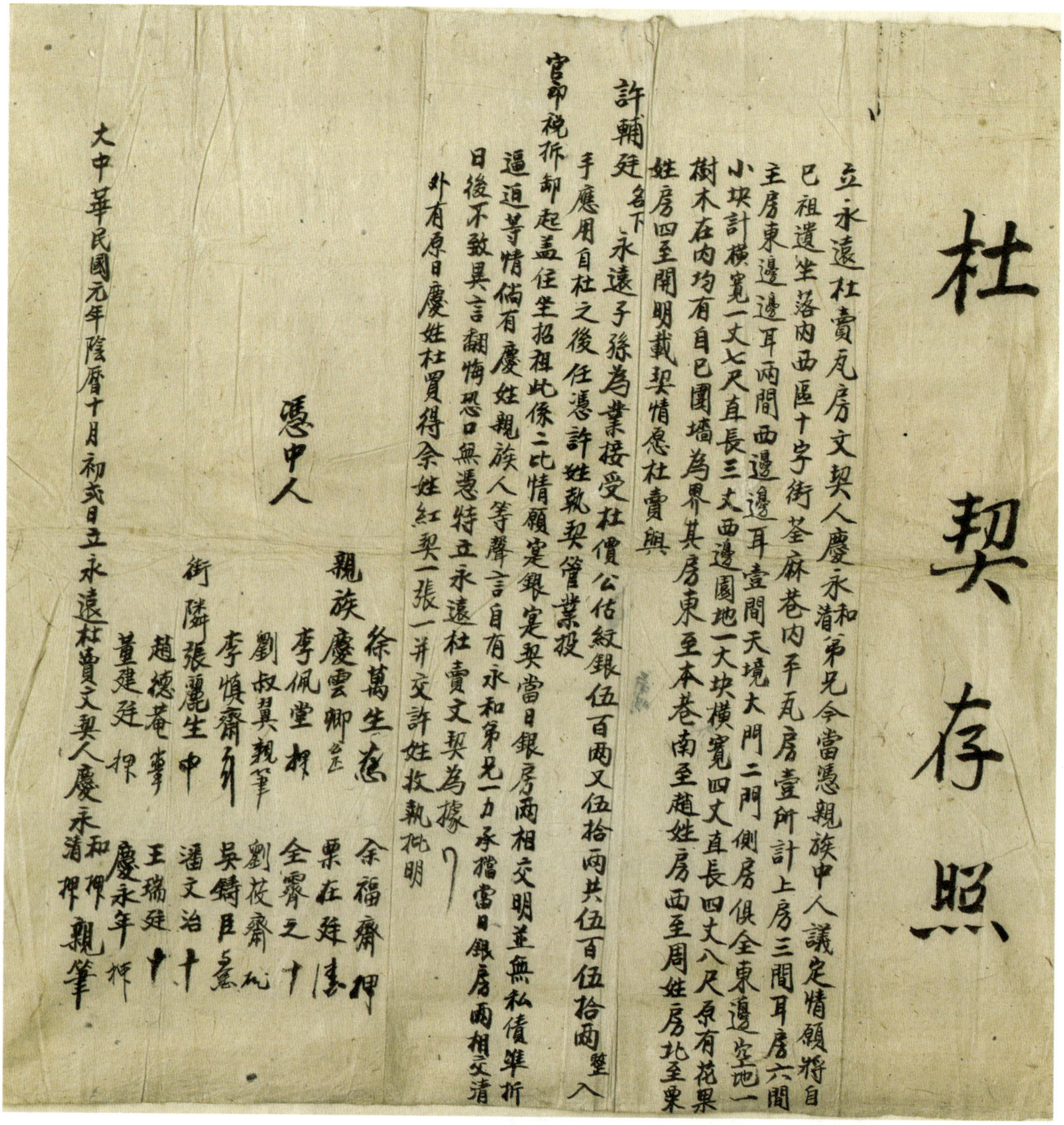
杜契存照

立永遠杜賣瓦房文契人慶永和清弟兄今當憑親族中人議定情願將自
已祖遺坐落西區十字街荃麻巷内平瓦房壹所計上房三間耳房六間
主房東邊邊耳兩間西邊邊耳壹間天井大門二門側房俱全東邊空地一
小塊計横寬一丈七尺直長三丈西邊園地一大塊横寬四丈直長四丈八尺原有花果
樹木在内均有自已圍墻為界其房東至本巷南至趙姓房西至周姓房北至秉
姓房四至開明載契情愿杜賣與
許輔廷名下永遠子孫為業接受杜價公估紋銀伍百兩又伍拾兩共伍百伍拾兩整入
手應用自杜之後任憑許姓執契管業投
官印稅拆卸起蓋任坐招租此係二比情願寔銀寔契當日銀房兩相交明並無私債準折
逼迫等情倘有慶姓親族人等聲言自有永和弟兄一力承擋當日銀房兩相交清
日後不致異言翻悔恐口無憑特立永遠杜賣文契為據
外有原日慶姓杜買得余姓紅契一張一并交許姓收執批明

憑中人
親族 徐萬生 余福齋 押
慶雲卿 栗在廷
李佩堂 押 全霽之 十
劉叔翼 親筆 劉筱齋
李慎齋 吳鑄臣
街隣 張麗生 中 潘文治 十
趙德菴 王瑞廷 十
董建廷 押 慶永年 押

大中華民國元年陰曆十月初弍日立永遠杜賣文契人慶永和 押 清 押 親筆

图41　民国元年十月初二（1912年11月10日）庆永和等立杜卖平瓦房契　大西门荃麻巷内（文化巷）

## 杜契存照

立永远杜卖瓦房文契人庆永和、庆永清弟兄，今当凭亲族、中人议定，情愿将自己祖遗坐落内西区十字街荃麻巷内平瓦房一所，计上房三间，耳房六间，主房东边边耳两间，西边边耳一间，天境、大门、二门、厕房俱全。东边空地一小块，计横宽一丈七尺，直长三丈。西边园地一大块，横宽四丈，直长四丈八尺。原有花果树木在内，均有自己围墙为界。其房东至本巷，南至赵姓房，西至周姓房，北至栗姓房，四至开明载契。情愿杜卖与许辅廷名下永远子孙为业，接受杜价公估纹银五百两又五十两，共五百五十两整，入手应用。自杜之后，任凭许姓执契管业，投官印税，拆卸起盖，住坐招租。此系二比情愿，实银实契，当日银房两相交明，并无私债准折、逼迫等情。倘有庆姓亲族人等声言，自有永和弟兄一力承担。当日银房两相交清。日后不致异言翻悔，恐口无凭，特立永远杜卖文契为据。

外有原日庆姓杜买得余姓红契一张，一并交许姓收执批明。

凭中人：

亲族：徐万生　余福斋　庆云卿　栗在廷　李佩棠　全斋之

街邻：刘叔翼　刘莜斋　李慎斋　吴铸臣　张丽生　潘文治
赵德庵　王瑞廷　董建廷　庆永年

大中华民国元年阴历十月初二日　立

永远杜卖文契人：庆永和　庆永清亲笔

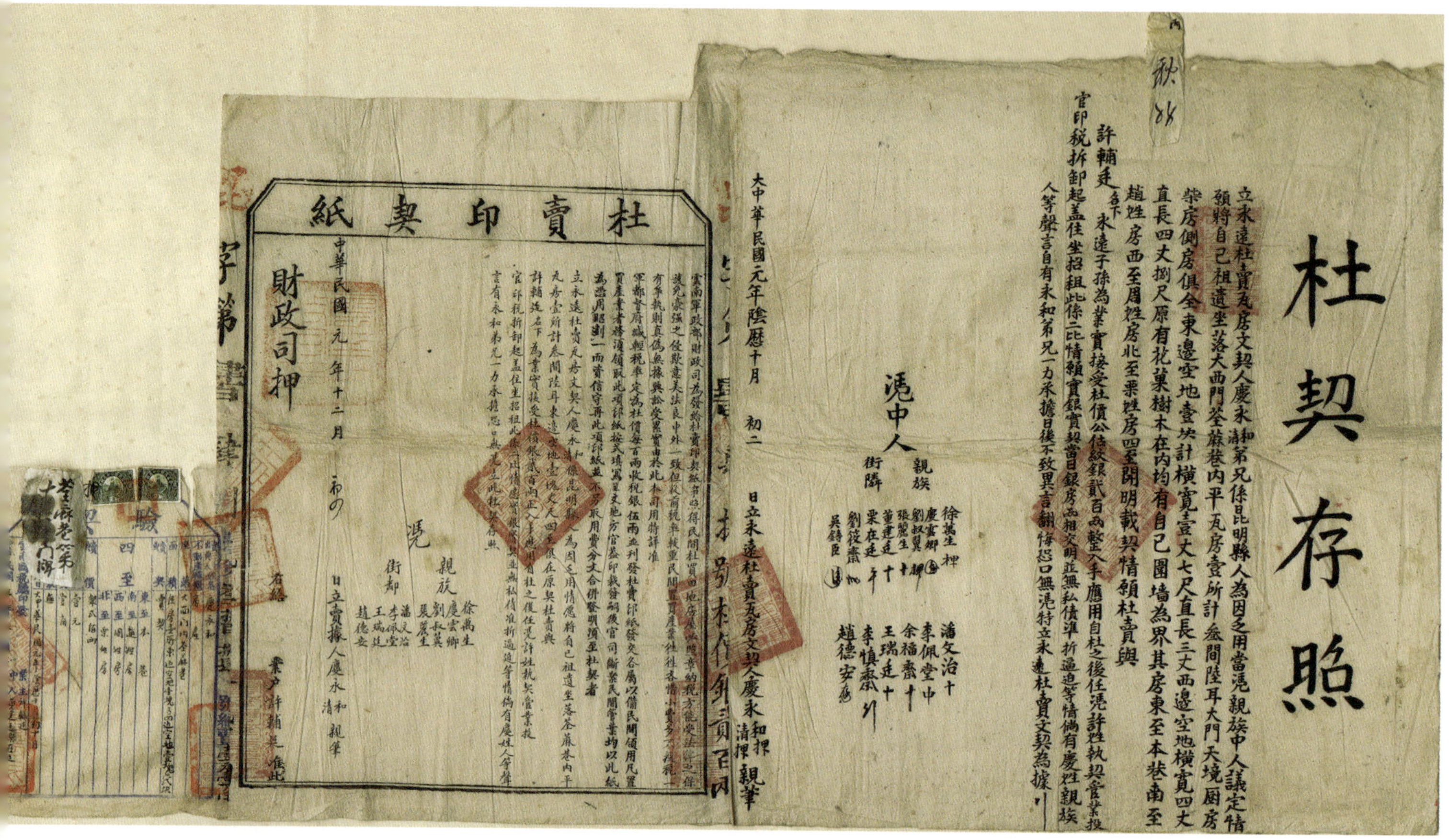

图 42　民国元年十二月初四（1913 年 1 月 10 日）庆永和等立杜卖平瓦房官契纸本　大西门荃麻巷内（文化巷）

## 杜契存照

立永远杜卖瓦房文契人庆永和、庆永清弟兄，系昆明县人，为因乏用，当凭亲族、中人议定，情愿将自己祖遗坐落大西门荃麻巷内平瓦房一所，计三间六耳，大门、天境、厨房、柴房、侧房俱全。东边空地一块，计横宽一丈七尺，直长三丈。西边空地，横宽四丈，直长四丈八尺。原有花果树木在内，均有自己围墙为界。其房东至本巷，南至赵姓房，西至周姓房，北至栗姓房，四至开明载契。情愿杜卖与许辅廷名下永远子孙为业，实接受杜价公估纹银二百两整，入手应用。自杜之后，任凭许姓执契管业，投官印税，拆卸起盖，住坐招租。此系二比情愿，实银实契，当日银房两相交明，并无私债准折、逼迫等情。倘有庆姓亲族人等声言，自有永和弟兄一力承担。日后不致异言翻悔，恐口无凭，特立永远杜卖文契为据。

凭中人：

亲族：徐万生　潘文治　庆云卿　李佩堂　刘叔翼　余福斋　张丽生
董建廷　王瑞廷

街邻：栗在廷　李慎斋　刘晓斋　赵德安　吴铸臣

大中华民国元年阴历十月初二日　立

永远杜卖瓦房文契人：庆永和　庆永清亲笔

## 杜卖印契纸

云南军政部财政司为发给杜卖印契纸事。照得民间杜买田地房屋，必照章纳税，方能受法律之保护，免豪强之侵欺。意美法良，中外一致。但从前税率较重，民间置买产业，往往吝惜小费，多不投税。一有争执则真伪无据，兴讼受累，实由于此。本司用特详准军都督府减轻税率，定为杜价每百两收税银五两，并刊发杜卖印纸发交各属，以备民间领用。凡置买产业者，务须领取此项印纸，按式填写，呈交地方官盖印裁发。嗣后官司断案，民间管业，均以此纸为凭，用昭划一而资信守。再，此项印纸并不另取用费分文，合并登明须至杜契者。

立永远杜卖瓦房文契人庆永和、庆永清，系昆明县人，为因乏用，情愿将自己祖遗坐落荃麻巷内平瓦房一所，计三间六耳，东边空地一块，丈尺四至，俱在原契，杜卖与许辅廷名下为业，实接受杜价银二百两正，入手应用。自杜之后，任凭许姓执契管业，投官印税，折（拆）卸起盖，住坐招租。此系二比情愿，实银实契，并无私债准折、逼迫等情。倘有庆姓人等声言，有永和弟兄一力承担。恐口无凭，特立此杜契存照。

凭亲族：徐万生　庆云卿　刘叔翼　张丽生

街邻：潘文治　李佩堂　王瑞廷　赵德安

中华民国元年十二月初四日　立

卖据人：庆永和　庆永清亲笔

财政司押　右给业户许辅廷准此

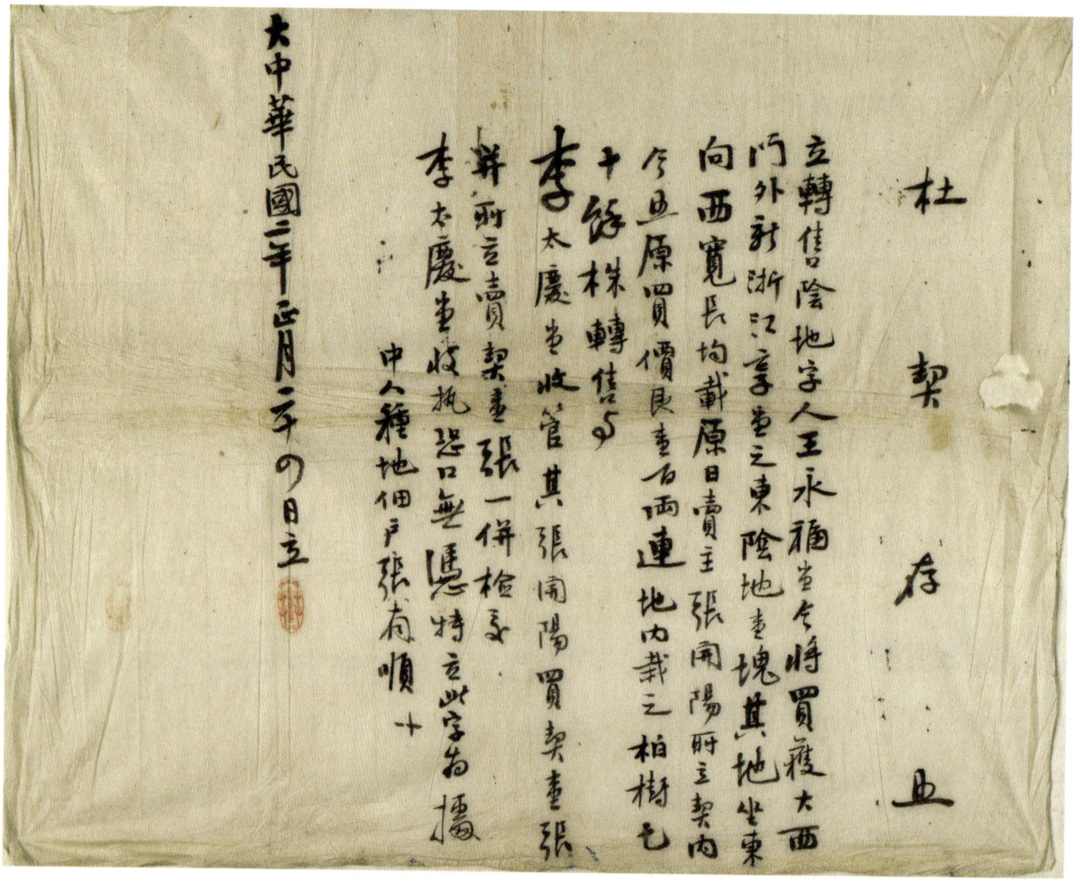

图 43　民国二年正月二十四（1913 年 3 月 31 日）王永福堂立杜卖阴地契（大西门外新浙江享堂之东）

## 杜契存照

立转售阴地字人王永福，当今将买获大西门外新浙江享堂之东阴地一块，其地坐东向西，宽长均载原日卖主张开阳所立契内，今照原买价银一百两，连地内栽之柏树七十余株，转售与李太庆当收管。其张开阳买契一张，并所立卖契一张，一并检交李太庆当收执。恐口无凭，特立此字为据。

中人：种地佃户张有顺

大中华民国二年正月二十四日　立

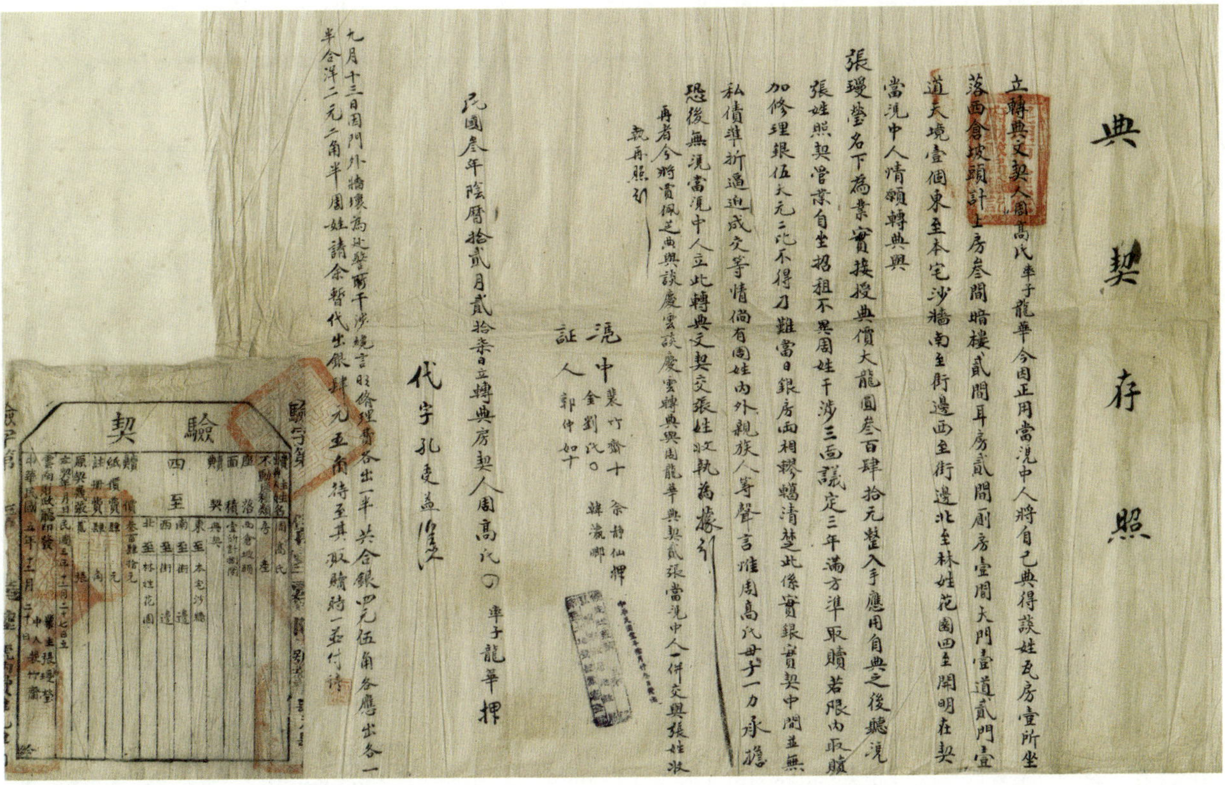

图 44　民国三年十二月二十七（1952 年 2 月 10 日）周高氏等立典房文契（西仓坡）

### 典契存照

立转典文契人周高氏率子龙华，今因正用，当凭中人将自己典得谈姓瓦房一所，坐落西仓坡头，计上房三间，暗楼两间，耳房两间，厕房一间，大门一道，二门一道，天境一个。东至本宅沙墙，南至街边，西至街边，北至林姓花园，四至开明在契。当凭中人，情愿转典与张瑷莹名下为业。实接授典价大龙元三百四十元整，入手应用。自典之后，听凭张姓照契管业，自坐招租，不与周姓干涉。三面议定，三年满，方准取赎，若限内取赎，加修理银五大元，二比不能刁难。当日银房两相轇轕清楚，此系实银实契，中间并无私债准折、逼迫成交等情。倘有周姓内外亲族人等声言，惟周高氏母子一力承担。恐后无凭，当凭中人，立此转典文契，交张姓收执为据。

再者，今将贾佩芝典与谈庆云转典与周龙华典契两张，当凭中人一并交于张姓收执再照。

凭中证人：裴竹齐　佘静仙　金刘氏　韩瀛卿　郭仲如

民国三年阴历十二月十二日　立

转典房契人：周高氏率子龙华

代字：孔受益

九月十三日，因门外墙坏，为处警厅干涉，才言明修理费各出一半，共合银四元五角，各应出各一半，合洋二元二角半。周姓请余暂代出银四元五角，待至其取赎时一并付清。

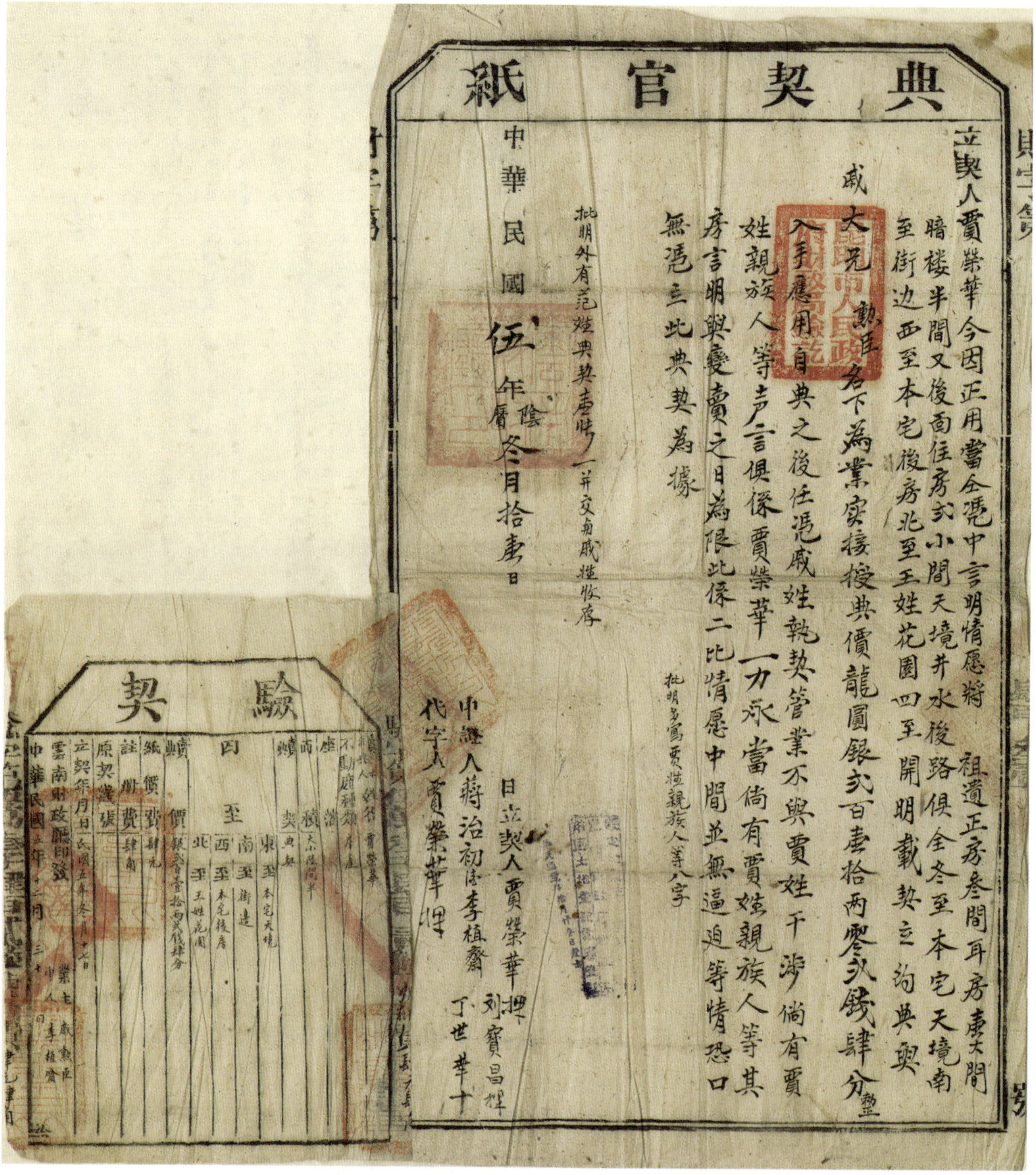


图45 民国五年十一月十一（1916年12月5日）贾荣华立典房契

## 典契官纸

立契人贾荣华，今因正用，当同凭中言明，情愿将祖遗正房三间，耳房一大间，暗楼半间，又后面住房二小间，天境、井水、后路俱全。冬（东）至本宅天境，南至街边，西至本宅后房，北至王姓花园，四至开明载契，立约典与戚大兄勋臣名下为业，实接授典价龙圆银二百一十两零二钱四分整，入手应用。自典之后，任凭戚姓执契管业，不与贾姓干涉。倘有贾姓亲族人等声言，俱系贾荣华一力承当。倘有贾姓亲族人等，其房言明与变卖之日为限。此系二比情愿，中间并无逼迫等情。恐口无凭，立此典契为据。

批明多写贾姓亲族人等八字。批明外有范姓典契一张，一并交与戚姓收存。

中华民国五年阴历冬月十一日

立契人：贾荣华

中证人：蒋治初　李植斋　刘宝昌　丁世华

代字人：贾荣华

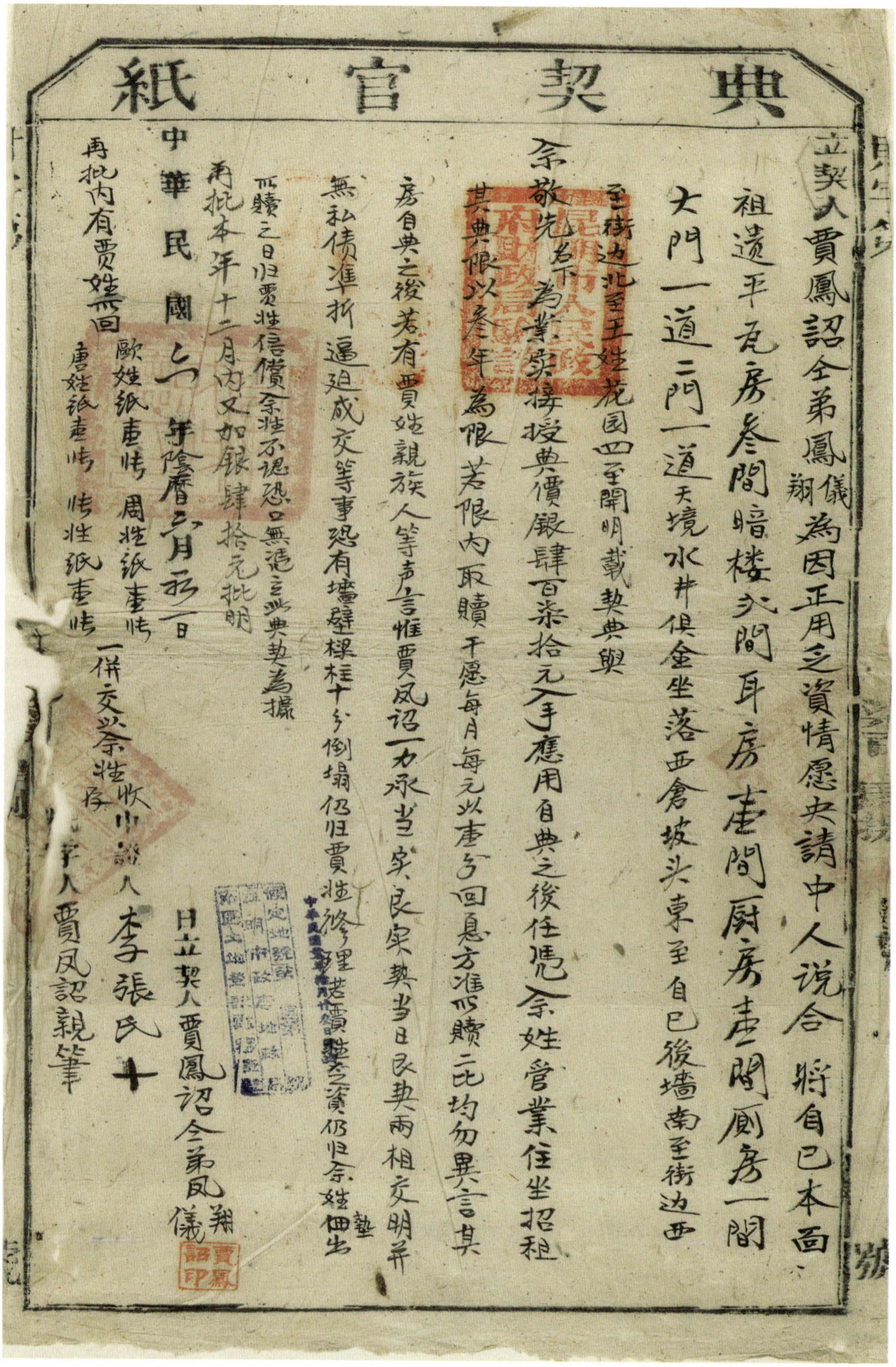

典契官紙

立契人賈鳳詔仝弟鳳儀翔為因正用乏資，情愿央請中人说合，將自己本面
祖遺平瓦房叁間、暗楼弍間、耳房壹間、廚房壹間、廁房一間，
大門一道，二門一道，天井、水井俱全，坐落西倉坡头，東至自己後墻，南至街边，西
至街边，北至王姓花园，四至開明，載契典與
佘敬先名下為業，實接授典價銀肆百柒拾元入手應用。自典之後，任憑佘姓管業，任坐招租。
其典限以叁年為限，若限内取贖，干愿每月每元以壹分回息，方准取贖，二比均勿異言。其
房自典之後，若有賈姓親族人等声言，惟賈凤詔一力承当。实良实契，当日良契两相交明，并
無私債準折逼迫成交等事。恐有墻壁樑柱十分倒塌，仍归賈姓修理，若赎之資仍归佘姓出墊。
取贖之日归賈姓信償佘姓，不認。恐口無憑，立此典契為據。
再批本年十二月内又加銀肆拾元，批明。

中華民國六年陰曆六月初一日　立契人賈鳳詔仝弟凤儀翔

再批内有賈姓[?]回，歐姓紙壹帋，周姓紙壹帋，唐姓紙壹帋，佘姓紙壹帋，一併交佘姓收存。

說合中證人　李張氏　十

代字人　賈凤詔親筆

图 46　民国六年六月初一（1917 年 7 月 19 日）贾凤诏等立典房契

## 典契官纸

立契人贾凤诏同弟贾凤仪、贾凤翔，为因正用乏资，情愿央请中人说合，将自己本面祖遗平瓦房三间，暗楼二间，耳房一间，厨房一间，厕房一间，大门一道，二门一道，天境水井俱全。坐落西仓坡头，东至自己后墙，南至街边，西至街边，北至王姓花园，四至开明载契。典与佘敬先名下为业，实接授典价银四百七十元，入手应用。自典之后，任凭佘姓管业，住坐招租，其典限以三年为限。若限内取赎，干（甘）愿每月每元以一分回息，方准取赎。二比均勿异言，其房自典之后，若有贾姓亲族人等声言，惟贾凤诏一力承当。实银实契，当日银契两相交明，并无私债准折、逼迫成交等事。恐有墙壁梁柱十分倒塌，仍归贾姓修理。若贾姓乏资，仍归佘姓垫出，取赎之日归贾姓倍（赔）偿，佘姓不认。恐口无凭，立此典契为据。

再批，本年十二月内又加银四十元批明。

中华民国六年阴历六月初一日

立契人：贾凤诏同弟贾凤翔、贾凤仪

再批，内有贾姓取回欧姓纸一张、周姓纸一张、唐姓纸一张、张姓纸一张，一并交以佘姓收存。

中证人：李张氏

代字人：贾凤诏亲笔

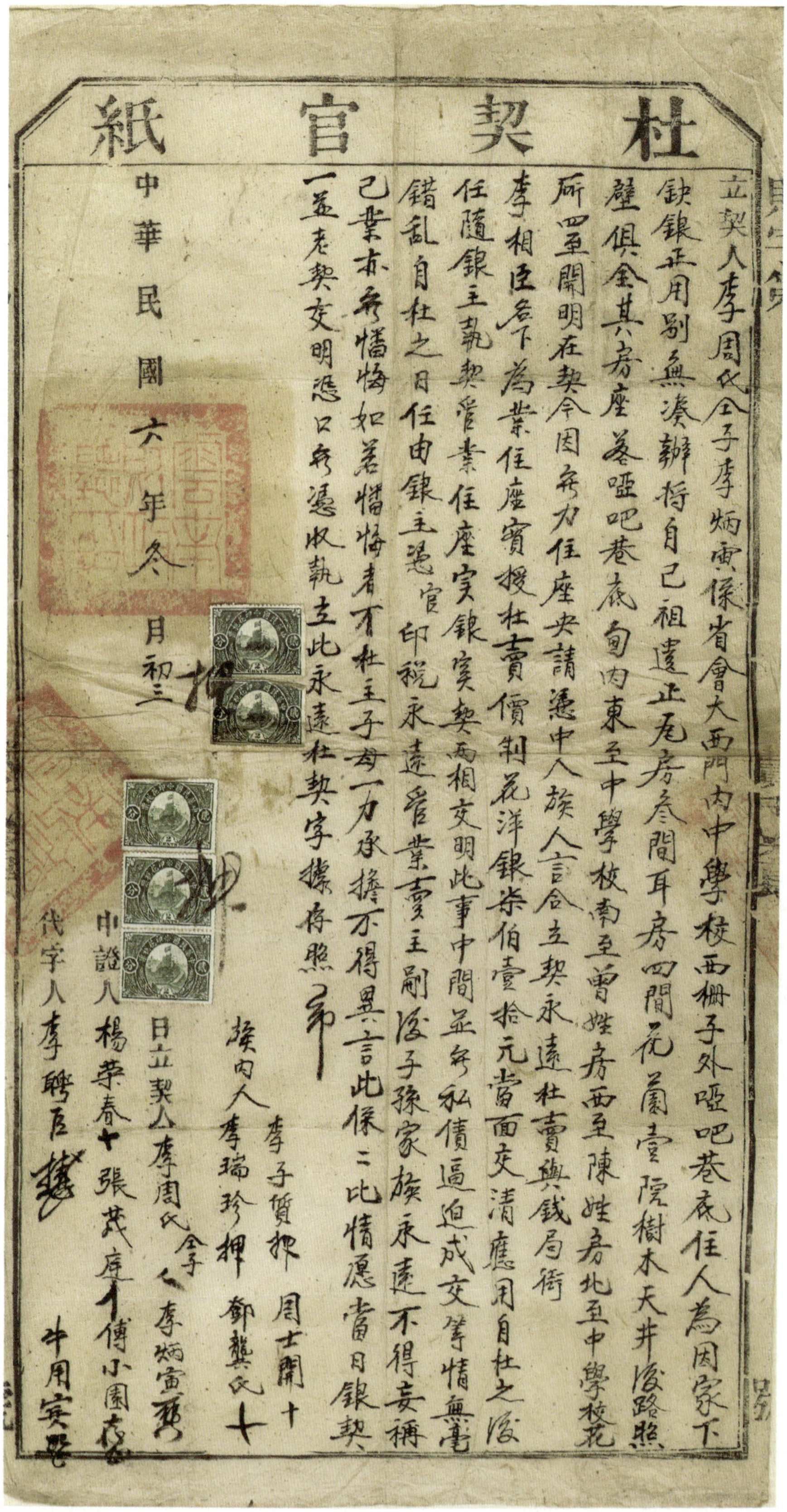
杜契官紙

立契人李周氏仝子李炳寅係省會大西門內中學校西柵子外啞吧巷底住人為因家下缺銀正用別無湊辦將自己祖遺正瓦房叁間耳房四間花園壹院樹木天井後路照壁俱全其房座落啞吧巷底自內東至中學校南至曾姓房西至陳姓房北至中學校花所四至開明在契今因無力住座央請憑中人族人言合立契永遠杜賣與錢局街李相臣名下為業住座實授杜賣價制花洋銀柒佰壹拾元當面交清應用自杜之後任隨銀主執契管業住座實銀實契兩相交明此事中間並無私債逼迫成交等情無毫錯亂自杜之日任由銀主憑官印稅永遠管業賣主嗣後子孫家族永遠不得妄稱己業亦無惜悔如若惜悔者有杜主子母一力承擔不得異言此係二比情愿當日銀契一並老契交明憑口無憑收執立此永遠杜契字據存照

李子質 押　周士開 十

族內人 李瑞珍 押　鄒龔氏 十

中華民國六年冬月初三日立契人 李周氏仝子 李炳寅

中證人 楊榮春 十　張茂庭 十　傅小園

代字人 李聘臣

中用實

图 47　民国六年十一月初三（1917 年 12 月 16 日）李周氏等立杜卖瓦房契　哑巴巷底（通城巷）

## 杜契官纸

立契人李周氏同子李炳寅，系省会大西门内中学校西栅子外哑吧巷底住人，为因家下缺银正用，别无凑办，将自己祖遗正尾房三间，耳房四间，花园一院，树木、天井、后路、照壁俱全。其房坐落哑吧巷底甸内，东至中学校，南至曾姓房，西至陈姓房，北至中学校花所，四至开明在契。今因无力住座，央请凭中人族言合立契，永远杜卖与钱局街李相臣名下为业住座，实授杜卖债制花洋银七百一十元，当面交清应用。自杜之后，任随银主执契管业住座，实银实契，两相交明。此事中间并无私债逼迫成交等情，无毫错乱。自杜之日，任由银主凭官印税，永远管业，卖主嗣后子孙家族永远不得妄称已业，亦弃惜悔。如若惜悔者不杜，主子母一力承担，不得异言。此系二比情愿，当日银契一并老契交明，恐口无凭，收执立此永远杜契字据存照。

中华民国六年冬月初三日

族内人：李子质　周士开　李瑞珍　郑龚氏

立契人：李周氏同子李炳寅

中证人：杨荣春　张茂庭　傅小圆

代字人：李聘臣

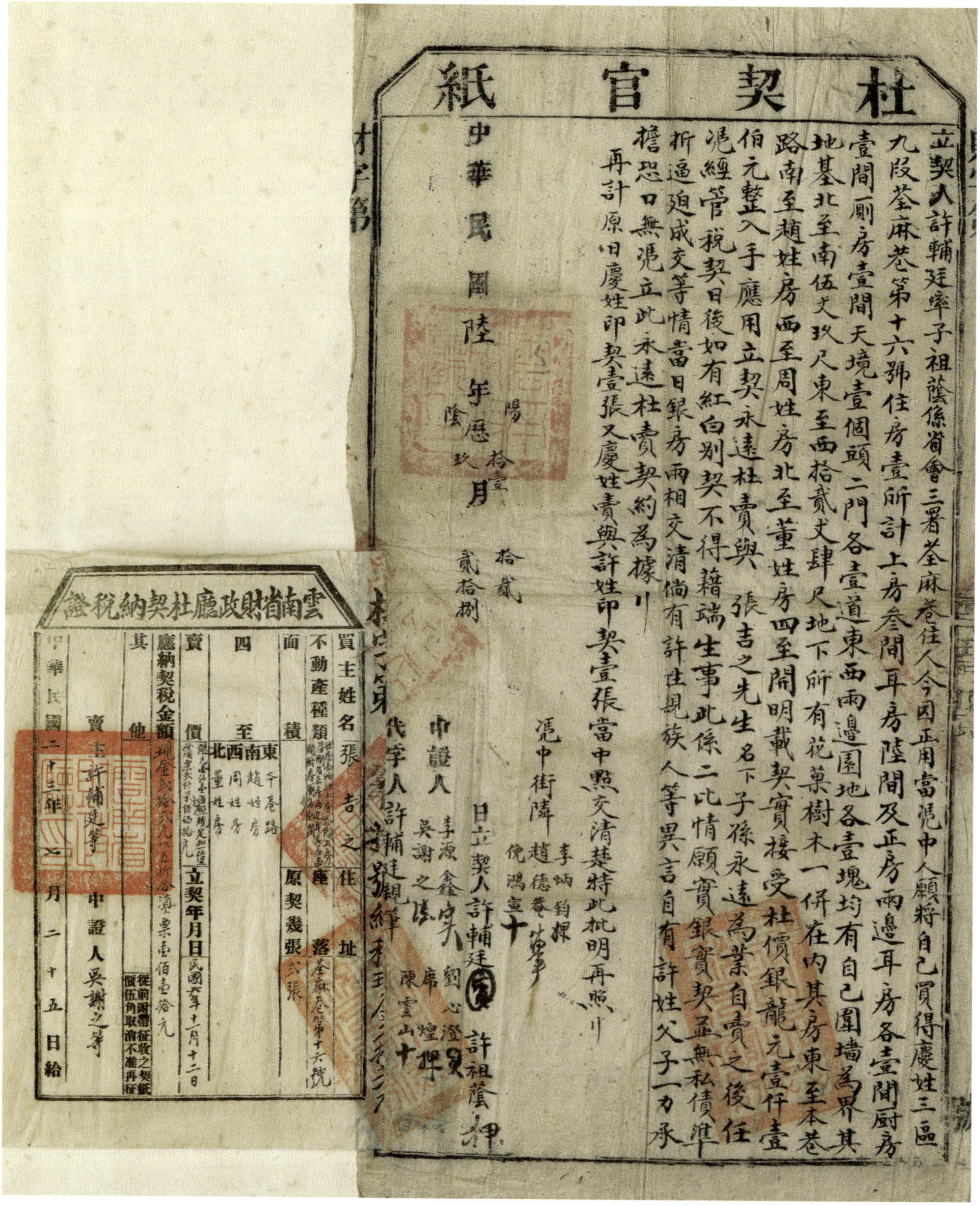

图 48　民国六年九月二十八（1917 年 11 月 12 日）许辅廷等立杜卖住房契　荃麻巷（文化巷）

## 杜契官纸

立契人许辅廷率子许祖荫，系省会三署荃麻巷住人，今因正用，当凭中人，愿将自己买得庆姓三区九段荃麻巷第十六号住房一所，计上房三间，耳房六间，及正房两边耳房各一间，厨房一间，厕房一间，天境一个，头二门各一道，东西两边园地各一块，均有自己围墙为界。其地基北至南五丈九尺，东至西十二丈四尺，地下所有花果树木一并在内。其房东至本巷路，南至赵姓房，西至周姓房，北至董姓房，四至开明载契。实接受杜价银龙元一千一百元整，入手应用。立契永远杜卖与张吉之先生名下子孙永远为业。自卖之后，任凭经管税契。日后如有红白别契，不得藉端生事。此系二比情愿，实银实契，并无私债准折、逼迫成交等情，当日银房两相交清。倘有许姓亲族人等异言，自有许姓父子一力承担。恐口无凭，立此永远杜卖契约为据。

再，计原旧庆姓印契一张，又庆姓卖与许姓印契一张，当中点交清楚，特此批明再照。

凭中街邻：李炳钧　赵德庵　倪鸿宣

中华民国六年阳历十一月十二（阴历九日二十八）

立契人：许辅廷　许祖荫

中证人：李源鑫　刘心澄　吴谢之　席煌　陈云山

代字人：许辅廷亲笔

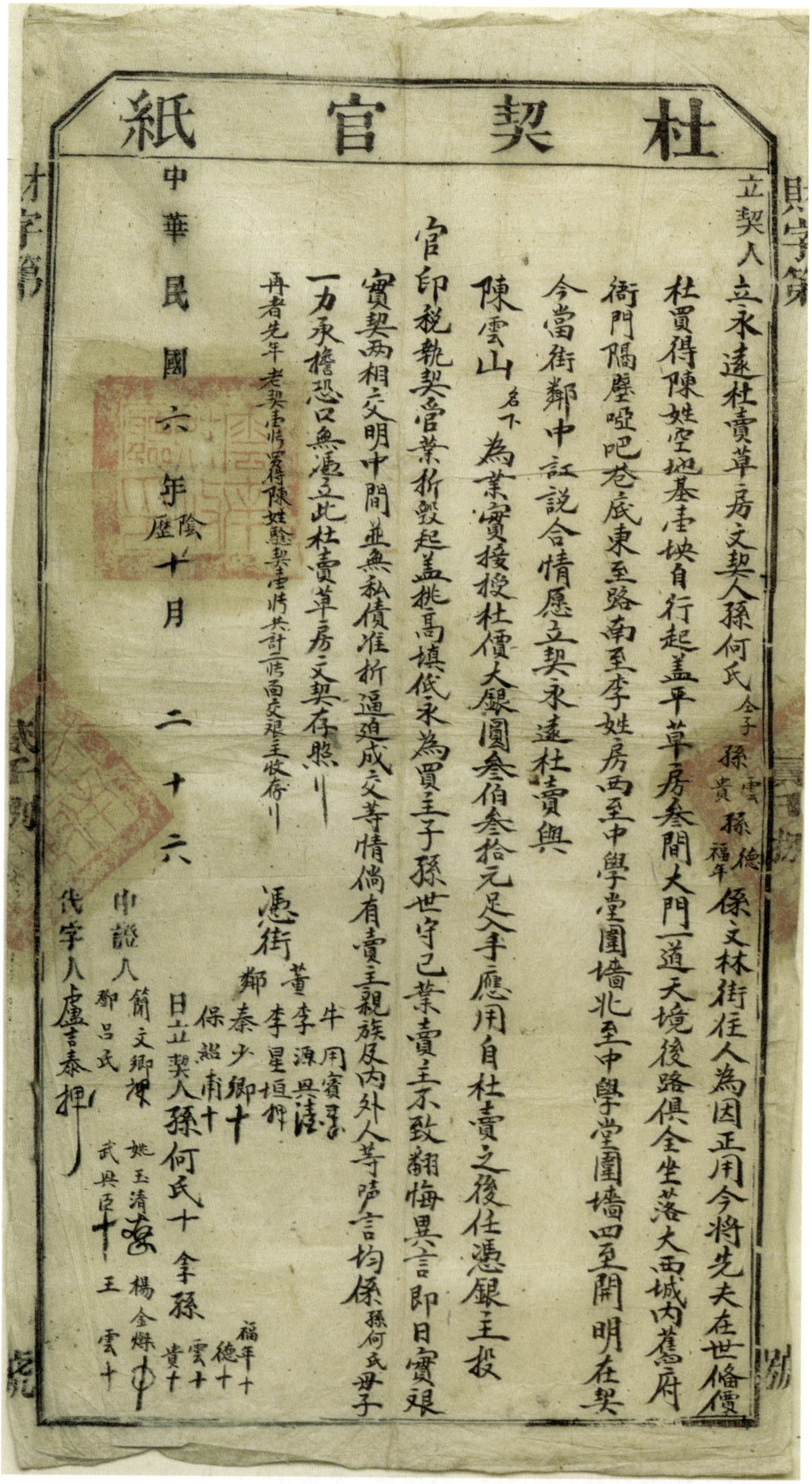

杜契官紙

財字第　號

立契人 立永遠杜賣草房文契人孫何氏仝子孫雲 孫德 孫貴 孫福年係文林街住人為因正用今將先夫在世備價杜買得陳姓空地基壹塊自行起蓋平草房叁間大門一道天井後路俱全坐落大西城内舊府衙門隔壁啞吧巷底東至路南至李姓房西至中學堂圍墻北至中學堂圍墻四至開明在契今當街鄰中証説合情愿立契永遠杜賣與陳雲山名下為業實授授杜價大銀圓叁佰叁拾元足入手應用自杜賣之後任憑銀主投官印税執契管業折毁起蓋挑高填低永為買主子孫世守已業賣主不致翻悔異言即日實銀實契兩相交明中間並無私債准折逼迫成交等情倘有賣主親族及内外人等聲言均係孫何氏母子一力承擔恐口無憑立此杜賣草房文契存照

再者先年老契壹紙另得陳姓驗契壹紙共計二紙面交銀主收存

中華民國六年陰歷十月二十六日立契人孫何氏十 仝孫 雲十 德十 福年十 貴十

憑街鄰 董牛用賓 李源興押 李星垣押 鄭泰少卿十 保紹甫十

中證人 簡文卿押 鄧呂氏 姚玉清押 楊金烘押 武興臣十 王雲十

代字人 盧吉泰押

財字第　號

图 49　民国六年十月二十六（1917 年 12 月 9 日）孙何氏等立杜卖平草房契　哑巴巷底（通城巷）

## 杜契官纸

立契人立永远杜卖草房文契人孙何氏同子孙云、孙贵，孙孙德、孙福年，系文林街住人，为因正用，今将先夫在世备债杜买得陈姓空地基一块，自行起盖平草房三间，大门一道，天境后路俱全。坐落大西城内旧府衙门隔壁哑吧巷底，东至路，南至李姓房，西至中学堂，围墙北至中学堂，围墙四至开明在契。今当街邻中记说合，情愿立契永远杜卖与陈云山名下为业，实接授杜价大银圆三百三十元足，入手应用。自杜卖之后，任凭银主投官印税，执契管业，折毁起盖，挑高填低，永为买主子孙世守己业，卖主不致翻悔异言。即日实银实契两相交明，中间并无私债准折、逼迫成交等情，尚（倘）有卖主亲族及内外人等声言，均系孙何氏母子一力承担。恐口无凭，立此杜卖草房文契存照。

再者，先年老契一张，买得陈姓验契一张，共计两张面交房主收存。

凭街董：牛用实　李源具　李星恒

凭街邻：秦少卿　保绍甫

中华民国六年阴历十月二十六日

立契人：孙何氏同子孙　孙贵　孙云　孙德　孙福年

中证人：简文乡　姚玉清　杨金烁　邓吕氏　武具臣　王云　押

代字人：卢吉泰　押

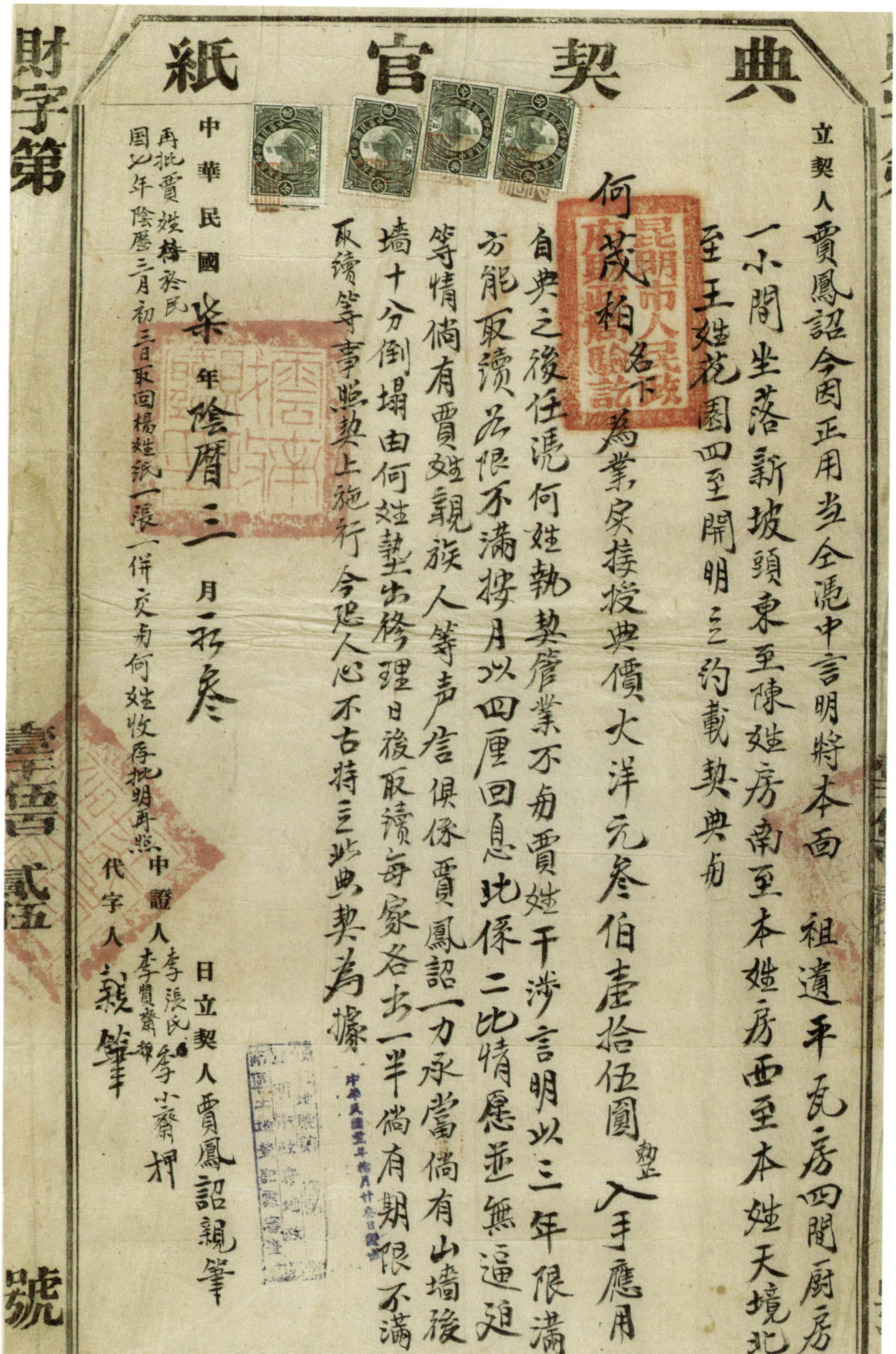

图 50　民国七年三月初三（1918 年 4 月 13 日）贾凤诏立出典平瓦房契

## 典契官纸

立契人贾凤诏，今因正用，当同凭中言明，将本面祖遗平瓦房四间，厨房一小间。坐落新坡头，东至陈姓房，南至本姓房，西至本姓天境，北至王姓花园，四至开明，立约载契。典与何茂柏名下为业，实接授典价大洋元三百一十五圆整，入手应用。自典之后，任凭何姓执契管业，不与贾姓干涉。言明以三年限满，方能取赎。若限不满，按月以四厘回息。此系二比情愿，并无逼迫等情，倘有贾姓亲族人等声言，俱系贾凤诏一力承当。倘有山墙、后墙十分倒塌，由何姓垫出修理，日后取续，每家各出一半。倘有期限不满取续等事，照契上施行。今恐人心不古，特立此典契为据。

中华民国七年阴历三月初三日

立契人：贾凤诏亲笔

再批，贾姓于民国七年阴历三月初三日取回杨姓纸一张，一并交与何姓收存，批明再照。

中证人：李张氏　李贤斋　季小斋

代字人：亲笔

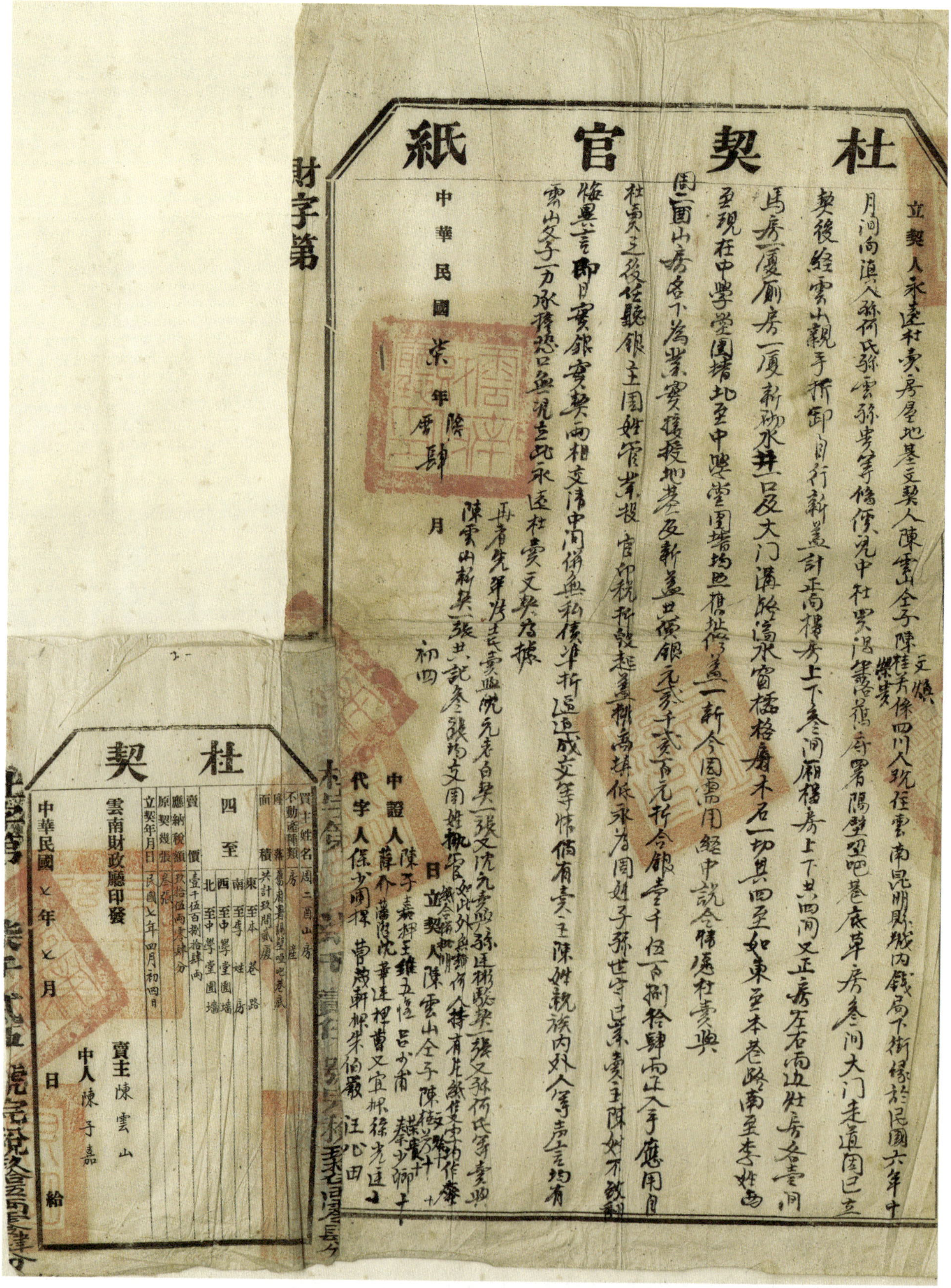

图 51 民国七年四月初四（1918 年 5 月 13 日）陈云山等立杜卖房屋地基契 哑巴巷底（通城巷）

## 杜契官纸

立契人永远杜卖房屋地基文契人陈云山同子陈文慎、陈桂芳、陈乐贵，系四川人，现住云南昆明县城内钱局下街缘，于民国六年十月间向滇人孙何氏、孙云、孙贵等备债凭中杜买得坐落旧府署隔壁哑吧巷底草房三间。大门走道因已立契，后经云山亲手折（拆）卸、自行新盖，计正面楼房上下三间，厢楼房上下共四间，又正房左右两边灶房各一间，马房一厦，厕房一厦，新砌水井一口及大门沟路湍水，窗棂格扇木石一切具。四至如东至本巷路，南至李姓，西至现在中学堂围墙，北至中学堂围墙，均照旧址修盖一新。今因需用，经中说合，情愿杜卖与周二面山房下为业，实接授地基及新盖共价银元二千二百元，折合银一千五百八十四两正，入手应用。自杜卖之后，任听银主周姓管业，投官印税，折毁起盖，挑高填低，永为周姓子孙世守已业，卖主陈姓不致翻悔异言。即日实银实契两相交清，中间并无私债准折、逼迫成交等情。倘有卖主陈姓族内外人等声言，均有云山父子一力承担。恐口无凭，立此永远杜卖文契为据。

再者，先年张士氏卖与沈元老白契一张，又沈九卖与孙连彬验契一张，又孙何氏等卖与陈云山新契一张，共计三张，均交周姓执管。如此外，无赵何人持有片纸只字均作废，纸合并批明。

中华民国七年四月初四日

立契人：陈云山同子陈文慎　陈桂芳　陈乐贵　押

中证人：陈子嘉　王维　吕少甫　秦少卿　押<br>
　　　　薛介潘　沈华连　曹又宜<br>
　　　　徐光远　押

代字人：保少周　曹茂轩　朱伯维　汪心田　押

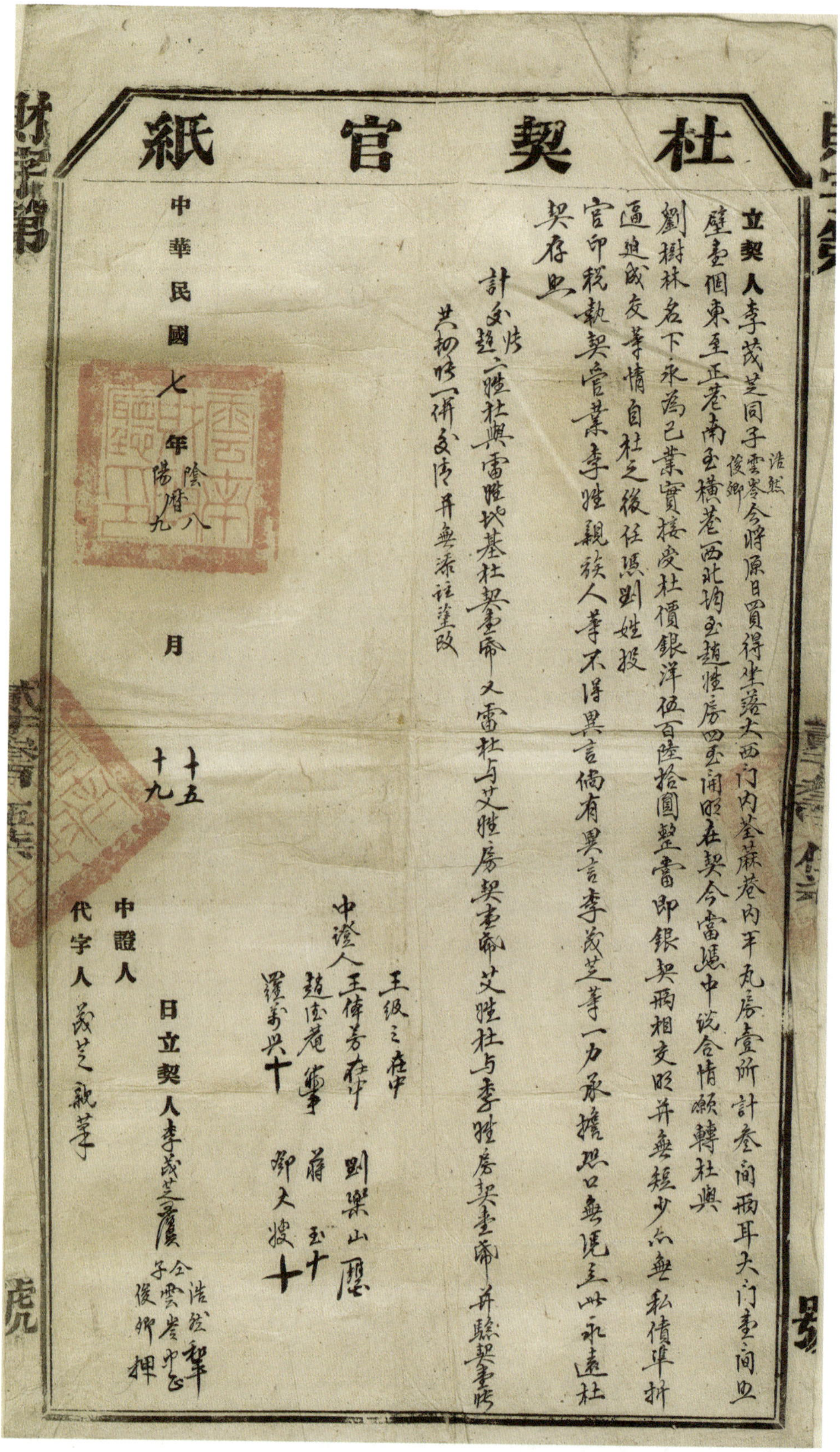


图 52　民国七年八月十五（1918 年 9 月 19 日）李茂芝立杜卖平瓦房契　大西门（文化巷）

## 杜契官纸

立契人李茂芝同子李浩然、李云岭、李俊卿，今将原日买得坐落大西门内荃麻巷内平瓦房一所，计三间两耳，大门一间，照壁一个，东至正巷，南至横巷，西北均至赵姓房，四至开明在契。今当凭中说合，情愿转杜与刘树林名下永为己业，实接受杜价银洋五百六十圆整。当即银契两相交明，并无短少，亦无私债准折、逼迫成交等情。自杜之后，任凭刘姓投官印税，执契管业，李姓亲族人等不得异言。倘有异言，李茂芝等一力承担。恐口无凭，立此永远杜契存照。

计交张、赵二姓杜与雷姓地基杜契一纸，又雷姓杜与艾姓房契一纸，艾姓杜与李姓房契一纸，并验契一张共四张，一并交清，并无添注涂改。

中华民国七年阴历八月十五日（阳历九月十九）

立契人：李茂芝同子李浩然、李云岭、李俊卿

中证人：王级之　王体芳　刘乐山　赵德庵　蒋玉　罗义兴　邓大嫂

代字人：李茂芝亲笔

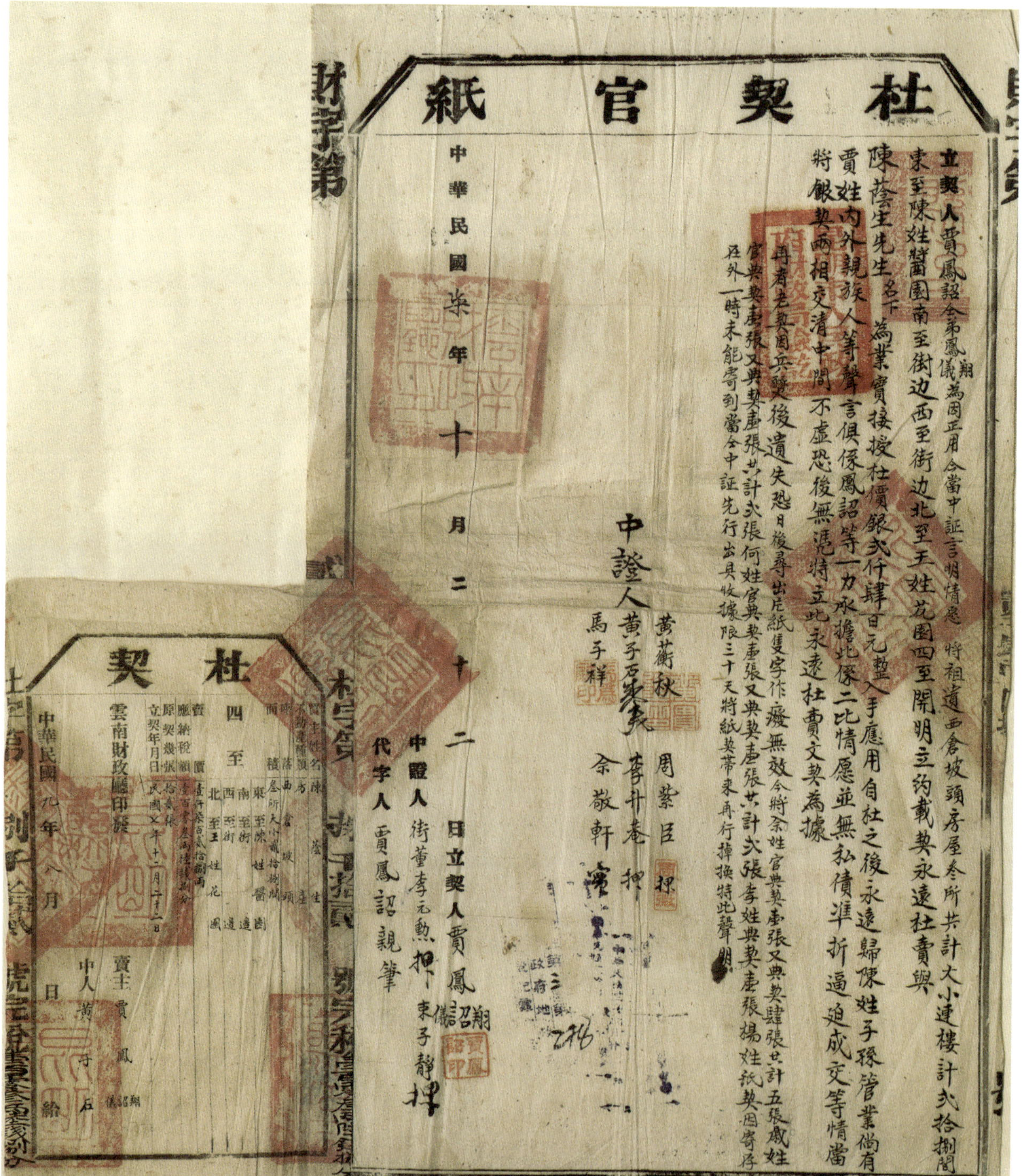

图 53 民国七年十月二十二（1918 年 11 月 25 日）贾凤诏等立杜卖房契 西仓坡头（钱局街）

## 杜契官纸

立契人贾凤诏同弟贾凤仪、贾凤翔，为因正用，今当中证言明，情愿将祖遗西仓坡头房屋三所，共计大小连楼计二十八间，东至陈姓医园，南至街边，西至街边，北至王姓花园，四至开明，立约载契，永远杜卖与陈荫生先生名下为业，实接授杜买价银二千四百元整，入手应用。自杜之后，永远归陈姓子孙管业，倘有贾姓内外亲族人等声言，俱系贾凤诏等一力承担。此系二比情愿，并无私债准折、逼迫成交等情。当将银契两相交清，中间不虚。恐后无凭，特立此永远杜卖文契为据。

再者，老契因兵燹后遗失，恐日后寻出片纸只字作废无效，今将佘姓官典契一张又典契四张共计五张，戚姓官典契一张又典契一张共计二张，何姓官典契一张又典契一张共计二张，李姓典契一张，杨姓纸契因寄存在外，一时未能寄到，当同中证先行出具收收据，限三十天将纸契带来再行掉换，特此声明。

中华民国七年十月二十二日

中证人：黄蘅秋　周紫臣　黄子石　李生庵　马子祥　佘敬轩

立契人：贾凤翔　贾凤诏　贾凤仪

中证人：街董李元勋　束子静　押

代字人：贾凤诏亲笔

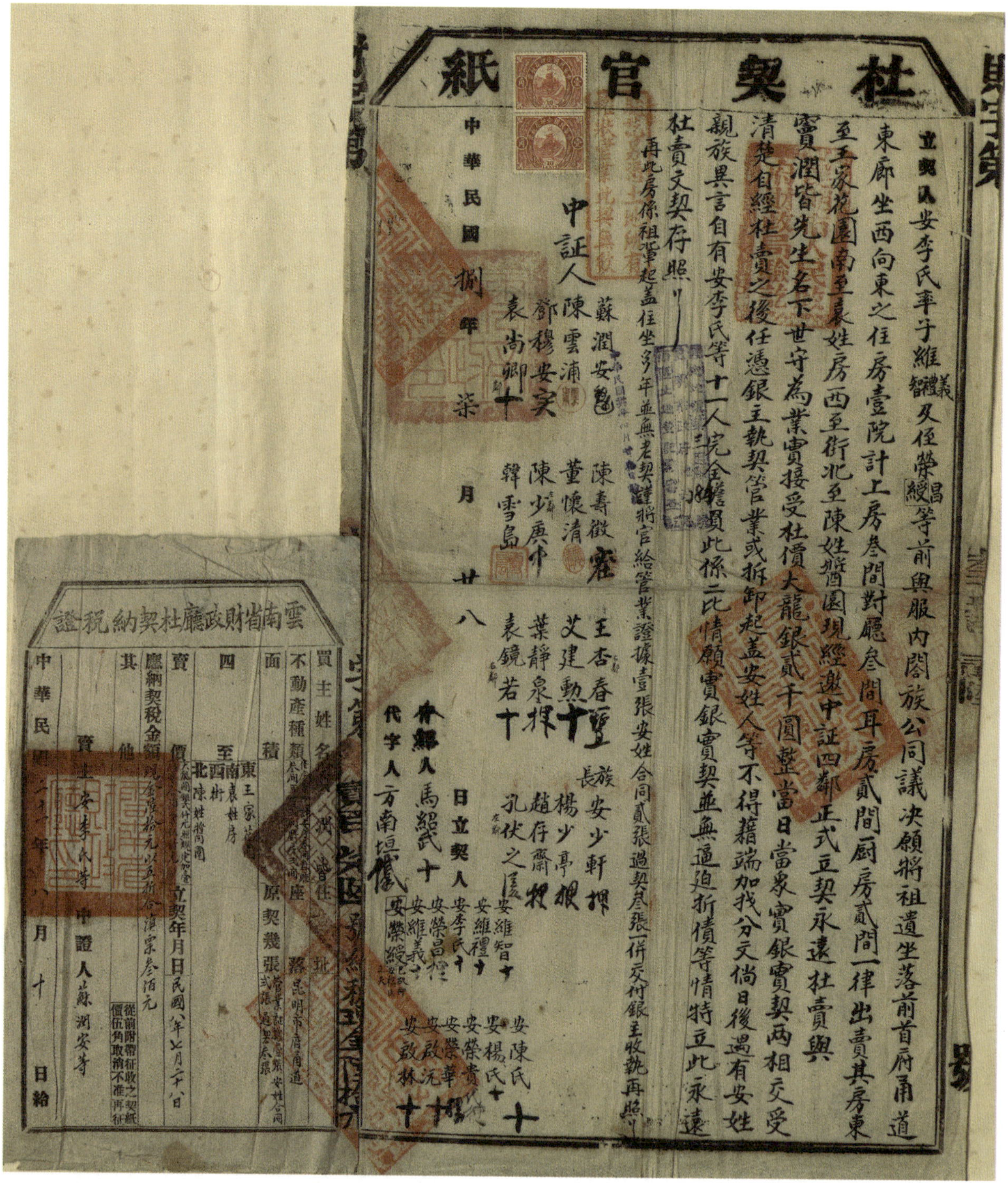

图 54　民国八年七月二十八（1919 年 8 月 23 日）安李氏等立杜卖住房契（前首府甬道东廊）

## 杜契官纸

立契人安李氏率子安维义、安维礼、安维智及侄安荣昌、安荣绶等，前与服内阖族公同议决，愿将祖遗坐落前首府甬道东廊坐西向东之住房一院，计上房三间，对厅三间，耳房二间，厨房二间，一律出卖。其房东至王家花园，南至袁姓房，西至街，北至陈姓酱园。现经邀中证四邻，正式立契，永远杜卖与窦润皆先生名下世守为业。实接受杜价大龙银二千圆整，当日当众实银实契，两相交受清楚。自经杜卖之后，任凭银主执契管业，或拆卸起盖，安姓人等不得藉端加找分文。倘日后遇有安姓亲族异言，自有安李氏等十一人完全担负。此系二比情愿，实银实契，并无逼迫折债等情。特立此永远杜卖文契存照。

再，此房系祖辈起盖，住坐多年，并无老契。谨将官给管业证据一张、安姓合同二张、过契三张一并交付银主收执再照。

中华民国八年七月廿八日

立契人：安李氏　安维智　安维礼　安荣昌　安维义　安荣绶　安荣贵　安陈氏
安杨氏　安荣华　安启沅　安启林

介绍人：马绍武

代字人：方南垣

中证人：苏润安　陈云浦　邓穆安　袁尚卿　陈寿征　董怀清　陈少庚　韩雪岛
王杏春　艾建勋　叶静泉　袁镜若　安少轩　杨少亭　赵存斋　孔伏之

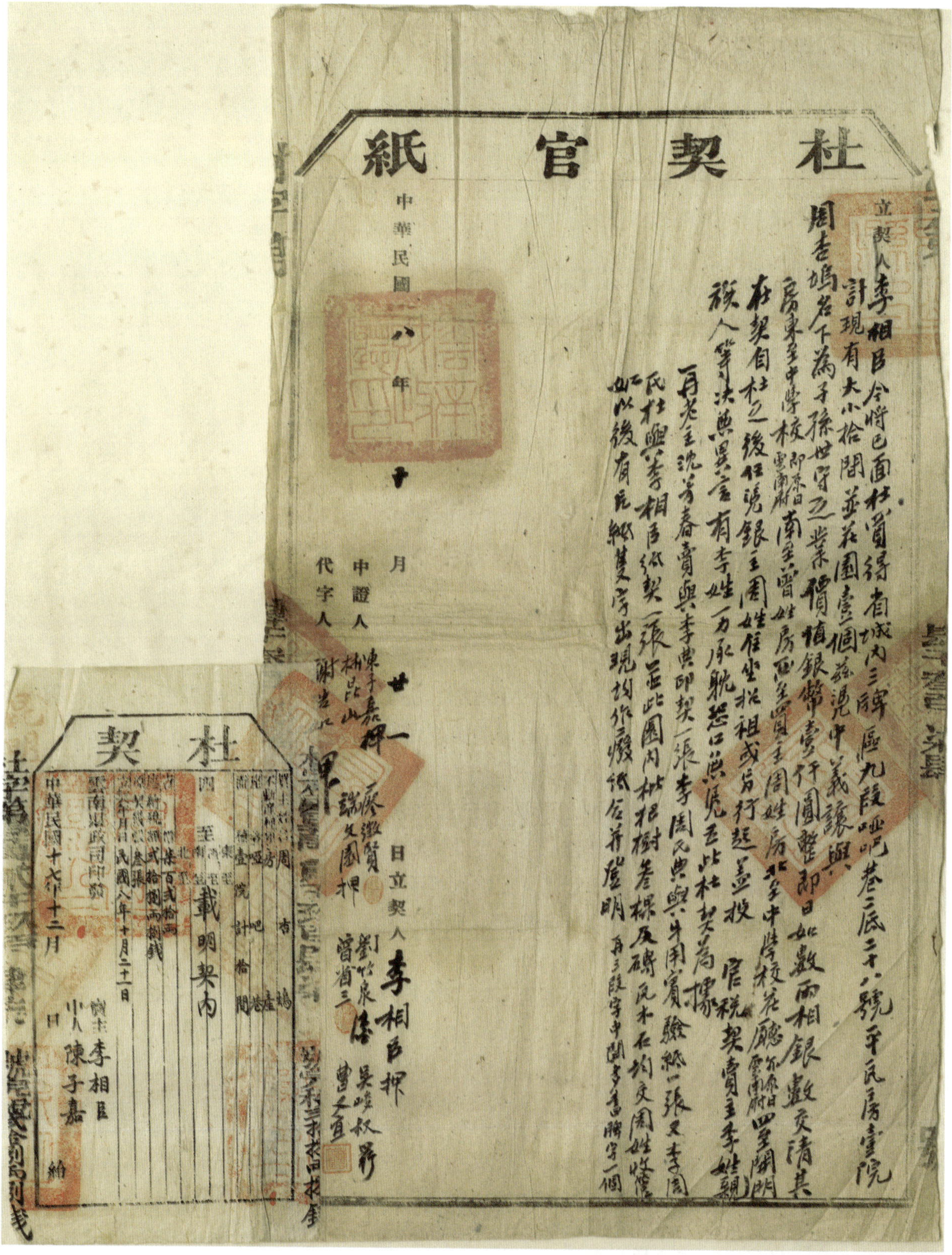

图 55　民国八年十月廿一（1919 年 12 月 12 日）李相臣立杜卖平瓦房契　哑巴巷底（通城巷）

## 杜契官纸

立契人李相臣，今将己面杜买得省城内三牌区九段哑吧巷底二十八号平瓦房一院，计现有大小十间并花园一个，兹凭中议让与周吉坞名下为子孙世守之业，价值银币一千元整，即日如数两相银数交清。其房东至中学校（即原日云南府），南至曾姓房，西至买主周姓房，北至中学校在厅（亦原日云南府），四至开明在契。自杜之后，任凭银主周姓住坐招租，或另行起盖，投官税契，卖主李姓亲族人等决无异言，有李姓一力承耽。恐口无凭，立此杜契为据。

再，老主沈芳春卖与李典印契一张，李周氏典与牛用实验纸一张，又李周氏杜与李相臣纸契一张，并此园内枇杷树三棵及砖瓦木石均交周姓收管。如以后有片纸只字出现均作废纸，合并登明。

再三段字，中间多书牌字一个。

中华民国八年十月廿一日

立契人：李相臣　押

中证人：陈子嘉　廖征贤　刘竹泉　吴峻叔　林昆山　端文园　曾省三
曹文宜

代字人：谢浩如

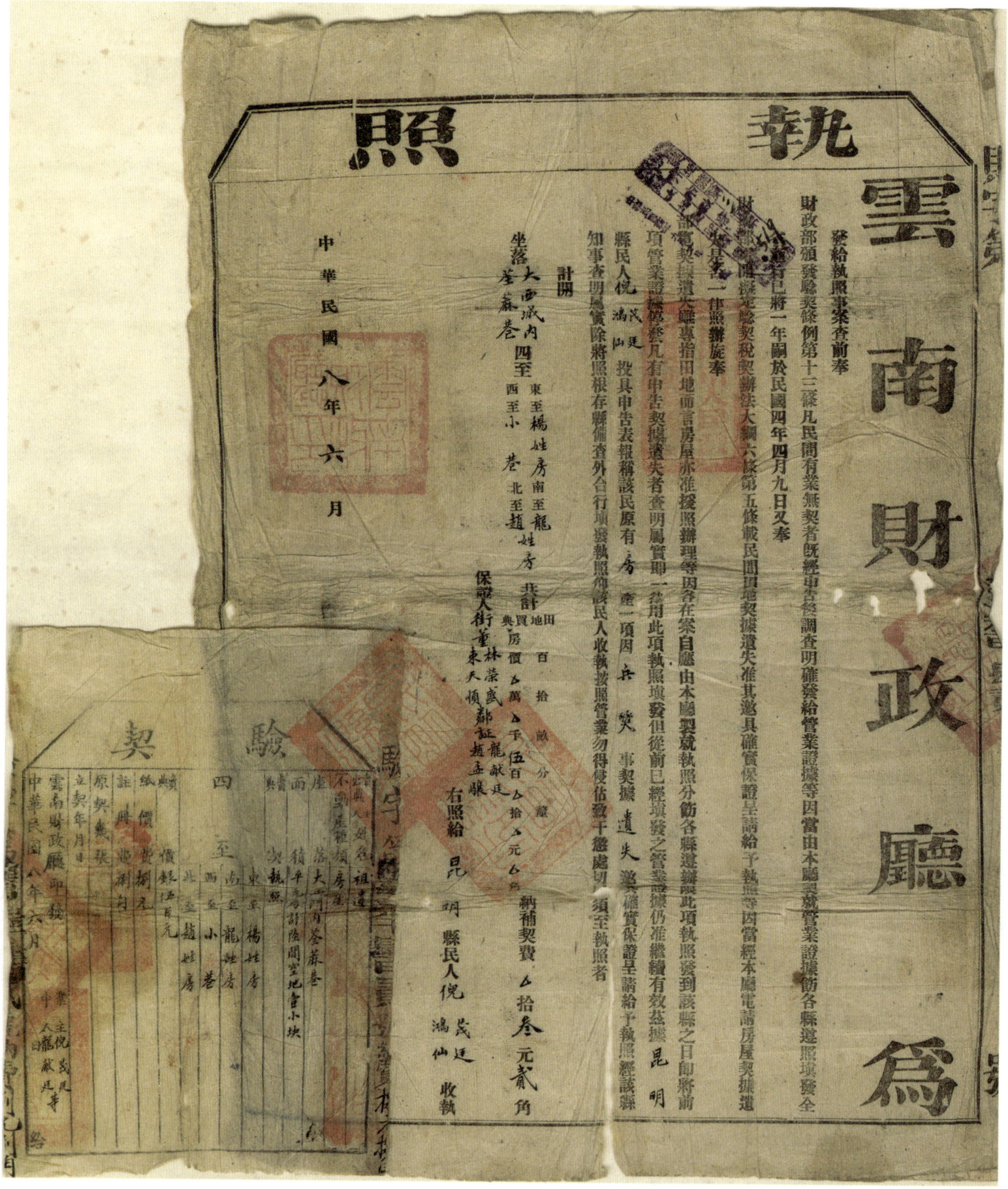

執照

雲南財政廳為

發給執照事案查前奉

財政部頒發驗契條例第十三條凡民間有業無契者既經申告後調查明確發給管業證據等因當由本廳製就管業證據飭各縣遵照填發全

[illegible]行已將一年嗣於民國四年四月九日又奉

財[illegible]擬定驗契稅契辦法大綱六條第五條載民間田地契據遺失准其邀具確實保證呈請給予執照等因當經本廳電請房屋契據遺

[illegible]是否一律照辦旋奉

部電契據遺失雖專指田地而言房屋亦准援照辦理等因各在案自應由本廳製就執照分飭各縣遵辦此項執照發到該縣之日即將前

項管業證據停發凡有申告契據遺失者查明屬實即一律用此項執照填發但從前已經填發之管業證據仍准繼續有效茲據 昆明

縣民人倪茂廷鴻仙 投具申告表報稱該民原有 房 產一項因 兵燹 事契據遺失邀同確實保證呈請給予執照經該縣

知事查明屬實除將照根存縣備查外合行填發執照付該民人收執按照管業勿得侵佔致干懲處切切須至執照者

計開

坐落大西城內華蘇巷 四至 東至楊姓房 南至龍姓房 西至小巷 北至趙姓房 共計 田地 百 拾 畝 分 釐 買典房價 萬 千伍百 拾 元 角 納補契費 拾叁元貳角

保證人 街董林崇盛 鄰証龍獻廷 趙孟釀

右照給 昆明縣民人倪茂廷鴻仙收執

中華民國八年六月 日

图 56　民国八年六月（1919 年）倪茂廷管业执照

## 管业执照

云南财政厅为发给执照事。案查前奉财政部颁发验契条例第十三条：凡民间有业无契者，既经申告后调查，明确发给管业证据等因，当由本厅制就管业证据，饬各县遵照填发，全省遵行已将一年。嗣于民国四年四月九日又奉财政部电开拟定验契税契办法大纲六条，第五条载民间田地契据遗失，准其邀具确实保证，呈请给予执照等因。当经本厅电请房屋契据遗失是否一律照办，旋奉部电，契据遗失，虽专指田地而言，房屋亦准援照办理等因。各在案，自应由本厅制就执照，分饬各县遵办，□此项执照发到该县之日，即将前项管业证据停发。凡有申告契据遗失者，查明属实即一律用此项执照填发，但从前已经填发之管业证据，仍准继续有效。兹据昆明县民人倪茂廷、鸿仙投具申告表，报称该民原有房产一项，因兵燹事，契据遗失，邀具确实保证，呈请给予执照。经该县知事查明属实，除将照根存县备查外，合行填发执照，仰该民人收执。按照管业，勿得侵占，致干惩处，切□须至执照者。

计开坐落大西城内苎麻巷，四至东至杨姓房，南至龙姓房，西至小巷，北至赵姓房，共计田地十亩，买典房价五百元，纳补契费三元二角。

保证人：

街董：林荣盛　束天顺

邻证：龙献廷　赵孟骧

右照给昆明县民人倪茂廷、倪鸿仙收执

中华民国八年六月

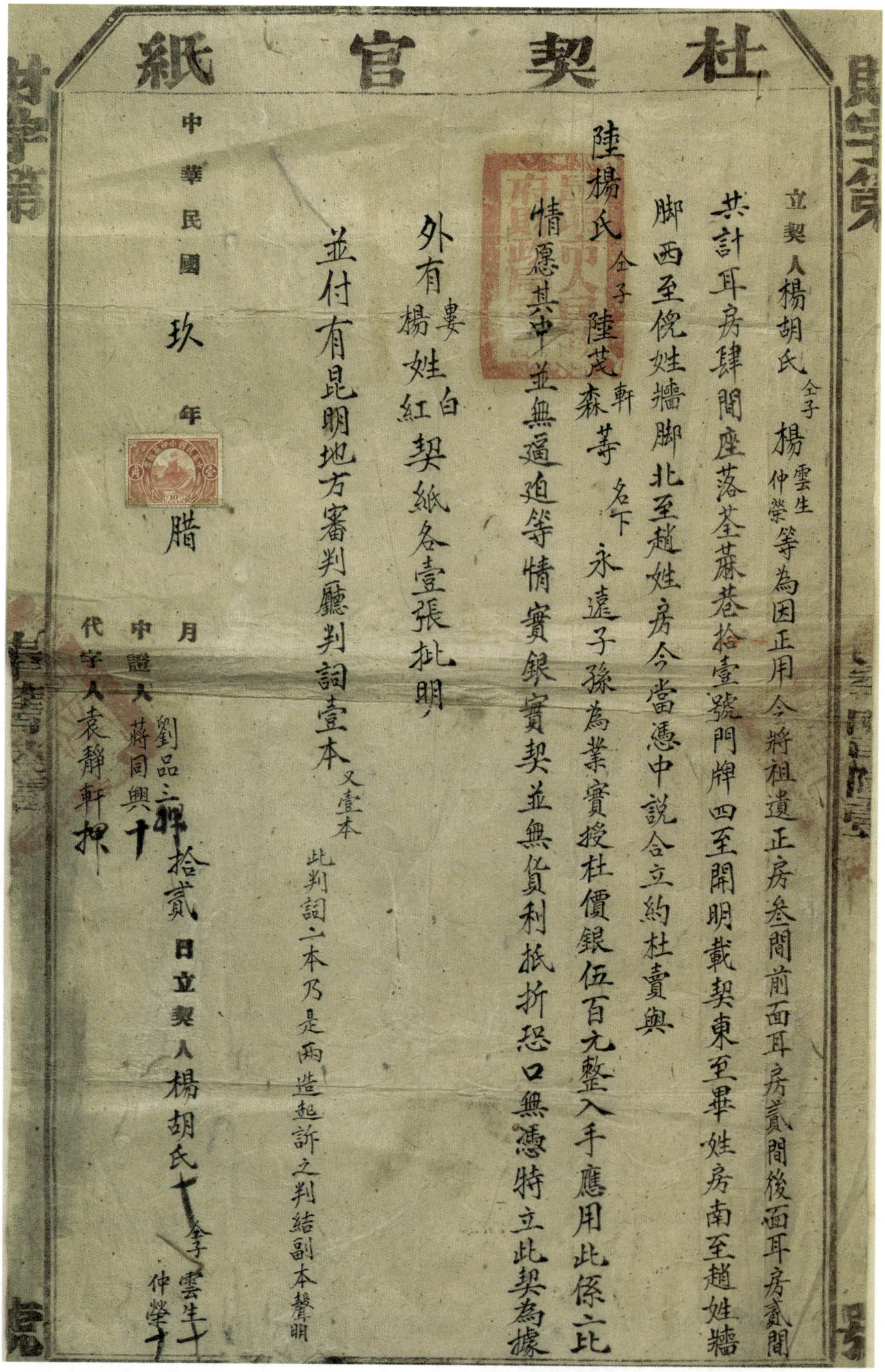

杜契官紙

立契人楊胡氏仝子楊雲生仲榮等為因正用今將祖遺正房叁間前面耳房貳間後面耳房貳間
共計耳房肆間座落荃蔴巷拾壹號門牌四至開明載契東至畢姓房南至趙姓牆
脚西至倪姓牆脚北至趙姓房今當憑中說合立約杜賣與
陸楊氏仝子陸茂軒森等名下永遠子孫為業實授杜價銀伍百元整入手應用此係二比
情愿其中並無逼迫等情實銀實契並無貨利抵折恐口無憑特立此契為據
外有妻楊姓白紅契紙各壹張批明
並付有昆明地方審判廳判詞壹本又壹本
此判詞二本乃是兩造起訴之判結副本聲明
中華民國玖年腊月拾貳日立契人楊胡氏十仝子雲生十仲榮十
中證人劉品三押蔣同興十
代字人袁靜軒押

图 57　民国九年腊月十二（1921 年 1 月 20 日）杨胡氏等立杜卖房契　荃麻巷（文化巷）

## 杜契官纸

立契人杨胡氏同子杨云生、杨仲荣等，为因正用，今将祖遗正房三间，前面耳房二间，后面耳房二间，共计耳房四间。座（坐）落荃麻巷十一号门牌，四至开明载契，东至毕姓房，南至赵姓墙脚，西至倪姓墙脚，北至赵姓房。今当凭中说合，立约杜卖与陆杨氏同子陆茂轩、森等名下永远子孙为业。实授杜价银五百元整，入手应用。此系二比情愿，其中并无逼迫等情。实银实契，并无货利抵折。恐口无凭，特立此契为据。

外有娄、杨姓白、红契纸各一张，批明。

并付有昆明地方审判厅判词一本，又一本。此判词二本乃是两造起诉之判结副本，声明。

中华民国九年腊月十二日　立

永契人：杨胡氏同子杨云生、杨仲荣

中证人：刘品三　蒋同兴

代字人：袁静轩

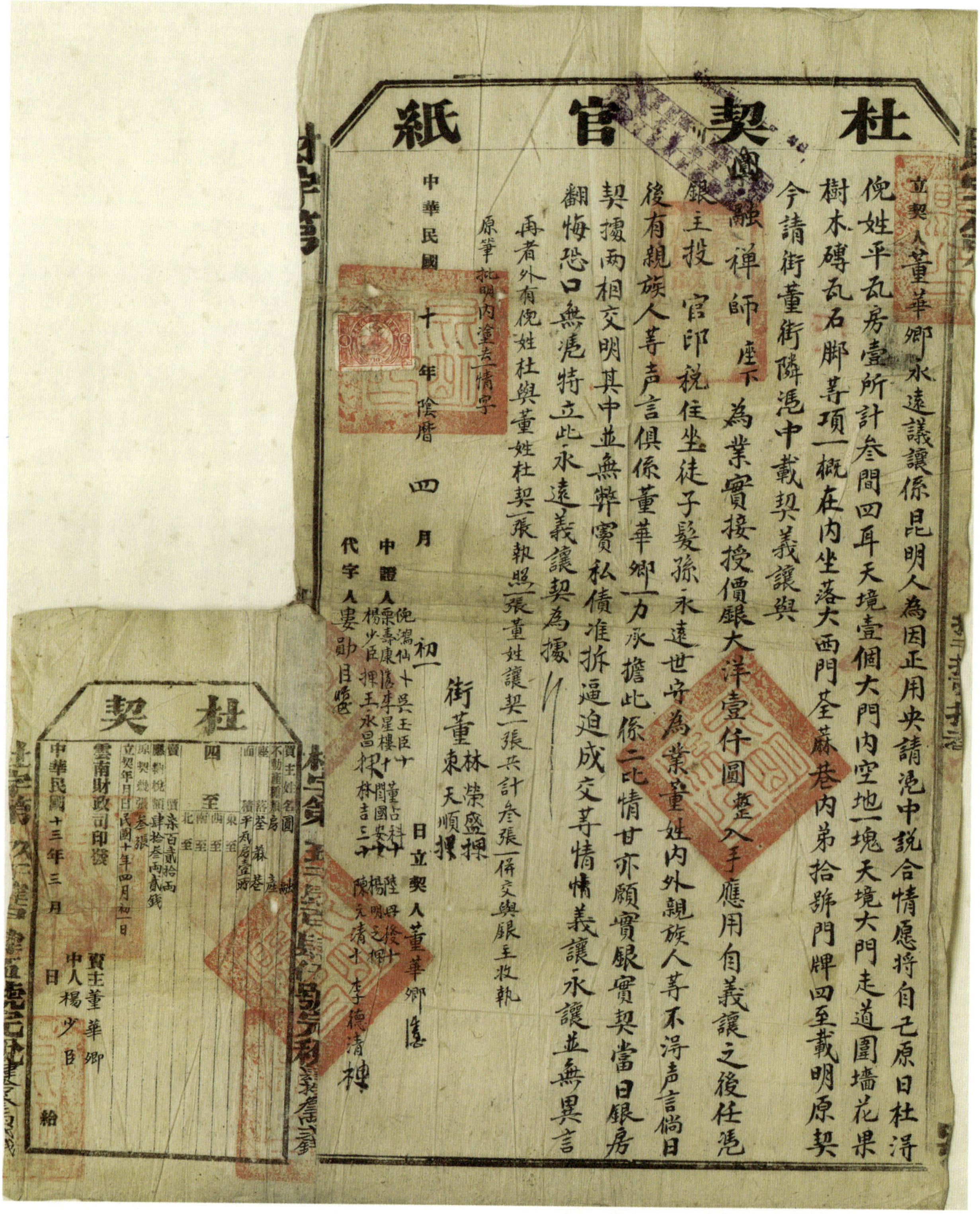

图58　民国十年四月初一（1921年5月8日）董华卿立杜卖平瓦房契　大西门荃麻巷（文化巷）

## 杜契官纸

立契人董华卿永远议让，系昆明人，为因正用，央请凭中说合，情愿将自己原日杜得倪姓平瓦房一所，计三间四耳，天境一个，大门内空地一块，天境、大门、走道、围墙、花果树木、砖瓦、石脚等项一概在内，坐落大西门茎麻巷内弟（第）十号门牌，四至载明原契。今请街董、街邻凭中载契，义让与圆融禅师座下为业，实接授价银大洋一千圆整，人手应用。自义让之后，任凭银主投官印税住坐，徒子发孙永远世守为业，董姓内外亲族人等不得声言。倘日后有亲族人等声言，俱系董华卿一力承担。此系二比情甘亦（意）愿，实银实契，当日银房契据两相交明，其中并无弊窦私债准折、逼迫成交等情，义让永让并无异言翻悔。恐口无凭，特立此永远义让契为据。

再者，外有倪姓杜与董姓杜契一张、执照一张，董姓让契一张，共计三张，一并交与银主收执。

原笔批明内涂去一情字。

街董：林荣盛　束天顺

中华民国十年阴历四月初一日

立契人：董华卿

中证人：倪鸿仙　吴玉臣　董占科　陆兴发　栗寿康　李星楼　闫国安　杨明之
杨少臣　王永昌　林吉三　陈元清　李德清

代字人：娄勋臣

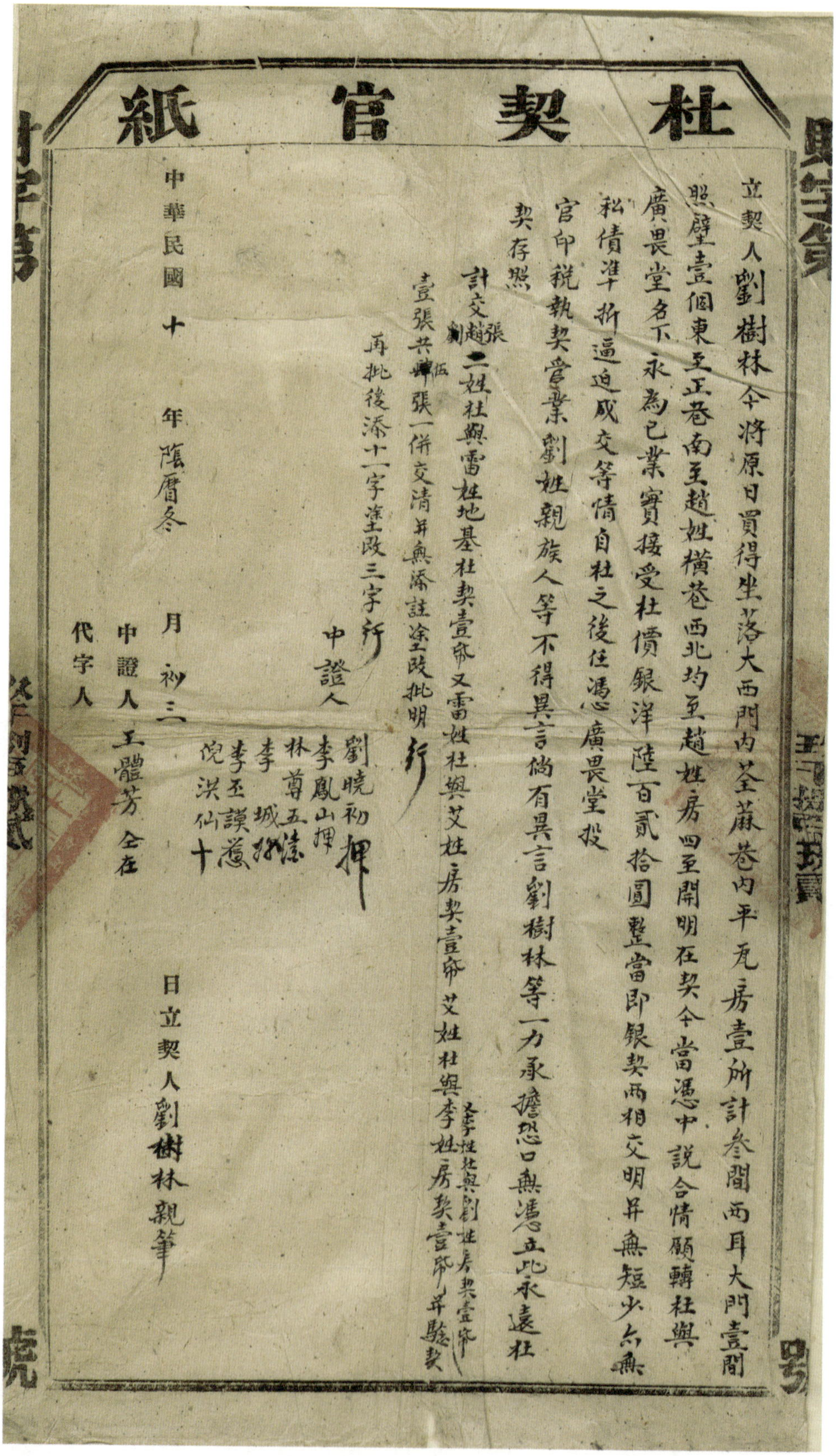

图 59 民国十年十一月初三（1921 年 12 月 1 日）刘树林立杜卖平瓦房契 大西门（文化巷）

## 杜契官纸

立契人刘树林，今将原日买得坐落大西门内茎麻巷内平瓦房一所，计三间两耳，大门一间，照壁一个，东至正巷，南至赵姓横巷，西北均至赵姓房，四至开明在契。今当凭中说合，情愿转杜与广畏堂名下永为己业。实接受杜价银洋六百二十圆整，当即银契两相交明，并无短少，亦无私债准折、逼迫成交等情。自杜之后，任凭广畏堂投官印税，执契管业，刘姓亲族人等不得异言。倘有异言，刘树林等一力承担。恐口无凭，立此永远杜契存照。

计交张、赵二姓杜与雷姓地基杜契一纸，又雷姓杜与艾姓房契一纸，艾姓杜与李姓房契一纸，又李姓杜与刘姓房契一纸，并验契一张，共五张一并交清，并无添注涂改批明。

再批，后添十一字，涂改三字。

中证人：刘晓初　李凤山　林尊五　李城　李丕谟　倪洪仙

中华民国十年阴历冬月初三日

立契人：刘树林亲笔

中证人：王体芳同在

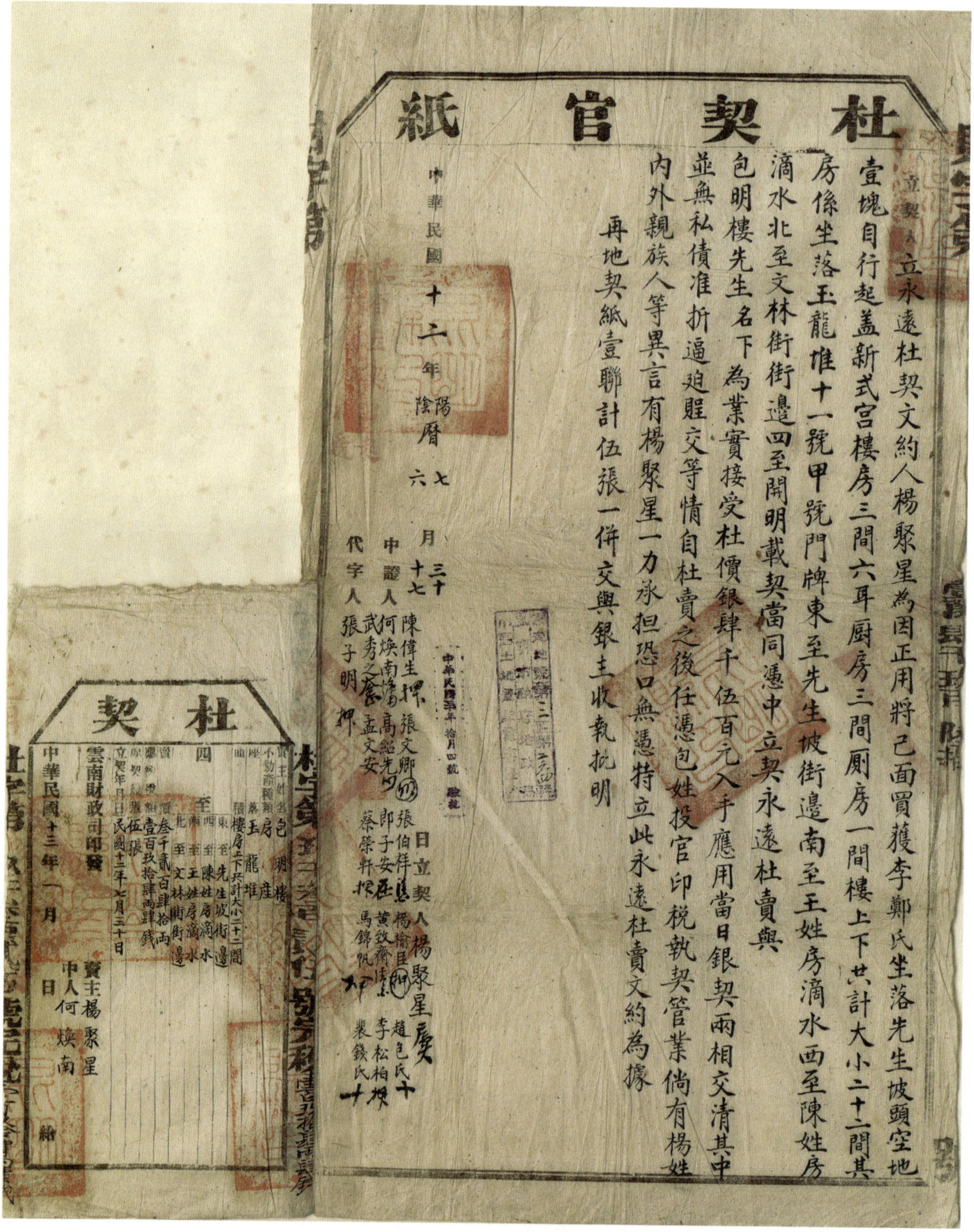

杜契官紙

立杜契人

立永遠杜契文約人楊聚星為因正用將己面買獲李鄭氏坐落先生坡頭空地壹塊自行起蓋新式宮樓房三間六耳廚房三間厠房一間樓上下共計大小二十二間其房係坐落玉龍堆十一號甲號門牌東至先生坡街邊南至王姓房滴水西至陳姓房滴水北至文林街街邊四至開明載契當同憑中立契永遠杜賣與包明樓先生名下為業實接受杜價銀肆千伍百元入手應用當日銀契兩相交清其中並無私債准折逼迫賠交等情自杜賣之後任憑包姓投官印税執契管業倘有楊姓內外親族人等異言有楊聚星一力承担恐口無憑特立此永遠杜賣文約為據

再地契紙壹聯計伍張一併交與銀主收執批明

中華民國十二年陽曆七月三十 陰曆六月十七日立契人楊聚星

中證人 陳偉生 張文卿 何煥南 高紹先 武秀之 孟文安 張伯祥 郎子安 蔡榮軒 楊榆臣 黃致齋 馬錦帆 趙包氏 李松柏 裴錢氏

代字人 張子明

中華民國十三年拾月四號 驗契

杜契

買主姓名 包明樓

不動產種類 房產

坐落 玉龍堆

面積 樓房上下共計大小二十二間

四至 東至先生坡街邊 西至陳姓房滴水 南至王姓房滴水 北至文林街街邊

價額 叁千貳百肆拾兩

應納稅額 壹百玖拾肆兩肆錢

原契紙張 伍張

立契年月日 民國十二年七月三十日

雲南財政司印發

賣主 楊聚星

中人 何煥南

中華民國十三年一月 日

图 60　民国十二年六月十七（1923 年 7 月 30 日）杨聚星立杜卖新式宫楼房契（先生坡）

## 杜契官纸

立契人立永远杜契文约人杨聚星，为因正用，将己面买获李郑氏坐落先生坡头空地一块，自行起盖新式宫楼房三间六耳，厨房三间，厕房一间，楼上楼下共计大小二十二间。其房系坐落玉龙堆十一号甲号门牌，东至先生坡街边，南至王姓房滴水，西至陈姓房滴水，北至文林街街边，四至开明载契。当同凭中立契，永远杜卖与包明楼先生名下为业。实接受杜价银四千五百元，入手应用。当日银契两相交清，其中并无私债准折、逼迫成交等情。自杜卖之后，任凭包姓投官印税，执契管业。倘有杨姓内外亲族人等异言，有杨聚星一力承担。恐口无凭，特立此永远杜卖文约为据。

再，地契纸一联计五张，一并交与银主收执。批明。

中华民国十二年阳历七月三十日（阴历六月十七）

立契人：杨聚星

中证人：陈伟生　张文卿　张伯祥　杨榆臣　赵包氏　何焕南　高绍先　郎子安
黄致斋　李松柏　武秀之　孟文安　蔡荣轩　马锦帆　裴钱氏

代字人：张子明

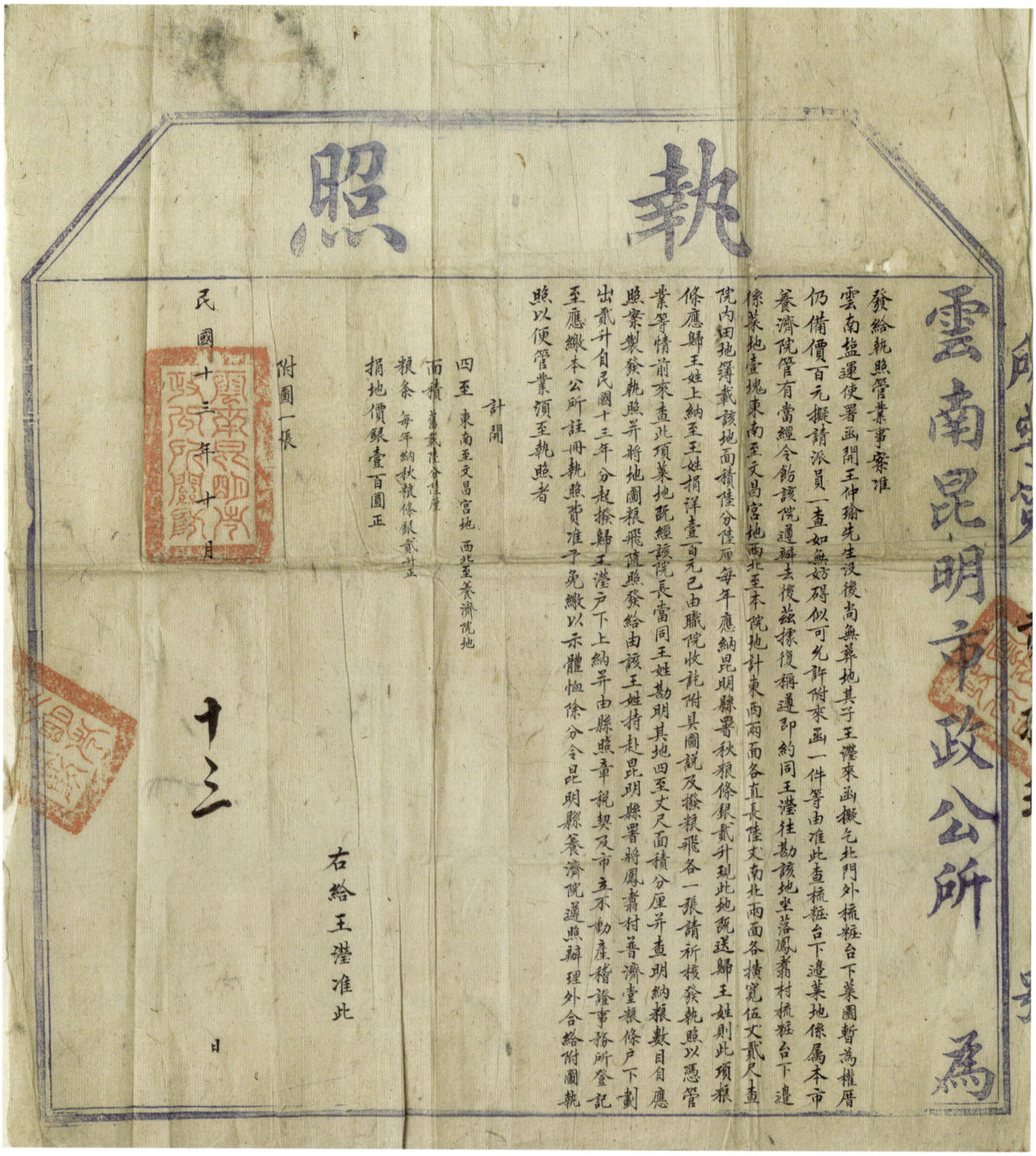

雲南昆明市政公所 為

執照

發給執照管業事案准

雲南塩運使署函開王仲瑜先生没後尚無葬地其子王瀅來函擬乞北門外梳粧台下菜園暫為權厝仍備價百元擬請派員一查如無妨碍似可允許附來函一件等由准此查梳粧台下邊菜地係屬本市養濟院管有當經令飭該院遵辦去後茲據復稱遵即約同王瀅往勘該地坐落鳳翥村梳粧台下邊係菜地壹塊東南至文昌宮地西北至本院地計東西兩面各直長陸丈南北兩面各横寬伍丈貳尺查院內田地簿載該地面積陸分陸厘每年應納昆明縣署秋粮條銀貳升現此地既送歸王姓則此項粮條應歸王姓上納至王姓捐洋壹百元已由職院收訖附具圖説及撥粮飛各一張請祈核發執照以憑管業等情前來查此項菜地既經該院長當同王姓勘明其地四至丈尺面積分厘并查明納粮數目自應照案製發執照并將地圖粮飛填照發給由該王姓持赴昆明縣署將鳳翥村普濟堂粮條户下劃出貳升自民國十三年分起撥歸王瀅户下上納并由縣照章稅契及市立不動產稽證事務所登記至應繳本公所註冊執照費准予免繳以示體恤除分令昆明縣養濟院遵照辦理外合給附圖執照以便管業須至執照者

計開

四至 東南至文昌宮地 西北至養濟院地

面積 菜地陸分陸厘

粮条 每年納秋粮條銀貳升正

捐地價銀壹百圓正

附圖一張

民國十三年十月 十三 日

右給王瀅准此

图 61 民国十三年十月十三（1924 年 11 月 9 日）王滢管业执照（凤翥村）

## 执照

云南昆明市政公所为发给执照管业事。案准云南盐运使署函开王仲瑜先生，没后尚无葬地。其子王滢来函，拟乞北门外梳妆台下菜园暂为权厝，仍备价百元，拟请派员一查，如无妨碍，似可允许。附来函一件，等由。准此。查梳妆台下边菜地系属本市养济院管有。当经令饬该院遵办去后，兹据复称，遵即约同王滢往勘。该地坐落凤翥村梳妆台下边，系菜地一块，东南至文昌宫地，南北至本院地。计东西两面各直长六丈，南北两面各横宽五丈二尺。查院内田地簿载，该地面积六分六厘，每年应纳昆明县署秋粮条银二升。现此地既送归王姓，则此项粮条应归王姓上纳。至王姓捐洋一百元，已由职院收讫。附具图说及拨粮飞各一张，请祈核发执照以凭管业等情。前来查此项业地，既经该院长当同王姓勘明其地四至、丈尺面积分厘并查明纳粮数目，自应照案制发执照，并将地图粮飞随照发给，由该王姓持赴昆明县署，将凤翥村普济堂粮条户下划出二升，自民国十三年分起，拨归王滢户下上纳，并由县照章税契及市立不动产稽证事务所登记。至应缴本公所注册执照费准予免缴，以示体恤。除分令昆明县养济院遵照办理外，合给附图执照，以便管业。须至执照者。

计开四至：东南至文昌宫地，西北至养济院地。

面积：旧载六分六厘。

粮条：每年纳秋粮条银二升正。

捐地价银：一百圆正。

右给王滢。准此。

附图一张。

民国十三年十月十三日

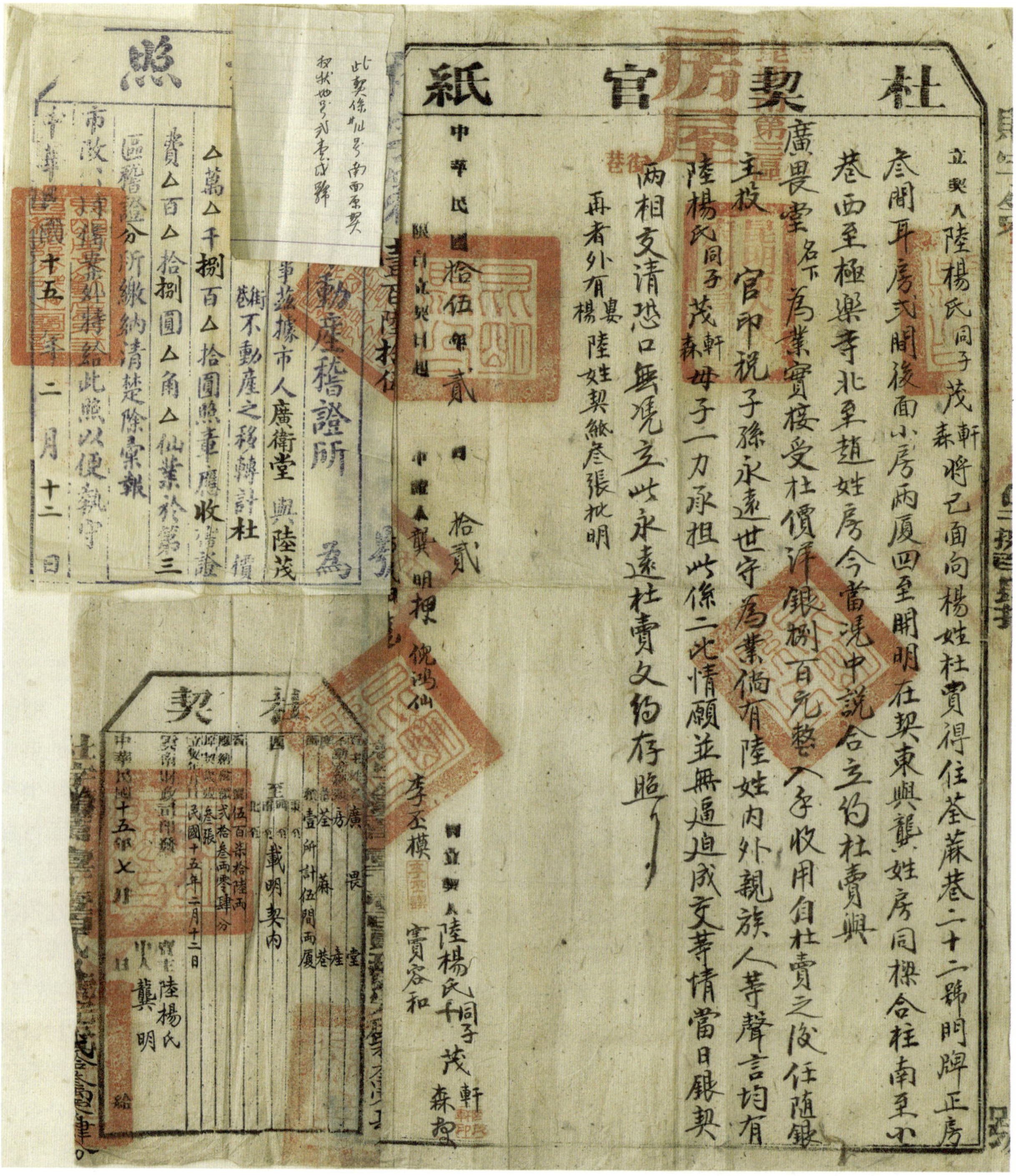

图62 民国十五年二月十二（1926年3月25日）陆杨氏等立杜卖房屋契 荃麻巷（文化巷）

## 杜契官纸

立契人陆杨氏同子茂轩、茂森，将己面向杨姓杜买得住荃麻巷三十二号门牌正房三间，耳房二间，后面小房两厦。四至开明在契，东与龚姓房同梁合柱，南至小巷，西至极乐寺，北至赵姓房。今当凭中说合，立约杜卖与广畏堂名下为业，实接受杜价洋银八百元整，入手收用。自杜卖之后，任随银主投官印税，子孙永远世守为业。倘有陆姓内外亲族人等声言，均有陆杨氏同子茂轩、茂森母子一力承担。此系二比情愿，并无逼迫成交等情。当日银契两相交清，恐口无凭，立此永远杜卖文约存照。

再者，外有娄、杨、陆姓契纸三张批明。

中华民国十五年二月十二日

立契人：陆杨氏同子茂轩、茂森

中证人：龚明　倪鸿仙　李丕模　窦容和

代字人：杨义伯

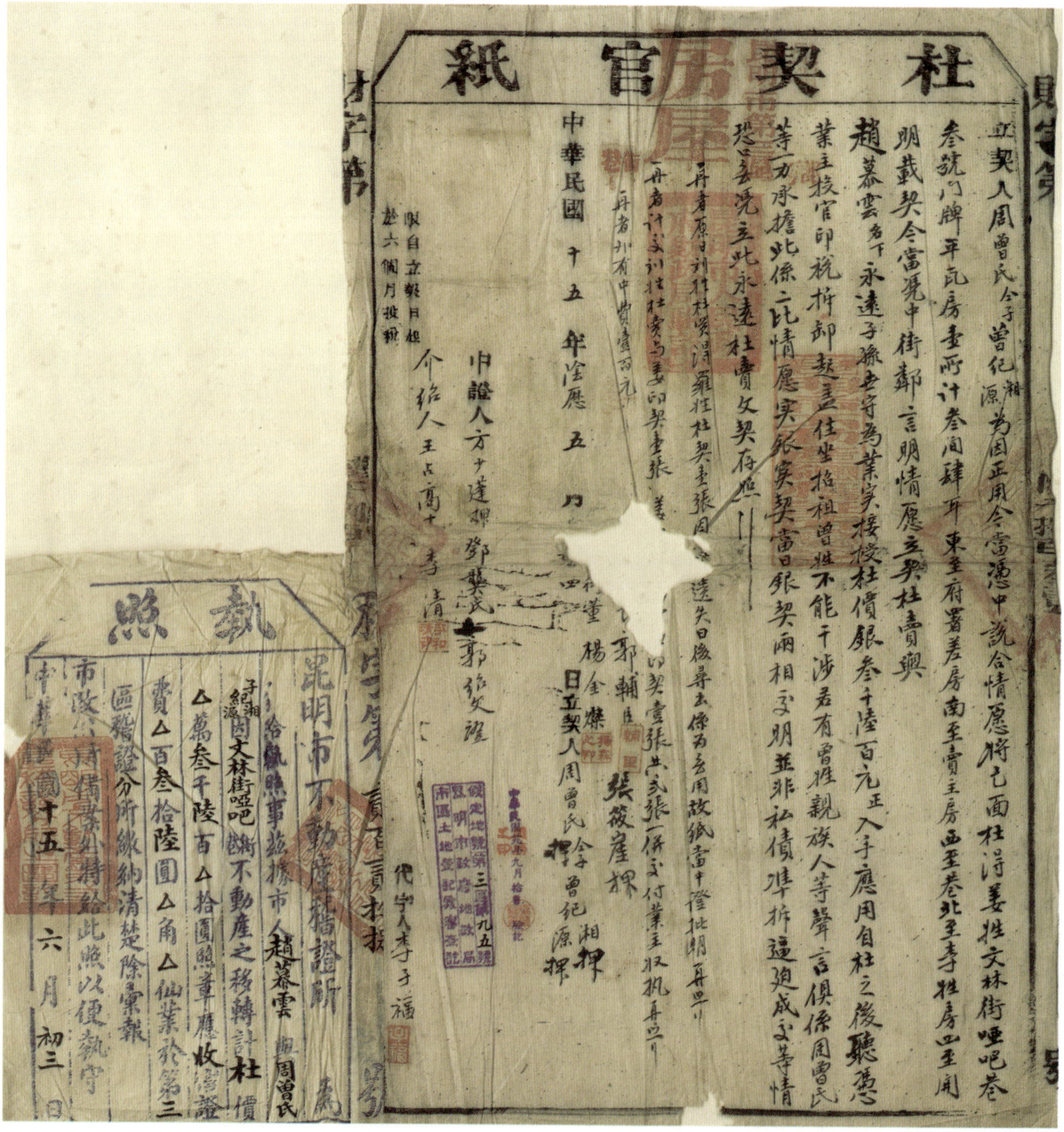

图 63　民国十五年五月（1926 年 6 月）周曾氏立杜卖平瓦房契（文林街）

## 杜契官纸

立契人周曾氏同子曾纪湘、曾纪源，为因正用，今当凭中说合，情愿将己面杜得姜姓文林街哑吧巷三号门牌平瓦房一所，计三间四耳，东至府署差房，南至卖主房，西至巷，北至李姓房，四至开明载契。今当凭中、街邻言明，情愿立契杜卖与赵慕云名下永远子孙世守为业。实接授杜价三千六百元正，入手应用。自杜之后，听凭业主投官印税，拆卸起盖，住坐招租，曾姓不能干涉。若有曾姓亲族人等声言，俱系周曾氏等一力承担。此系二比情愿，实银实契，当日银契两相交明，并非私债准拆（折）、逼迫成交等情。恐口无凭，立此永远杜卖文契存照。

再者，原日刘姓杜买得罗姓杜契一张，因□□遗失，日后寻出，系为无用故纸，当中证批明再照。

再者，计交刘姓杜卖与姜印契一张，姜□□□□□□印契一张，共二张，一并交付业主收执。再照。

再者，外有中费一百元。

中华民国十五年阴历五月初四日

立契人：周曾氏同子曾纪湘　曾纪源

□　□：郭辅臣　张筱

街　董：杨金灿

中证人：方少蓬　邓龚氏　郭绍文

介绍人：王占高　李清

代字人：李子福

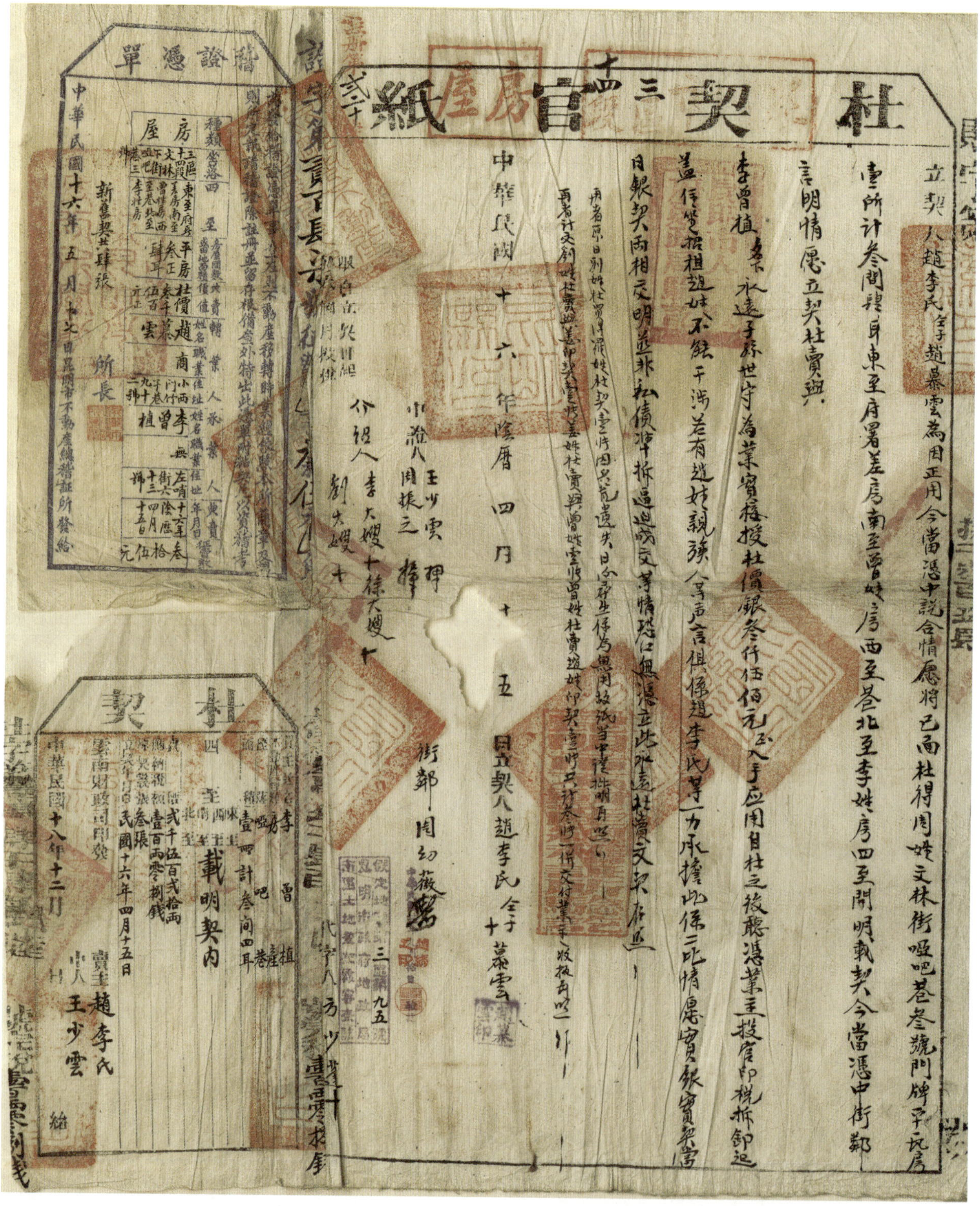

图 64 民国十六年四月十五（1927 年 5 月 15 日）赵李氏等立杜卖平瓦房契（文林街）

### 杜契官纸

立契人赵李氏同子赵慕云，为因正用，今当凭中说合，情愿将己面杜得周姓文林街哑吧巷三号门牌平瓦房一所，计三间四耳，东至府署差房，南至曾姓房，西至巷，北至周姓房（前为李姓房），四至开明载契。今当凭中、街邻言明，情愿立契杜卖与李曾植名下永远子孙世守为业。实接授杜价银三千五百元正，入手应用。自杜之后，听凭业主投官印契，拆卸起盖，住坐招租，赵姓不能干涉，若有赵姓亲族人等声言，俱系赵李氏等一力承担。此系二比情愿，实银实契，当日银契两相交明，并非私债准拆（折）、逼迫成交等情。恐口无凭，立此永远杜卖文契存照。

再者，原日刘姓杜买得罗姓杜契一张，因兵荒遗失，日后寻出，系为无用故纸，当中证批明再照。

再者，计交刘姓杜卖契一张，姜姓杜卖与曾姓（印契）一张，曾姓杜卖赵姓印契一张，共计三张，一并交付业主收执再照。

中华民国十六年阴历四月十五日

立契人：赵李氏同子赵慕云

中证人：王少云　周振之

介绍人：李大嫂　刘大嫂　徐大嫂

街　邻：周功徽

代字人：方少莲

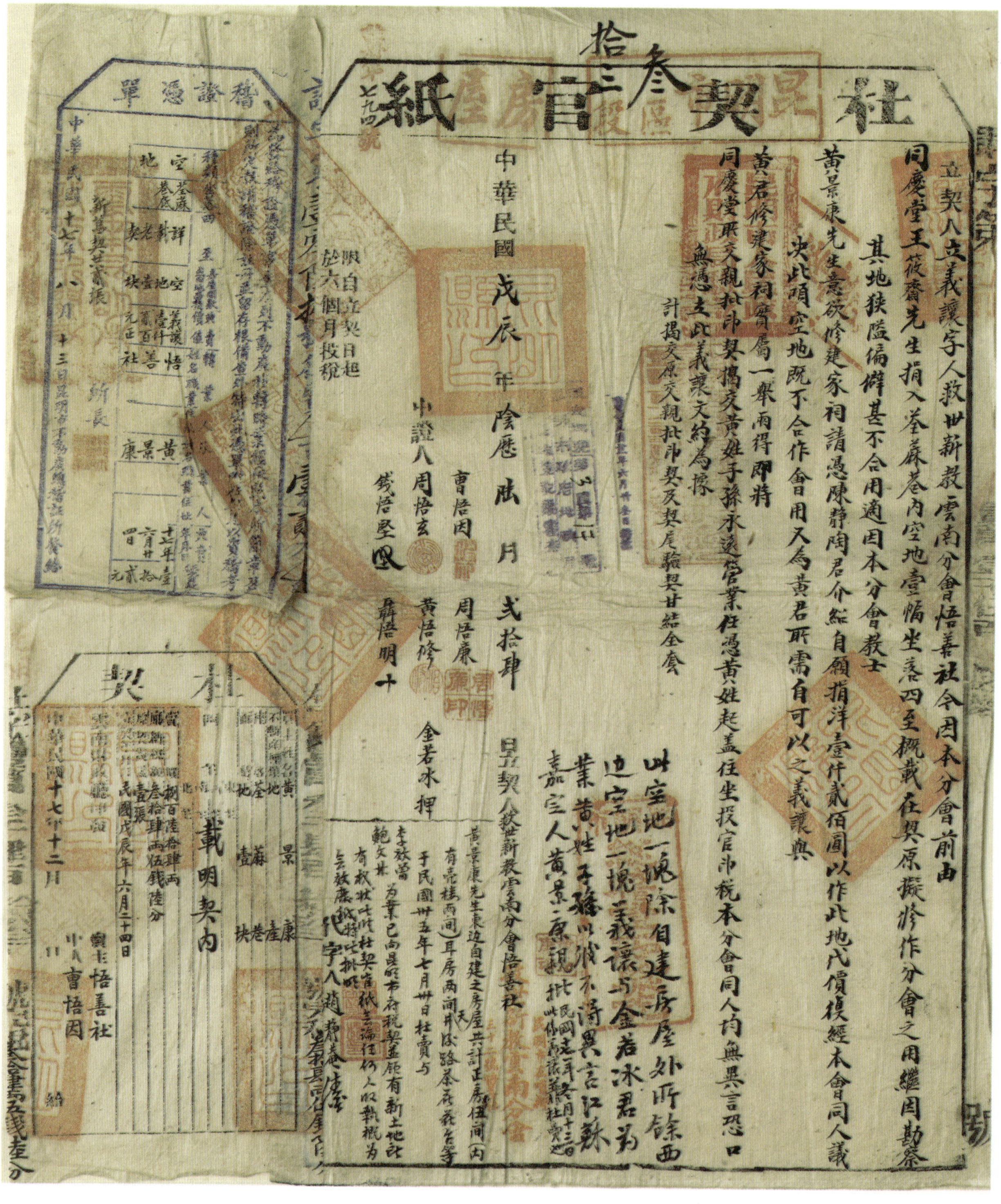

图 65　民国十七年六月二十四（1928 年 8 月 9 日）救世新教云南分会悟善社立义让地基契　荃麻巷（文化巷）

## 编号 794　杜契官纸

立契人立义让字人救世新教云南分会悟善社，今因本分会前由同庆堂王筱斋先生捐入荃麻巷内空地一幅，坐落四至，概载在契。原拟修作分会之用，继因勘察其地狭隘偏僻，甚不合用。适因本分会教士黄景康先生意欲修建家祠，请凭陈静陶君介绍，自愿捐洋一千二百圆，以作此地代价。复经本会同人议决，此项空地既不合作会用，又为黄君所需，自可以之义让与黄君修建家祠，实属一举两得。即将同庆堂取交亲批印契揭交黄姓子孙永远管业，任凭黄姓起盖住坐，投官印税，本分会同人均无异言。恐口无凭，立此义让文约为据。

计揭交原交亲批印契及契尾验契甘结全套。

中华民国戊辰年阴历六月二十四日

立契人：救世新教云南分会悟善社

中证人：曹悟因　周悟廉　周悟玄　黄悟修　钱悟坚　聂悟明　金若冰

此空地一块除自建房屋外，所余西边空地一块，义让与金若冰君为业。黄姓子孙以后不得异言。江苏嘉定人黄景康亲批。民国十七年冬月十三日。此系义让，并非杜卖也。

黄景康先生东边自建之房屋共计正房五间（内有亮楼两间）、耳房两间、天井、后路、茶花、花台等，于民国卅五年七月卅日杜卖与李效曾、鲍文林为业，已向昆明市府税契，并领有新土地所有权状。此张杜契官纸无论任何人收执，概为无效废纸。将此批明。

代字人：赵静庵

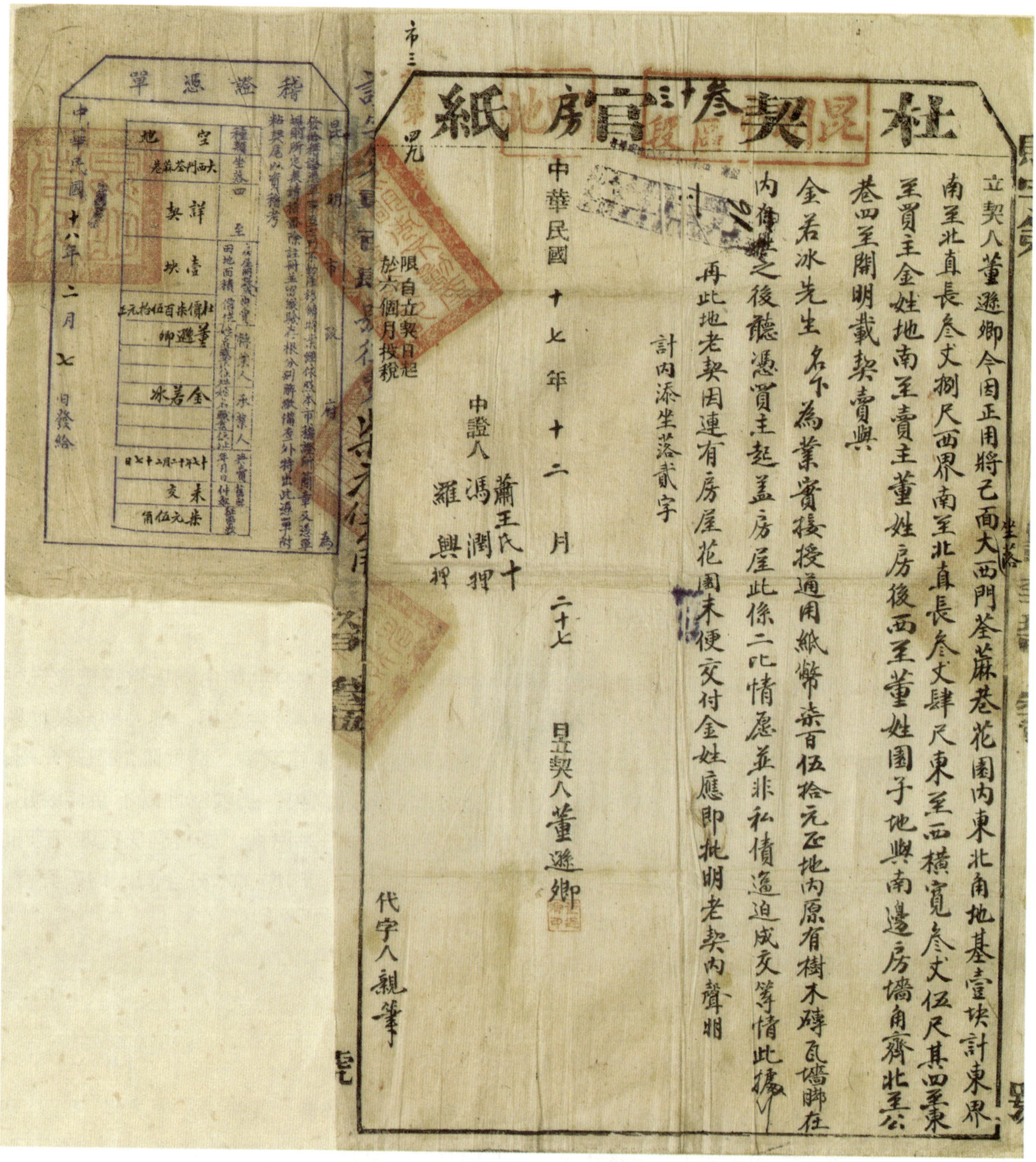

图 66 民国十七年十二月二十七（1929 年 2 月 6 日）董逊卿立杜卖地基契 荃麻巷（文化巷）

立契人董逊卿，今因正用，将已面坐落大西门荃麻巷花园内东北角地基一块，计东界南至北直长三丈八尺，西界南至北直长三尺四尺，东至西横宽三丈五尺。其四至东至买主金姓地，南至卖主董姓房后，西至董姓园子地，与南边房墙角齐，北至公巷，四至开明载契。卖与金若冰先生名下为业，实接授通用纸币七百五十元正，地内原有树木砖瓦墙脚在内，自杜之后听凭买主起盖房屋，此系二比情愿，并非私债逼迫成交等情，此据。

再，此地老契因连有房屋花园，未便交付金姓，应即批明老契内声明。

计内添“坐落”二字。

中华民国十七年十二月二十七日

立契人：董逊卿

中证人：萧王氏　冯润　罗兴

代字人：亲笔

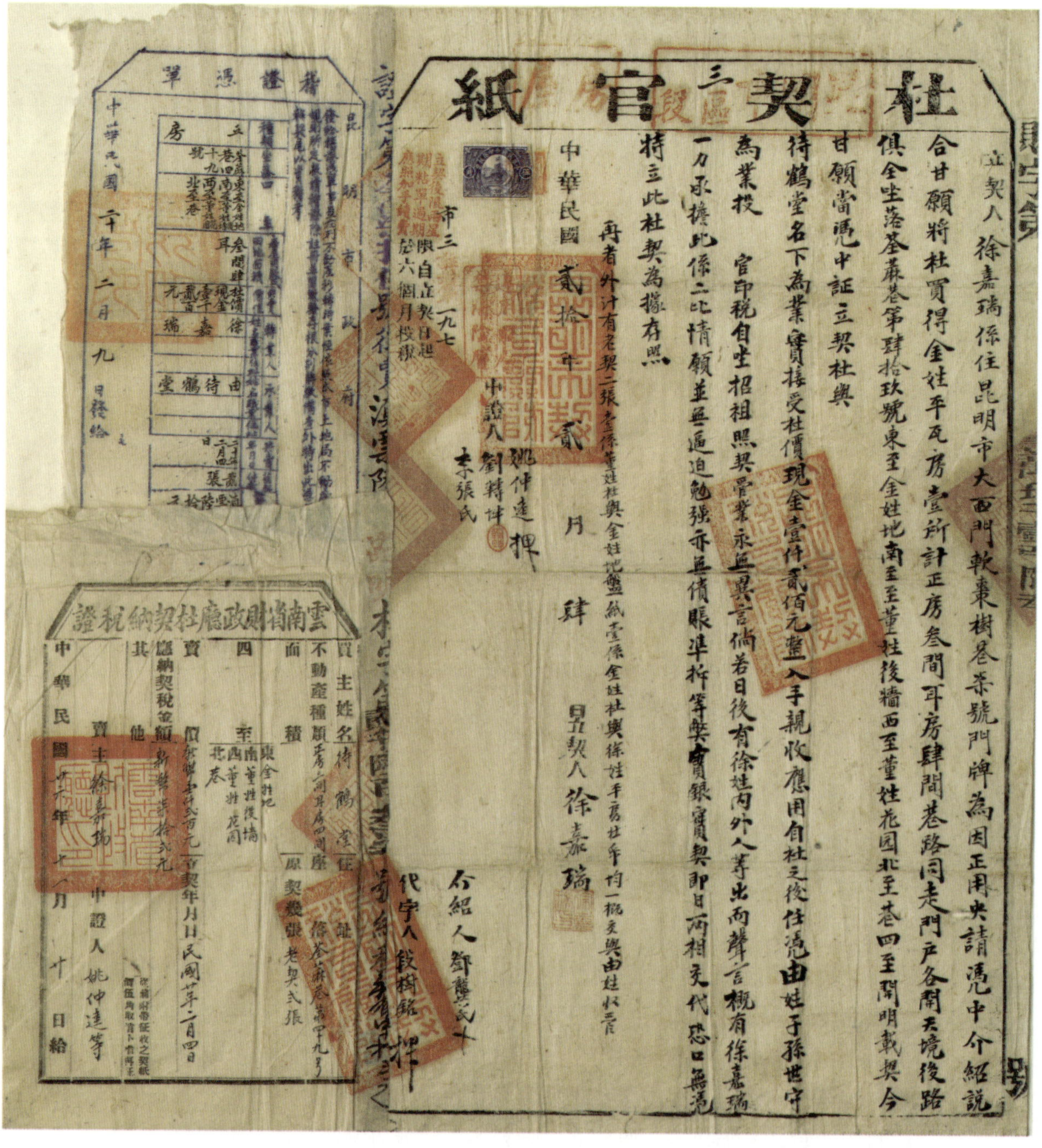

图 67　民国二十年二月初四（1936 年 3 月 3 日）徐嘉瑞卖大西门软枣树巷平凡房契

### 杜契官纸

立契人徐嘉瑞，系住昆明市大西门软枣树巷七号门牌，为因正用，央请凭中介绍说合，甘愿将杜买得金姓平瓦房一所，计正房三间，耳房四间，巷路同走，门户各开，天境、后路俱全。坐落荃麻巷第四十九号，东至金姓地，南至董姓后墙，西至董姓花园，北至巷，四至开明载契。今甘愿当凭中证立契杜卖与待鹤堂名下为业。实接受杜价现金一千二百元整，入手亲收应用。自杜之后，任凭由姓子孙世守为业，投官印税，自坐招租，照契管业，永无异言。倘若日后有徐姓内外人等出面声言，概有徐嘉瑞一力承担。此系二比情愿，并无逼迫勉强，亦无债账准折等弊。实银实契，两相交代，恐口无凭，特立此杜契为据存照。

再者，外计有老契二张，一系董姓杜与金姓地盘纸，一系金姓杜与徐姓平房杜单，均一概交与由姓收管。

中华民国二十年二月四日

立契人：徐嘉瑞

中证人：姚仲逵　刘转坤　李张氏

介绍人：邓龚氏

代字人：段树铭

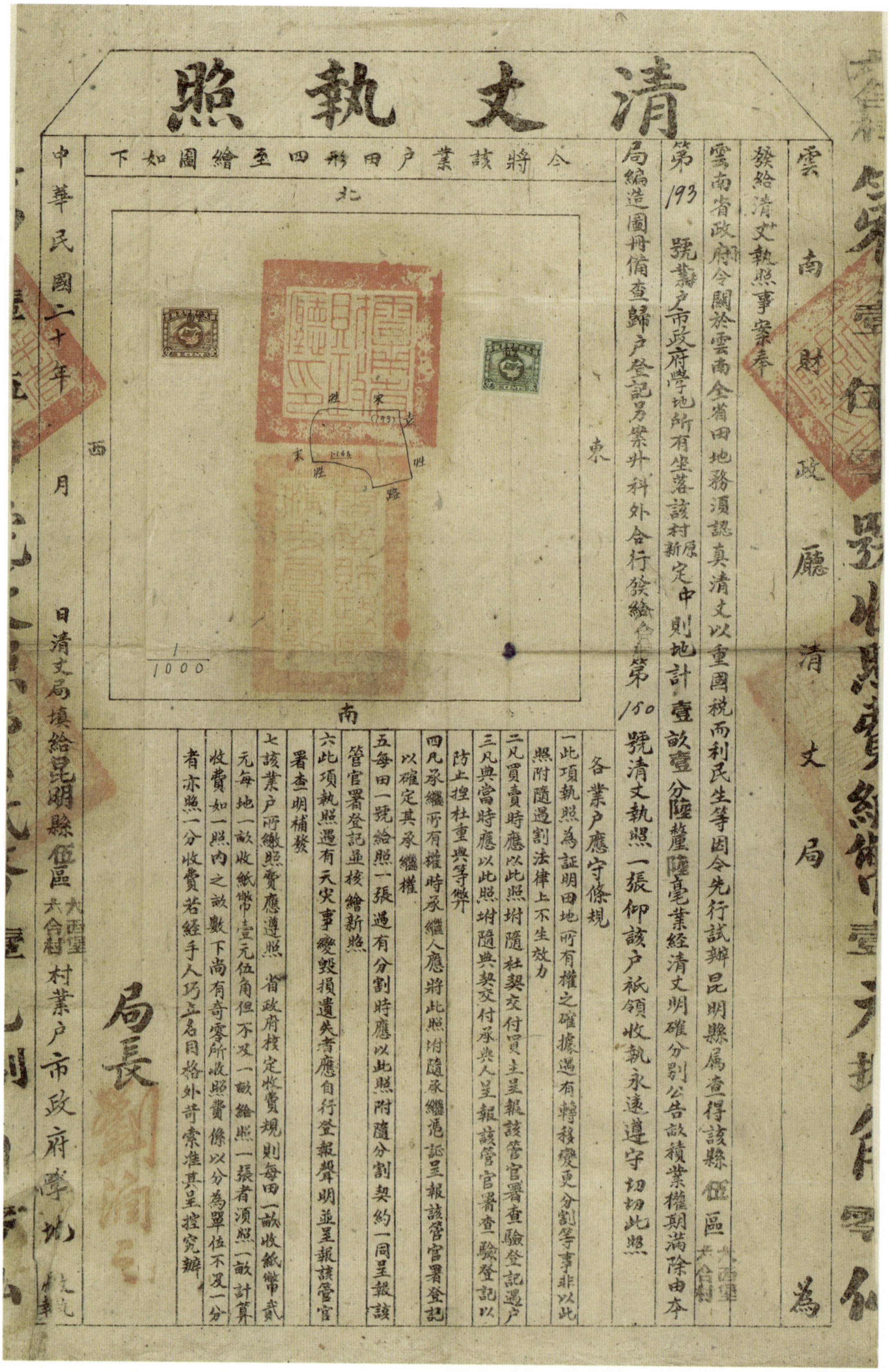

图 68　民国二十年（1931 年）市政府学地清丈执照　昆明县五区大西堡六合村（人民西路六合村）

## 清丈执照

云南财政厅清丈局为发给清丈执照事。案奉云南省政府令关于云南全省田地务须认真清丈以重国税而利民生等因，令先行试办昆明县属。查得该县五区大西堡六合村第 193 号业户市政府学地所有坐落该村原、新定中则地，计一亩一分六厘六毫，业经清丈明确，分别公告亩积业权期满，除由本局编造图册备查，归户登记另案升科外，合行发给六合村第 150 号清丈执照一张，仰该户祗领收执永远遵守，切切此照。

今将该业户田形四至绘图如下（略）。

各业户应守条规：

一、此项执照为证明田地所有权之确据，遇有转移、变更、分割等事，非以此照附随遇割，法律上不生效力。

二、凡买卖时，应以此照附随杜契交付买主呈报该管官署查验登记过户。

三、凡典当时，应以此照附随典契交付承典人呈报该管官署查验登记，以防止捏杜重典等弊。

四、凡承继所有权时，承继人应将此照附随承继凭证呈报该管官署登记，以确定其承继权。

五、每田一号给照一张，遇有分割时，应以此照附随分割契约一同呈报该管官署登记，并核绘新照。

六、此项执照遇有天灾事变毁损遗失者，应自行登报声明，并呈报该管官署查明补发。

七、该业户所缴照费应遵照省政府核定收费规则，每田一亩，收纸币二元；每地一亩，收纸币一元五角。但不及一亩，给照一张者，须照一亩计算收费。如一照内之亩数下尚有奇零，所收照费系以分为单位，不及一分者，亦照一分收费。若经手人巧立名目，格外苛索，准其呈控究辨。

局长：刘润之

中华民国二十年月日

清丈局填给昆明县五区大西堡六合村业户市政府学地收执

六合村第一五零号收照费纸币一元八角零仙

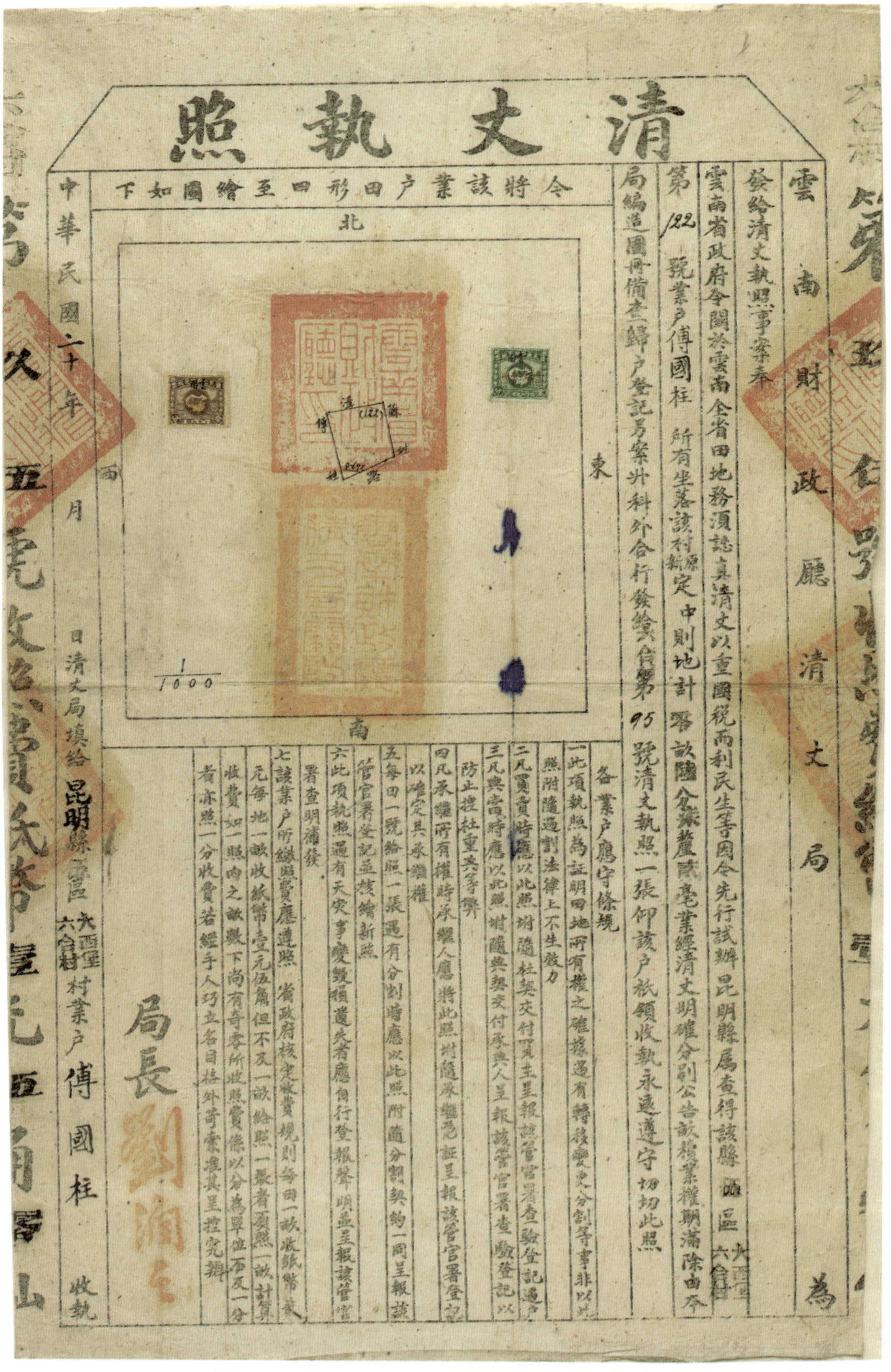

图69 民国二十年（1931年）傅国柱清文执照 昆明县五区大西堡六合村（人民西路六合村）

## 清丈执照

云南财政厅清丈局为发给清丈执照事。案奉云南省政府令关于云南全省田地务须认真清丈以重国税而利民生等因，令先行试办昆明县属。查得该县五区大西堡六合村第 122 号业户傅国柱所有坐落该村原、新定中则地，计零亩六分七厘二毫，业经清丈明确，分别公告亩积业权期满，除由本局编造图册备查，归户登记另案升科外，合行发给六合村第 95 号清丈执照一张，仰该户祇领收执永远遵守，切切此照。

今将该业户田形四至绘图如下（略）。

各业户应守条规：

一、此项执照为证明田地所有权之确据，遇有转移、变更、分割等事，非以此照附随遇割，法律上不生效力。

二、凡买卖时，应以此照附随杜契交付买主呈报该管官署查验登记过户。

三、凡典当时，应以此照附随典契交付承典人呈报该管官署查验登记，以防止捏杜重典等弊。

四、凡承继所有权时，承继人应将此照附随承继凭证呈报该管官署登记，以确定其承继权。

五、每田一号给照一张，遇有分割时，应以此照附随分割契约一同呈报该管官署登记，并核给新照。

六、此项执照遇有天灾事变毁损遗失者，应自行登报声明，并呈报该管官署查明补发。

七、该业户所缴照费应遵照省政府核定收费规则，每田一亩，收纸币二元；每地一亩，收纸币一元五角。但不及一亩，给照一张者，须照一亩计算收费。如一照内之亩数下尚有奇零，所收照费系以分为单位，不及一分者，亦照一分收费。若经手人巧立名目，格外苛索，准其呈控究辨。

局长：刘润之

中华民国二十年月日

清丈局填给昆明县五区大西堡六合村业户傅国柱收执

六合村第九五号收照费纸币一元五角零仙

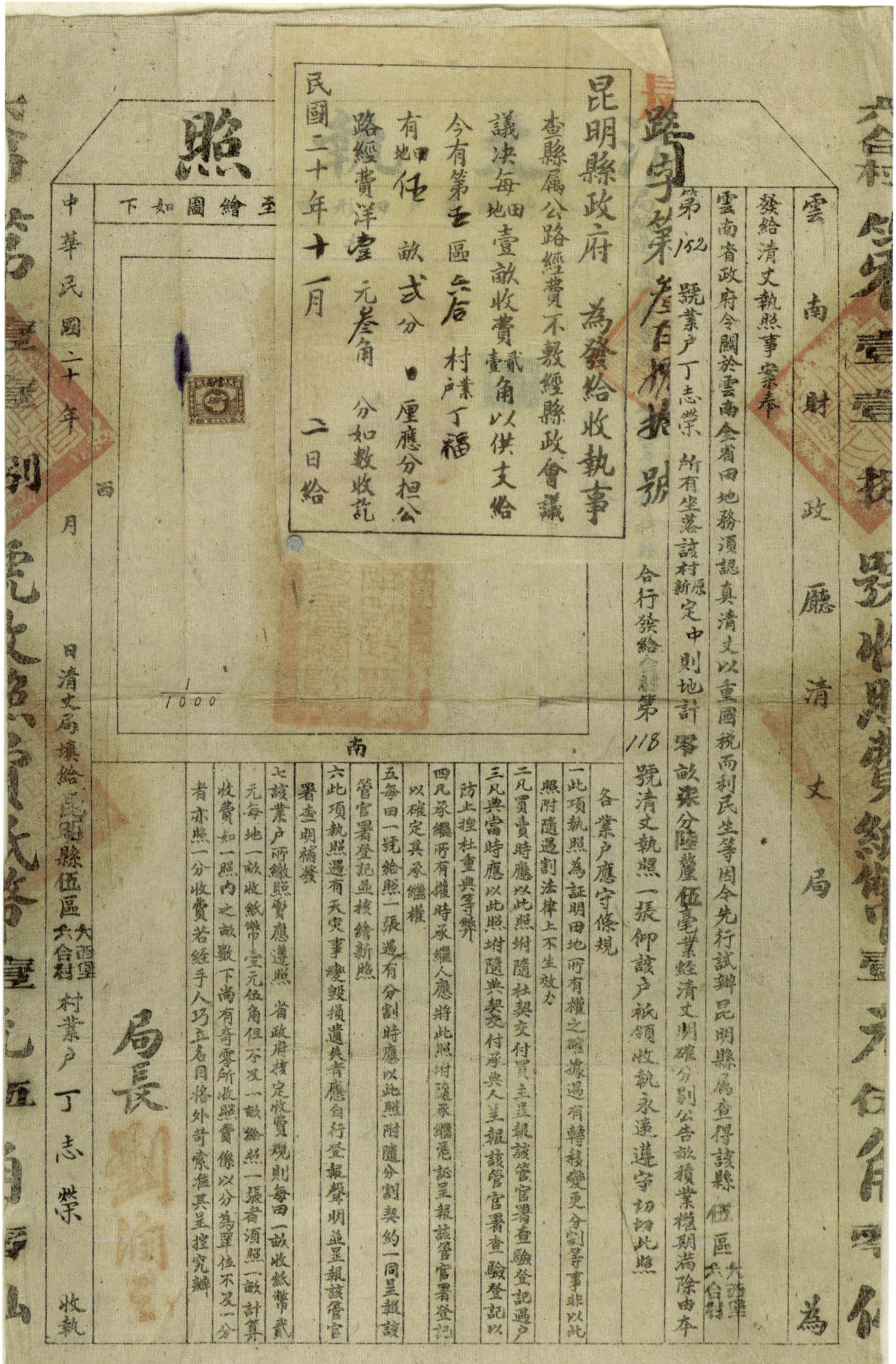

图 70　民国二十年（1931 年）丁志荣清文执照　昆明县五区大西堡六合村（人民西路六合村）

## 清丈执照

云南财政厅清丈局为发给清丈执照事。案奉云南省政府令关于云南全省田地务须认真清丈以重国税而利民生等因，令先行试办昆明县属。查得该县五区大西堡六合村第 152 号业户丁志荣所有坐落该村原、新定中则地，计零亩七分六厘五毫，业经清丈明确，分别公告亩积业权期满，除由本□□□□□□□□□合行发给六合村第 118 号清丈执照一张，仰该户祇领收执永远遵守，切切此照。

□□□□□□□□至绘图如下（略）。

各业户应守条规：

一、此项执照为证明田地所有权之确据，遇有转移、变更、分割等事，非以此照附随遇割，法律上不生效力。

二、凡买卖时，应以此照附随杜契交付买主呈报该管官署查验登记过户。

三、凡典当时，应以此照附随典契交付承典人呈报该管官署查验登记，以防止捏杜重典等弊。

四、凡承继所有权时，承继人应将此照附随承继凭证呈报该管官署登记，以确定其承继权。

五、每田一号给照一张，遇有分割时，应以此照附随分割契约一同呈报该管官署登记，并核绘新照。

六、此项执照遇有天灾事变毁损遗失者，应自行登报声明，并呈报该管官署查明补发。

七、该业户所缴照费应遵照省政府核定收费规则，每田一亩，收纸币二元；每地一亩，收纸币一元五角。但不及一亩，给照一张者，须照一亩计算收费。如一照内之亩数下尚有奇零，所收照费系以分为单位，不及一分者，亦照一分收费。若经手人巧立名目，格外苛索，准其呈控究辨。

局长：刘润之

中华民国二十年月日

清丈局填给昆明县五区大西堡六合村业户丁志荣收执

六合村第一一八号收照费纸币一元五角零仙

昆明县政府为发给收执事。

查县属公路经费不敷，经县政会议议决，每田 / 地一亩收费二 / 一角以供支给。

今有第五区六合村业户丁福有田五亩二分，应分担公路经费洋一元三角，如数收讫。

民国二十年十一月二日给

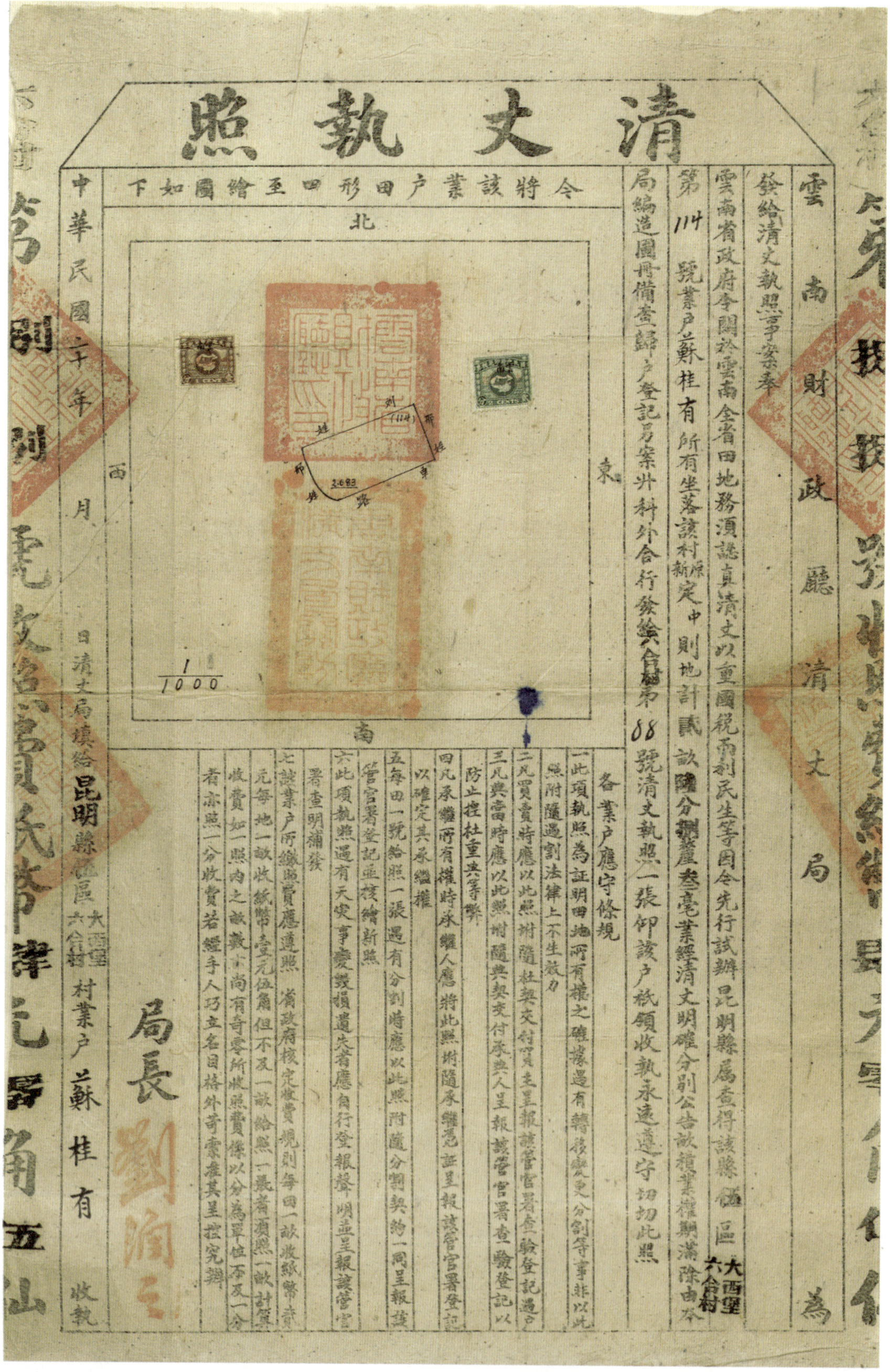

清丈執照

雲南財政廳清丈局　為
發給清丈執照事案奉
雲南省政府令開於雲南全省田地務須認真清丈以重國稅而利民生等因令先行試辦昆明縣為省會該縣五區大西堡六合村
第114號業户蘇桂有所有坐落該村原新定中則地計貳畝陸分捌厘叁毫業經清丈明確分别公告被業權期滿除由本
局編造圖冊備查歸户登記另案升科外合行發給六合村第88號清丈執照一張仰該户祗領收執永遠遵守切切此照

令將該業户田形四至繪圖如下

北　東　南　西

1/1000

各業户應守條規
一此項執照為証明田地所有權之確據遇有轉移變更分割等事非以此照附隨過割法律上不生效力
二凡買賣時應以此照附隨杜契交付買主呈報該管官署查驗登記遇有
三凡典當時應以此照附隨典契交付承典人呈報該管官署查驗登記以防止控杜重典等弊
四凡承繼所有權時承繼人應將此照附隨承繼憑証呈報該管官署登記以確定其承繼權
五每田一號給照一張遇有分割時應以此照附隨分割契約一同呈報該管官署登記並換繪新照
六此項執照遇有天災事變毀損遺失者應自行登報聲明並呈報該管官署查明補發
七該業户所繳照費應遵照省政府核定收費規則每田一畝收紙幣壹元伍角但不及一畝給照一張者須照一畝計算收費如一照内之畝數下尚有奇零所收照費僅以分為單位不及一分者亦照一分收費若經手人巧立名目格外苛索准其呈控究辦

中華民國二十年　月　日清丈局填給昆明縣五區大西堡六合村業户蘇桂有　收執

局長　劉潤

图71　民国二十年（1931年）苏桂有清丈执照　昆明县五区大西堡六合村（人民西路六合村）

## 清丈执照

云南财政厅清丈局为发给清丈执照事。案奉云南省政府令关于云南全省田地务须认真清丈以重国税而利民生等因，令先行试办昆明县属。查得该县五区大西堡六合村第 114 号业户苏桂有所有坐落该村原、新定中则地，计二亩六分八厘三毫，业经清丈明确，分别公告亩积业权期满，除由本局编造图册备查，归户登记另案升科外，合行发给六合村第 88 号清丈执照一张，仰该户祇领收执永远遵守，切切此照。

今将该业户田形四至绘图如下（略）。

各业户应守条规：

一、此项执照为证明田地所有权之确据，遇有转移、变更、分割等事，非以此照附随遇割，法律上不生效力。

二、凡买卖时，应以此照附随杜契交付买主呈报该管官署查验登记过户。

三、凡典当时，应以此照附随典契交付承典人呈报该管官署查验登记，以防止捏杜重典等弊。

四、凡承继所有权时，承继人应将此照附随承继凭证呈报该管官署登记，以确定其承继权。

五、每田一号给照一张，遇有分割时，应以此照附随分割契约一同呈报该管官署登记，并核绘新照。

六、此项执照遇有天灾事变毁损遗失者，应自行登报声明，并呈报该管官署查明补发。

七、该业户所缴照费应遵照省政府核定收费规则，每田一亩，收纸币二元；每地一亩，收纸币一元五角。但不及一亩，给照一张者，须照一亩计算收费。如一照内之亩数下尚有奇零，所收照费系以分为单位，不及一分者，亦照一分收费。若经手人巧立名目，格外苛索，准其呈控究辨。

局长：刘润之

中华民国二十年月日

清丈局填给昆明县五区大西堡六合村业户苏桂有收执

六合村第八八号收照费纸币四元五仙

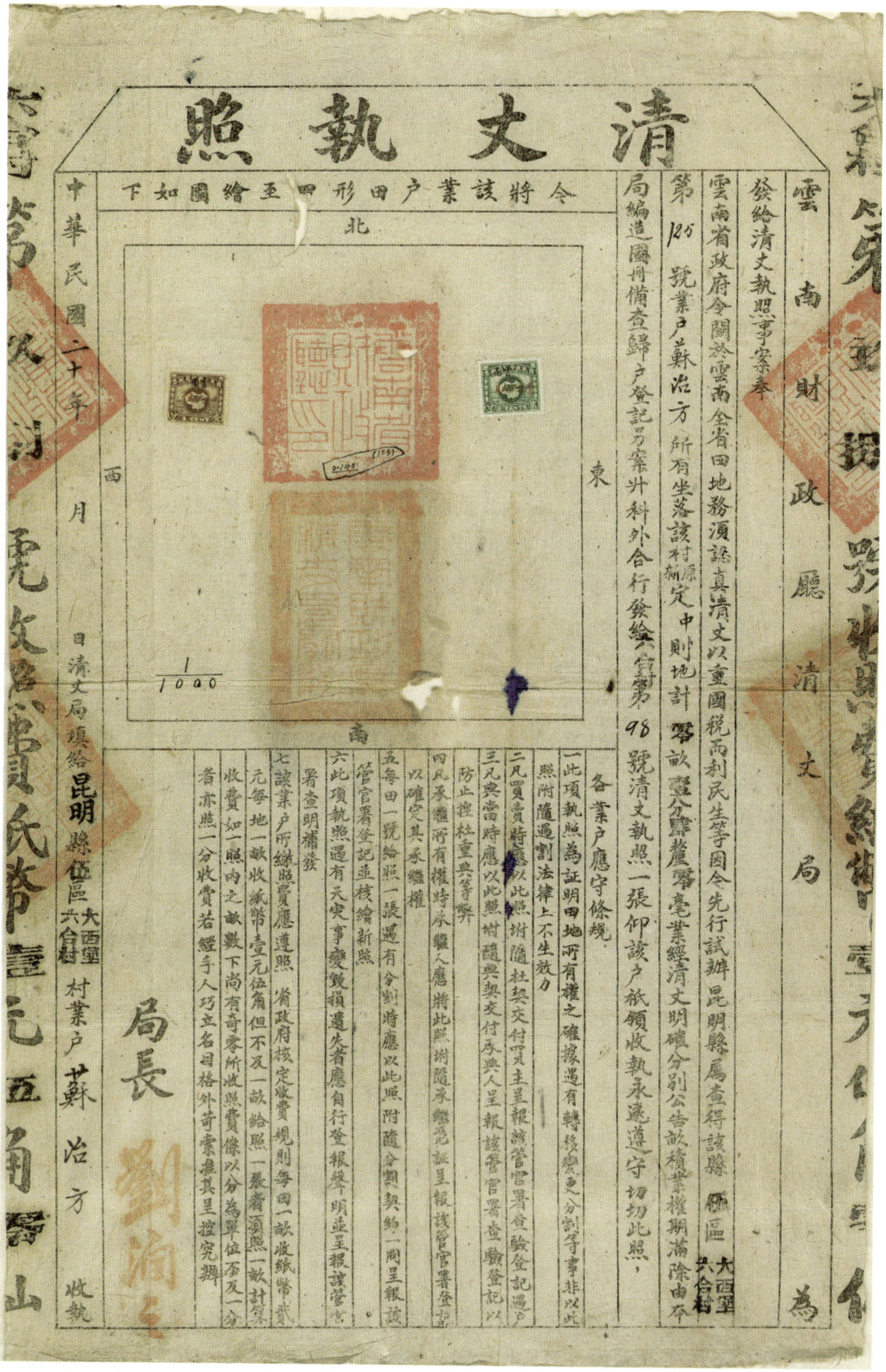

# 清丈執照

雲南財政廳清文局　為

發給清文執照事案奉

雲南省政府令關於雲南全省田地務須認真清丈以重國稅而利民生等因令先行試辦昆明縣屬查得該縣伍區大西堡六合村

第125號業户蘇治方所有坐落該村原額定中則地計零畝壹分肆釐零毫業經清丈明確分別公告畝積業權期滿除由本

局編造圖冊備查歸户登記另案升科外合行發給第98號清丈執照一張仰該户祗領收執永遠遵守切切此照

令將該業户田形四至繪圖如下

北　東　南　西

1/1000

各業户應守條規

一　此項執照為證明田地所有權之確據遇有轉移變更分割等事非以此照附隨過割法律上不生效力

二　凡買賣時須以此照附隨杜契交付買主呈報該管官署查驗登記遇户

三　凡典當時應以此照附隨典契交付承典人呈報該管官署查驗登記以防止捏杜重典等弊

四　凡承繼所有權時承繼人應將此照附隨承繼憑證呈報該管官署登記以確定其承繼權

五　每田一號給照一張遇有分割時應以此照附隨分割契約一周呈報該管官署登記並核繪新照

六　此項執照遇有天災事變毀損遺失者應自行登報聲明並呈報該管官署查明補發

七　該業户所繳照費應遵照省政府核定收費規則每田一畝收紙幣貳元每地一畝收紙幣壹元伍角但不及一畝給照一張者須照一畝計算收費如一照內之畝數下尚有奇零所收照費係以分為單位不及一分者亦照一分收費若經手人巧立名目格外苛索准其呈控究辦

中華民國二十年　月　日清文局填給昆明縣伍區大西堡六合村村業户蘇治方收執

局長　劉

图72　民国二十年（1931年）苏治方清丈执照　昆明县五区大西堡六合村（人民西路六合村）

## 清丈执照

云南财政厅清丈局为发给清丈执照事。案奉云南省政府令关于云南全省田地务须认真清丈以重国税而利民生等因，令先行试办昆明县属。查得该县五区大西堡六合村第 125 号业户苏治方所有坐落该村原、新定中则地，计零亩一分四厘零毫，业经清丈明确，分别公告亩积业权期满，除由本局编造图册备查，归户登记另案升科外，合行发给六合村第 98 号清丈执照一张，仰该户祇领收执永远遵守，切切此照。

今将该业户田形四至绘图如下（略）。

各业户应守条规：

一、此项执照为证明田地所有权之确据，遇有转移、变更、分割等事，非以此照附随遇割，法律上不生效力。

二、凡买卖时，应以此照附随杜契交付买主呈报该管官署查验登记过户。

三、凡典当时，应以此照附随典契交付承典人呈报该管官署查验登记，以防止捏杜重典等弊。

四、凡承继所有权时，承继人应将此照附随承继凭证呈报该管官署登记，以确定其承继权。

五、每田一号给照一张，遇有分割时，应以此照附随分割契约一同呈报该管官署登记，并核绘新照。

六、此项执照遇有天灾事变毁损遗失者，应自行登报声明，并呈报该管官署查明补发。

七、该业户所缴照费应遵照省政府核定收费规则，每田一亩，收纸币二元；每地一亩，收纸币一元五角。但不及一亩，给照一张者，须照一亩计算收费。如一照内之亩数下尚有奇零，所收照费系以分为单位，不及一分者，亦照一分收费。若经手人巧立名目，格外苛索，准其呈控究辨。①

局长：刘润之

中华民国二十年月日

清丈局填给昆明县五区大西堡六合村业户苏治方收执

六合村第九六号收照费纸币一元五角零仙

---

① 眉批：照列亩积错误，应照册造亩积价值，发给六分七厘一毛地价。苏益三印。

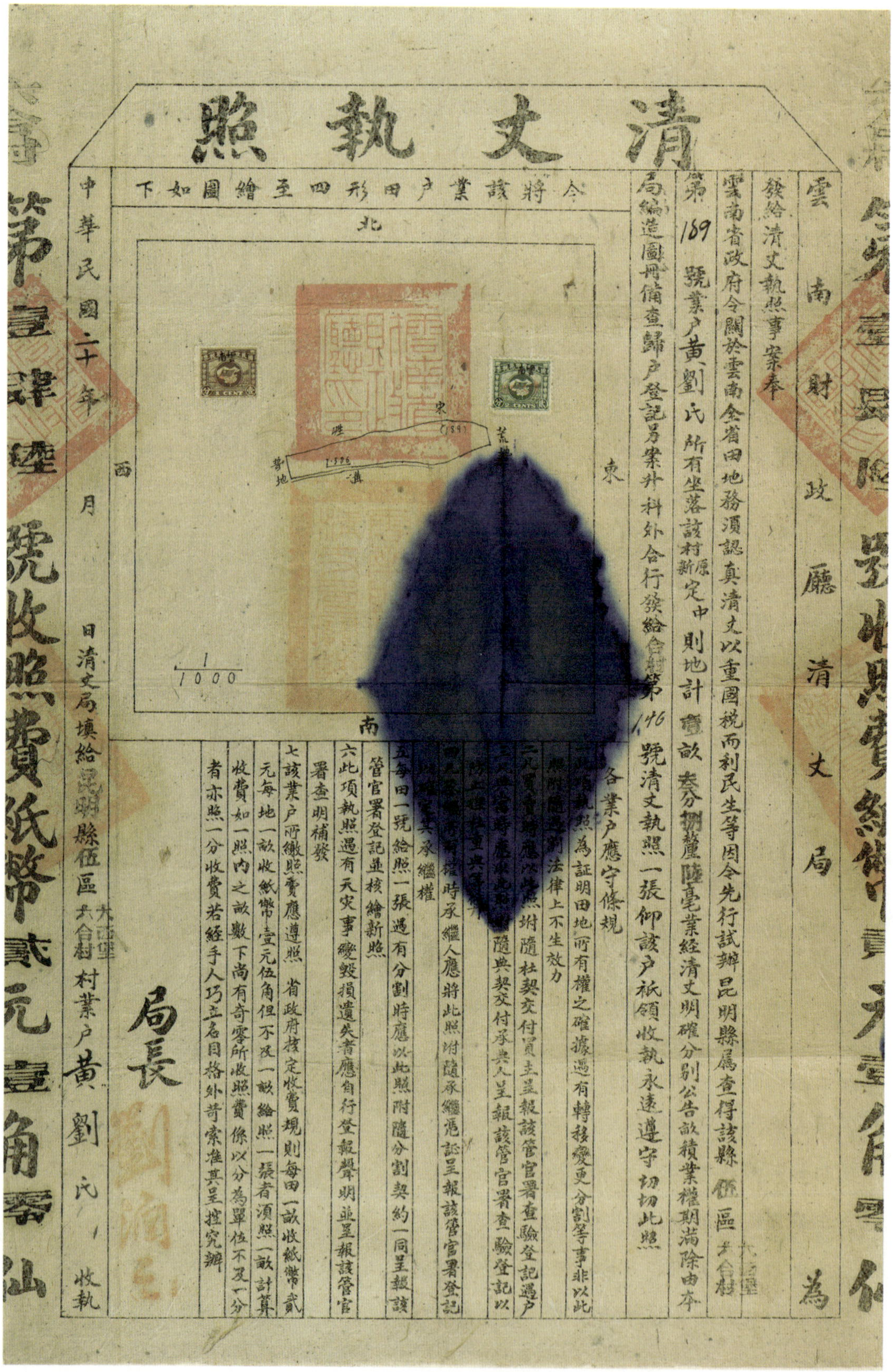

第壹肆陸號收照費紙幣貳元壹角零仙

清丈執照

雲南財政廳清丈局　為

發給清丈執照事案奉

雲南省政府令關於雲南全省田地務須認真清丈以重國稅而利民生等因令先行試辦昆明縣屬查得該縣伍區大西堡六合村

第189號業户黃劉氏所有坐落該村原新定中則地計壹畝叁分捌釐陸毫業經清丈明確分别公告畝積業權期滿除由本

局編造圖冊備查歸户登記另案升科外合行發給合字第146號清丈執照一張仰該户祇領收執永遠遵守切切此照

今將該業户田形四至繪圖如下



各業户應守條規

一 此項執照為証明田地所有權之確據遇有轉移變更分割等事非以此照附隨者在法律上不生效力

二 凡買賣田地應以此照附隨杜契交付買主並報該管官署查驗登記遇户[illegible]

三 凡典當[illegible]時應將此照附隨典契交付承典人並報該管官署查驗登記以[illegible]

四 [illegible]時承繼人應將此照附隨承繼憑証呈報該管官署登記

五 每田一號給照一張遇有分割時應以此照附隨分割契約一同呈報該管官署登記並核繪新照

六 此項執照遇有天災事變毀損遺失者應自行登報聲明並呈報該管官署查明補發

七 該業户所繳照費應遵照省政府核定收費規則每田一畝收紙幣貳元每地一畝收紙幣壹元伍角但不及一畝給照一張者須照一畝計算收費如一照內之畝數下尚有奇零所收照費係以分為單位不及一分者亦照一分收費若經手人巧立名目格外苛索准其呈控究辦

中華民國二十年　月　日清丈局填給昆明縣伍區大西堡六合村村業户黃劉氏　收執

局長

图 73　民国二十年（1931 年）黄刘氏清丈执照　昆明县五区大西堡六合村（人民西路六合村）

## 清丈执照

云南财政厅清丈局为发给清丈执照事。案奉云南省政府令关于云南全省田地务须认真清丈以重国税而利民生等因，令先行试办昆明县属。查得该县五区大西堡六合村第 189 号业户黄刘氏所有坐落该村原、新定中则地，计一亩三分八厘六毫，业经清丈明确，分别公告亩积业权期满，除由本局编造图册备查，归户登记另案升科外，合行发给六合村第 146 号清丈执照一张，仰该户祇领收执永远遵守，切切此照。

今将该业户田形四至绘图如下（略）。

各业户应守条规：

□□□□□照为证明田地所有权之确据，遇有转移、变更、分割等事，非以此□□□□□法律上不生效力。

□□□□□照附随杜契交付买主呈报该管官署查验登记过户。

□□□□□随典契交付承典人呈报该管官署查验登记，以防止捏□□□□□

□□□□□时，承继人应将此照附随承继凭证呈报该管官署登记，□□□其承继权。

□每田一号给照一张，遇有分割时，应以此照附随分割契约一同呈报该管官署登记，并核绘新照。

六、此项执照遇有天灾事变毁损遗失者，应自行登报声明，并呈报该管官署查明补发。

七、该业户所缴照费应遵照省政府核定收费规则，每田一亩，收纸币二元；每地一亩，收纸币一元五角。但不及一亩，给照一张者，须照一亩计算收费。如一照内之亩数下尚有奇零，所收照费系以分为单位，不及一分者，亦照一分收费。若经手人巧立名目，格外苛索，准其呈控究辨。

局长：刘润之

中华民国二十年月日

清丈局填给昆明县五区大西堡六合村业户黄刘氏收执

六合村第一四六号收照费纸币二元一角零仙

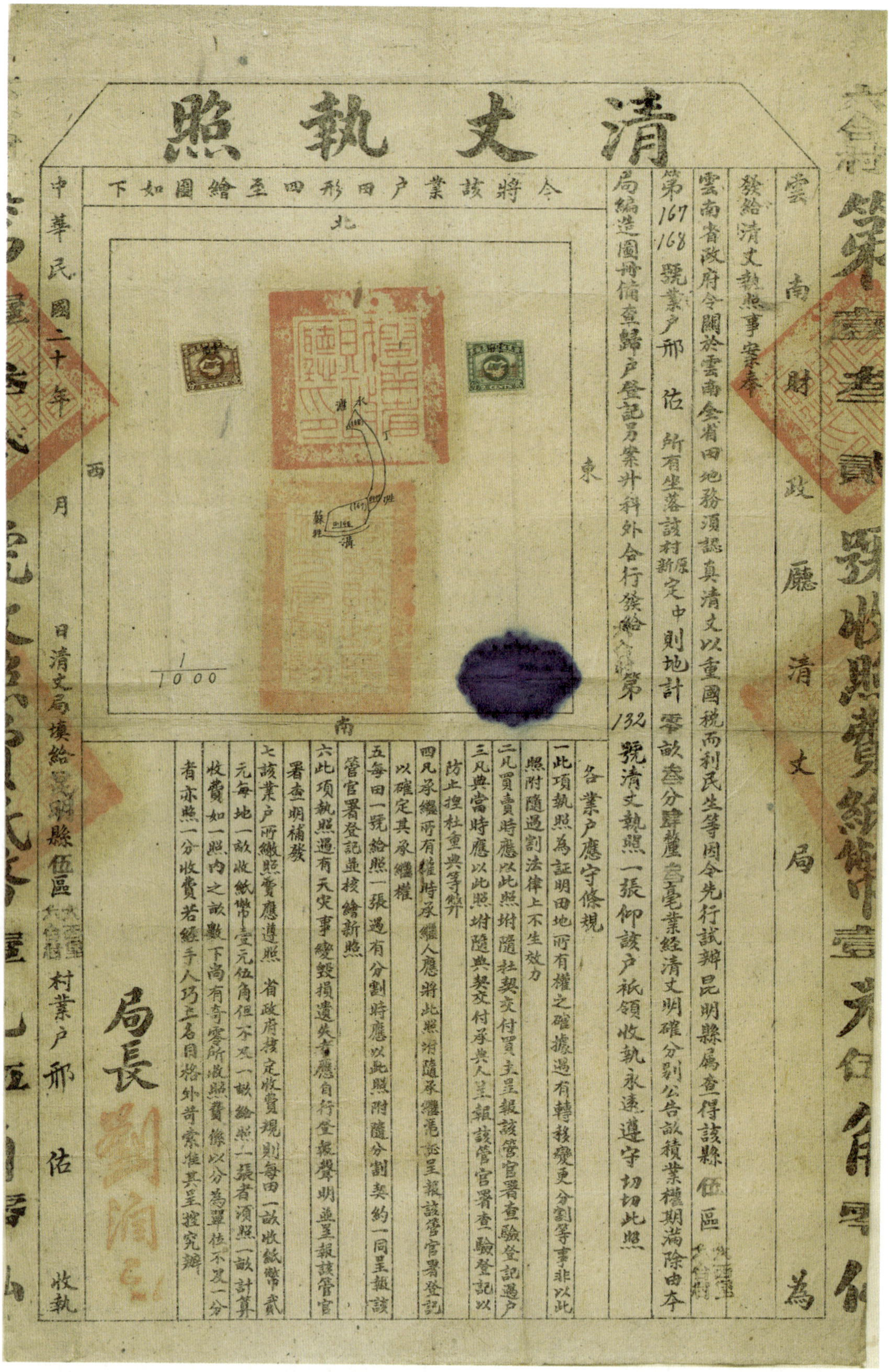

图 74　民国二十年（1931 年）邢佑清丈执照　昆明县五区大西堡六合村（人民西路六合村）

## 清丈执照

云南财政厅清丈局为发给清丈执照事。案奉云南省政府令关于云南全省田地务须认真清丈以重国税而利民生等因，令先行试办昆明县属。查得该县五区大西堡六合村第 167、168 号业户邢佑所有坐落该村原、新定中则地，计零亩三分四厘三毫，业经清丈明确，分别公告亩积业权期满，除由本局编造图册备查，归户登记另案升科外，合行发给六合村第 132 号清丈执照一张，仰该户祇领收执永远遵守，切切此照。

今将该业户田形四至绘图如下（略）。

各业户应守条规：

一、此项执照为证明田地所有权之确据，遇有转移、变更、分割等事，非以此照附随遇割，法律上不生效力。

二、凡买卖时，应以此照附随杜契交付买主呈报该管官署查验登记过户。

三、凡典当时，应以此照附随典契交付承典人呈报该管官署查验登记，以防止捏杜重典等弊。

四、凡承继所有权时，承继人应将此照附随承继凭证呈报该管官署登记，以确定其承继权。

五、每田一号给照一张，遇有分割时，应以此照附随分割契约一同呈报该管官署登记，并核绘新照。

六、此项执照遇有天灾事变毁损遗失者，应自行登报声明，并呈报该管官署查明补发。

七、该业户所缴照费应遵照省政府核定收费规则，每田一亩，收纸币二元；每地一亩，收纸币一元五角。但不及一亩，给照一张者，须照一亩计算收费。如一照内之亩数下尚有奇零，所收照费系以分为单位，不及一分者，亦照一分收费。若经手人巧立名目，格外苛索，准其呈控究辨。

局长：刘润之

中华民国二十年月日

清丈局填给昆明县五区大西堡六合村业户邢佑收执

六合村第一三二号收照费纸币一元五角零仙

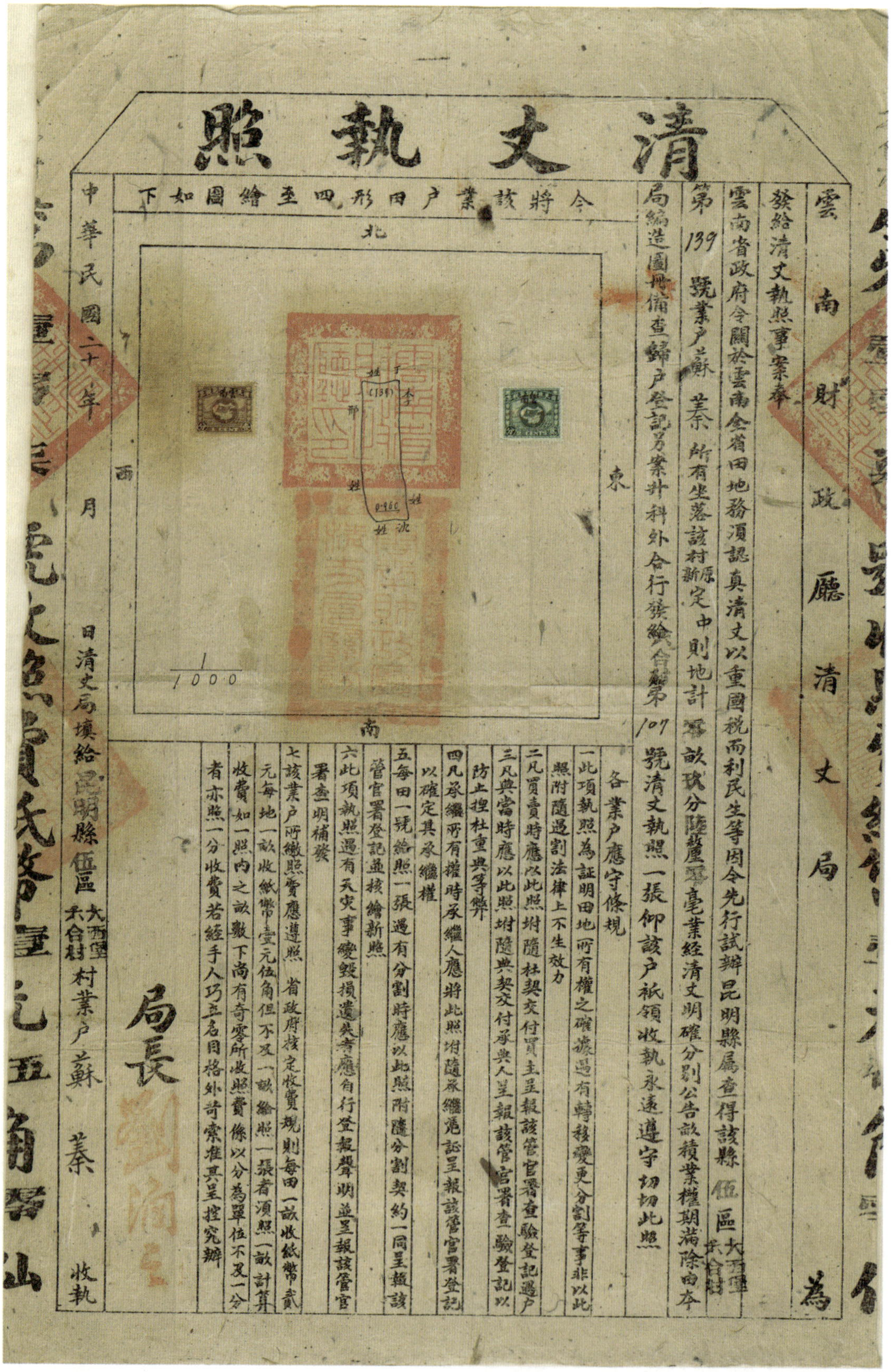


图 75 民国二十年（1931 年）苏蓁清丈执照 昆明县五区大西堡六合村（人民西路六合村）

## 清丈执照

云南财政厅清丈局为发给清丈执照事。案奉云南省政府令关于云南全省田地务须认真清丈以重国税而利民生等因，令先行试办昆明县属。查得该县五区大西堡六合村第 139 号业户苏蓁所有坐落该村原、新定中则地，计零亩九分六厘零毫，业经清丈明确，分别公告亩积业权期满，除由本局编造图册备查，归户登记另案升科外，合行发给六合村第 107 号清丈执照一张，仰该户祇领收执永远遵守，切切此照。

今将该业户田形四至绘图如下（略）。

各业户应守条规：

一、此项执照为证明田地所有权之确据，遇有转移、变更、分割等事，非以此照附随遇割，法律上不生效力。

二、凡买卖时，应以此照附随杜契交付买主呈报该管官署查验登记过户。

三、凡典当时，应以此照附随典契交付承典人呈报该管官署查验登记，以防止捏杜重典等弊。

四、凡承继所有权时，承继人应将此照附随承继凭证呈报该管官署登记，以确定其承继权。

五、每田一号给照一张，遇有分割时，应以此照附随分割契约一同呈报该管官署登记，并核绘新照。

六、此项执照遇有天灾事变毁损遗失者，应自行登报声明，并呈报该管官署查明补发。

七、该业户所缴照费应遵照省政府核定收费规则，每田一亩，收纸币二元；每地一亩，收纸币一元五角。但不及一亩，给照一张者，须照一亩计算收费。如一照内之亩数十尚有奇零，所收照费系以分为单位，不及一分者，亦照一分收费。若经手人巧立名目，格外苛索，准其呈控究辨。

局长：刘润之

中华民国二十年月日

清丈局填给昆明县五区大西堡六合村业户苏蓁收执

六合村第□□□号收照费纸币一元五角零仙

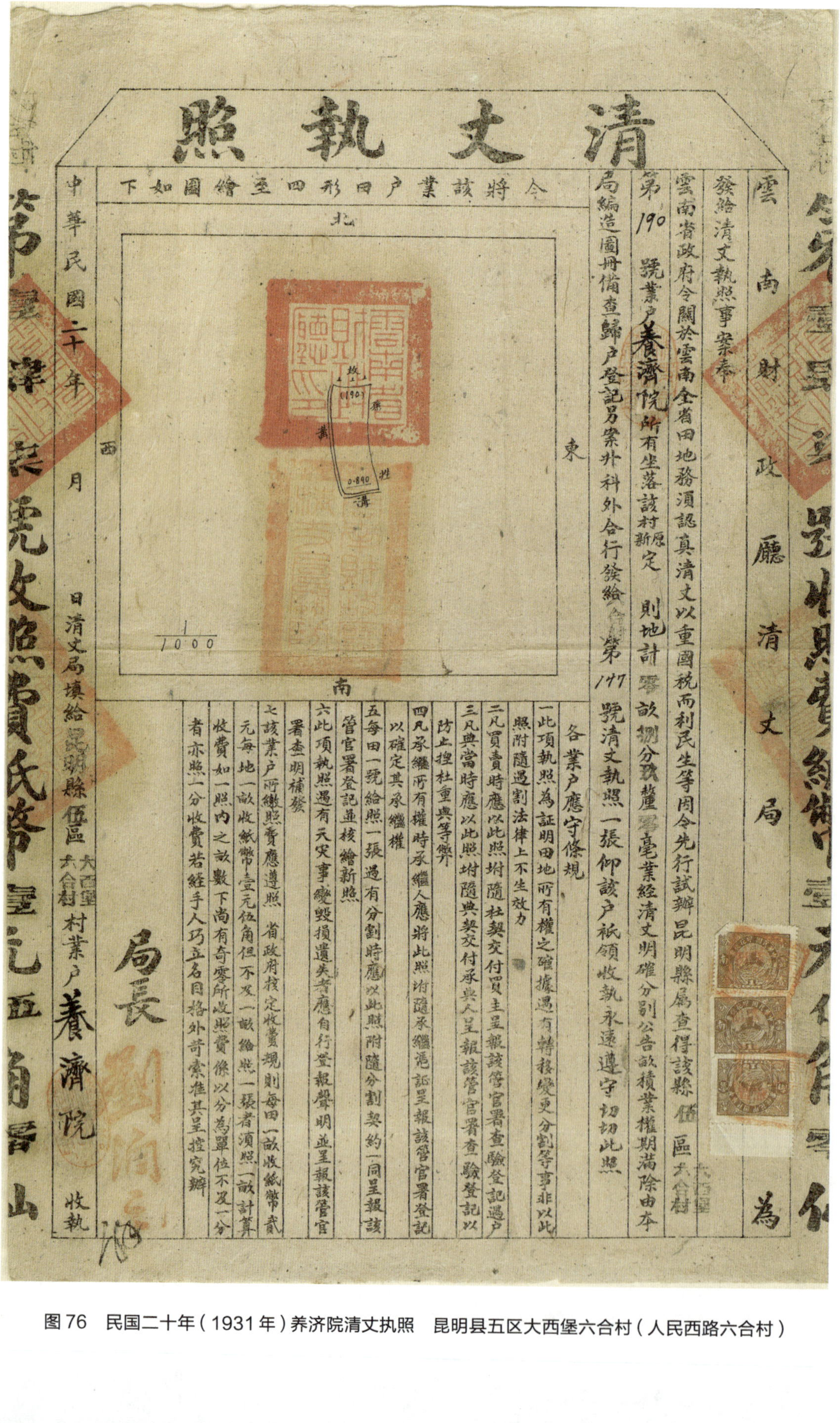
清丈執照

雲南財政廳清丈局　為

發給清丈執照事案奉

雲南省政府令關於雲南全省田地務須認真清丈以重國稅而利民生等因令先行試辦昆明縣屬查得該縣伍區大西堡六合村

第190號業户養濟院所有坐落該村原定新定則地計零畝捌分玖釐零毫業經清丈明確分別公告畝積業權期滿除由本

局編造圖冊備查歸户登記另案外科外合行發給合第147號清丈執照一張仰該户祇領收執永遠遵守切切此照

今將該業户田形四至繪圖如下

北　東　西　南

1/1000

各業户應守條規

一此項執照為証明田地所有權之確據遇有特移變更分割等事非以此照附隨過割法律上不生效力

二凡買賣時應以此照附隨杜契交付買主呈報該管官署查驗登記過户

三凡典當時應以此照附隨典契交付承典人呈報該管官署查驗登記以防止捏杜重典等弊

四凡承繼所有權時承繼人應將此照附隨承繼憑証呈報該管官署登記以確定其承繼權

五每田一號給照一張遇有分割時應以此照附隨分割契約一同呈報該管官署登記並核繪新照

六此項執照遇有天災事變毀損遺失者應自行登報聲明並呈報該管官署查明補發

七該業户所繳照費應遵照　省政府核定收費規則每田一畝收紙幣貳元每地一畝收紙幣壹元伍角但不及一畝給照一張者須照一畝計算收費如一照內之畝數下尚有奇零所收照費係以分為單位不及一分者亦照一分收費若經手人巧立名目格外苛索准其呈控究辦

中華民國二十年　月　日清丈局填給昆明縣伍區大西堡六合村村業户養濟院收執

局長

图76　民国二十年（1931年）养济院清丈执照　昆明县五区大西堡六合村（人民西路六合村）

## 清丈执照

云南财政厅清丈局为发给清丈执照事。案奉云南省政府令关于云南全省田地务须认真清丈以重国税而利民生等因，令先行试办昆明县属。查得该县五区大西堡六合村第 190 号业户养济院所有坐落该村原、新定□则地，计零亩八分九厘零毫，业经清丈明确，分别公告亩积业权期满，除由本局编造图册备查，归户登记另案升科外，合行发给六合村第 147 号清丈执照一张，仰该户祇领收执永远遵守，切切此照。

今将该业户田形四至绘图如下（略）。

各业户应守条规：

一、此项执照为证明田地所有权之确据，遇有转移、变更、分割等事，非以此照附随遇割，法律上不生效力。

二、凡买卖时，应以此照附随杜契交付买主呈报该管官署查验登记过户。

三、凡典当时，应以此照附随典契交付承典人呈报该管官署查验登记，以防止捏杜重典等弊。

四、凡承继所有权时，承继人应将此照附随承继凭证呈报该管官署登记，以确定其承继权。

五、每田一号给照一张，遇有分割时，应以此照附随分割契约一同呈报该管官署登记，并核绘新照。

六、此项执照遇有天灾事变毁损遗失者，应自行登报声明，并呈报该管官署查明补发。

七、该业户所缴照费应遵照省政府核定收费规则，每田一亩，收纸币二元；每地一亩，收纸币一元五角。但不及一亩，给照一张者，须照一亩计算收费。如一照内之亩数下尚有奇零，所收照费系以分为单位，不及一分者，亦照一分收费。若经手人巧立名目，格外苛索，准其呈控究辨。

局长：刘润之

中华民国二十年月日

清丈局填给昆明县五区大西堡六合村业户养济院收执

六合村第一四七号收照费纸币一元五角零仙

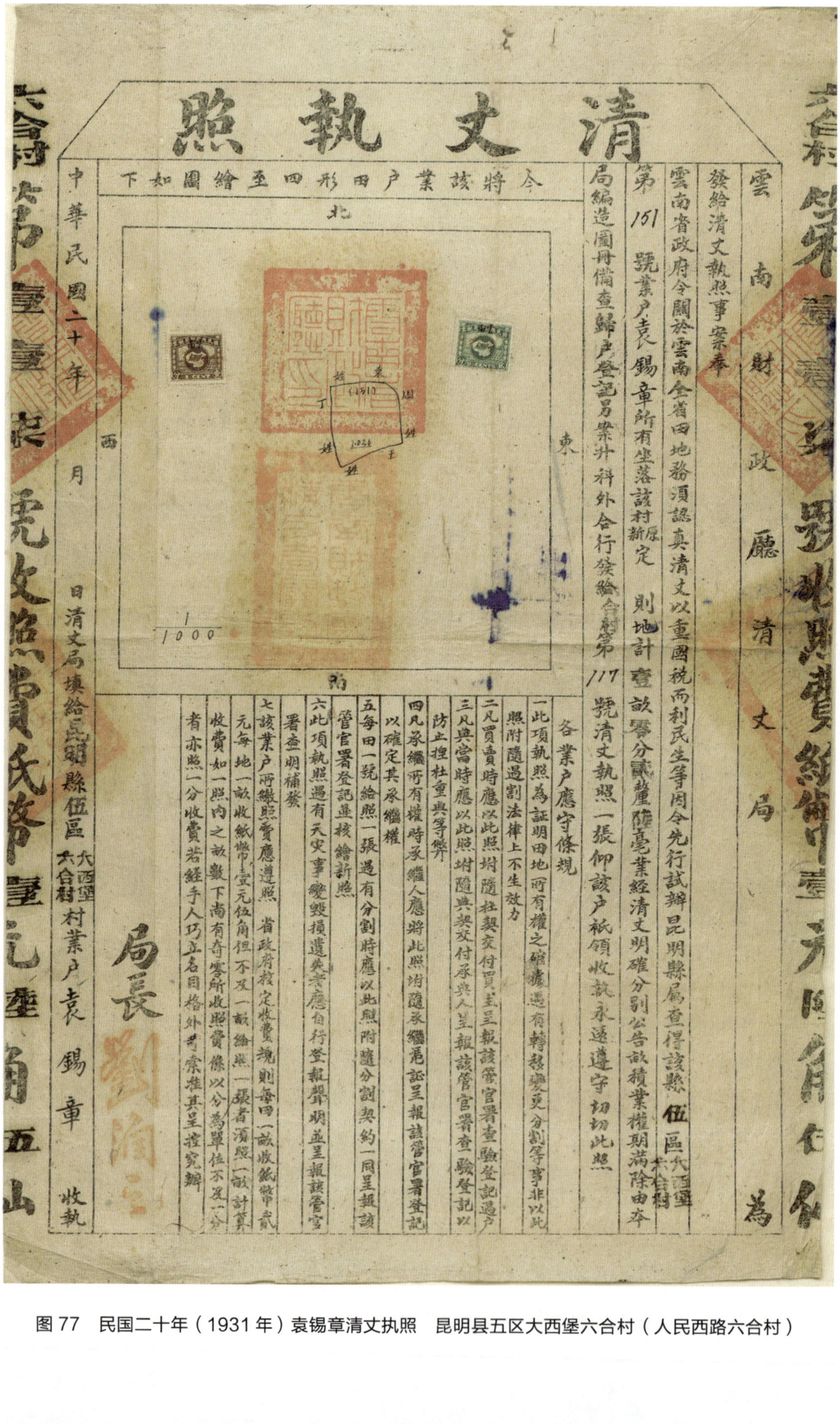
清文執照

雲南財政廳清文局　為

發給清文執照事案奉

雲南省政府令關於雲南全省田地務須認真清丈以重國税而利民生等因令先行試辦昆明縣屬查得該縣伍區大西堡六合村

第151號業戶袁錫章所有坐落該村新原定則地計壹畝零分貳釐肆毫業經清丈明確分别公告畝積業權期滿除由本

局編造圖冊備查歸戶登記另案升科外合行發給本村第117號清文執照一張仰該户祇領收執永遠遵守切切此照

今將該業戶田形四至繪圖如下

各業戶應守條規

一此項執照為証明田地所有權之確據遇有轉移變更分割等事非以此照附隨過割法律上不生效力

二凡買賣時應以此照附隨杜契交付買主呈報該管官署查驗登記遇户

三凡典當時應以此照附隨典契交付承典人呈報該管官署查驗登記以防止捏杜重典等弊

四凡承繼所有權時承繼人應將此照附隨承繼憑証呈報該管官署登記以確定其承繼權

五每田一號給照一張遇有分割時應以此照附隨分割契約一同呈報該管官署登記並核繪新照

六此項執照遇有天災事變毁損遺失者應自行登報聲明並呈報該管官署查明補發

七該業戶所繳照費應遵照省政府核定收費規則每田一畝收紙幣壹元每地一畝收紙幣壹元伍角但不及一畝者一張者須照一畝計算收費如一照内之畝數下尚有奇零所收照費係以分為單位不及一分者亦照一分收費若經手人巧立名目格外苛索准其呈控究辦

中華民國二十年　月　日清文局填給昆明縣伍區大西堡六合村村業户袁錫章收執

局長

圖77　民國二十年（1931年）袁锡章清文执照　昆明县五区大西堡六合村（人民西路六合村）

## 清丈执照

云南财政厅清丈局为发给清丈执照事。案奉云南省政府令关于云南全省田地务须认真清丈以重国税而利民生等因，令先行试办昆明县属。查得该县五区大西堡六合村第 151 号业户袁锡章所有坐落该村原、新定☐则地，计一亩零分二厘六毫，业经清丈明确，分别公告亩积业权期满，除由本局编造图册备查，归户登记另案升科外，合行发给六合村第 117 号清丈执照一张，仰该户祇领收执永远遵守，切切此照。

今将该业户田形四至绘图如下（略）。

各业户应守条规：

一、此项执照为证明田地所有权之确据，遇有转移、变更、分割等事，非以此照附随遇割，法律上不生效力。

二、凡买卖时，应以此照附随杜契交付买主呈报该管官署查验登记过户。

三、凡典当时，应以此照附随典契交付承典人呈报该管官署查验登记，以防止捏杜重典等弊。

四、凡承继所有权时，承继人应将此照附随承继凭证呈报该管官署登记，以确定其承继权。

五、每田一号给照一张，遇有分割时，应以此照附随分割契约一同呈报该管官署登记，并核绘新照。

六、此项执照遇有天灾事变毁损遗失者，应自行登报声明，并呈报该管官署查明补发。

七、该业户所缴照费应遵照省政府核定收费规则，每田一亩，收纸币二元；每地一亩，收纸币一元五角。但不及一亩，给照一张者，须照一亩计算收费。如一照内之亩数下尚有奇零，所收照费系以分为单位，不及一分者，亦照一分收费。若经手人巧立名目，格外苛索，准其呈控究辨。

局长：刘润之

中华民国二十年月日

清丈局填给昆明县五区大西堡六合村业户袁锡章收执

六合村第一一七号收照费纸币一元六角五仙

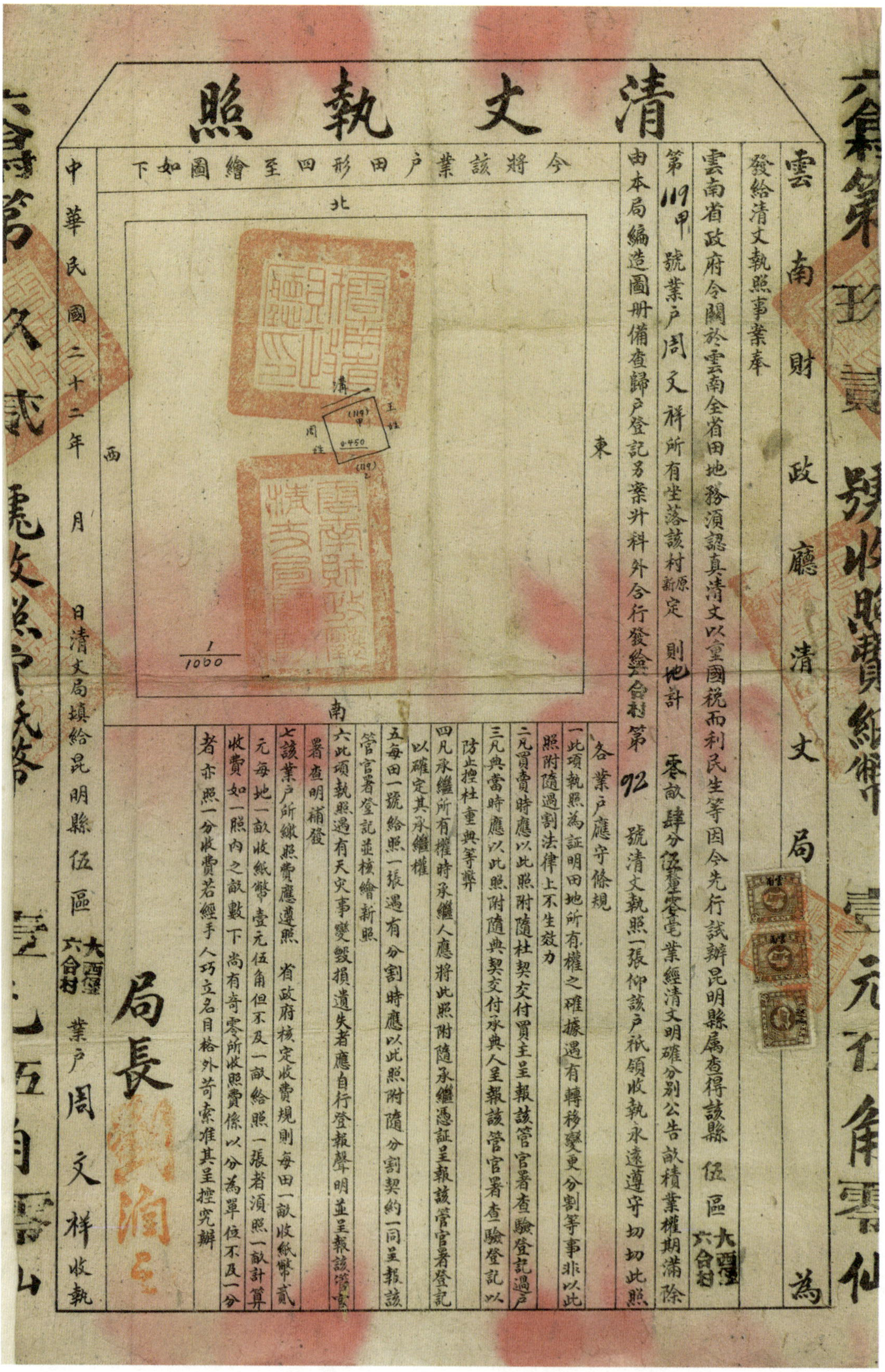

图 78　民国二十二年（1933 年）周文祥清丈执照　昆明县五区大西堡六合村（人民西路六合村）

## 清丈执照

云南财政厅清丈局为发给清丈执照事。案奉云南省政府令关于云南全省田地务须认真清丈以重国税而利民生等因，令先行试办昆明县属。查得该县五区大西堡六合村第 119 甲号业户周文祥所有坐落该村原、新定□则地，计零亩四分五厘零毫，业经清丈明确，分别公告亩积业权期满，除由本局编造图册备查，归户登记另案升科外，合行发给六合村第 92 号清丈执照一张，仰该户祇领收执永远遵守，切切此照。

今将该业户田形四至绘图如下（略）。

各业户应守条规：

一、此项执照为证明田地所有权之确据，遇有转移、变更、分割等事，非以此照附随遇割，法律上不生效力。

二、凡买卖时，应以此照附随杜契交付买主呈报该管官署查验登记过户。

三、凡典当时，应以此照附随典契交付承典人呈报该管官署查验登记，以防止捏杜重典等弊。

四、凡承继所有权时，承继人应将此照附随承继凭证呈报该管官署登记，以确定其承继权。

五、每田一号给照一张，遇有分割时，应以此照附随分割契约一同呈报该管官署登记，并核绘新照。

六、此项执照遇有天灾事变毁损遗失者，应自行登报声明，并呈报该管官署查明补发。

七、该业户所缴照费应遵照省政府核定收费规则，每田一亩，收纸币二元；每地一亩，收纸币一元五角。但不及一亩，给照一张者，须照一亩计算收费。如一照内之亩数下尚有奇零，所收照费系以分为单位，不及一分者，亦照一分收费。若经手人巧立名目，格外苛索，准其呈控究辨。

局长：刘润之

中华民国二十二年月日

清丈局填给昆明县五区大西堡六合村业户周文祥收执

六合村第九二号收照费纸币一元五角零仙

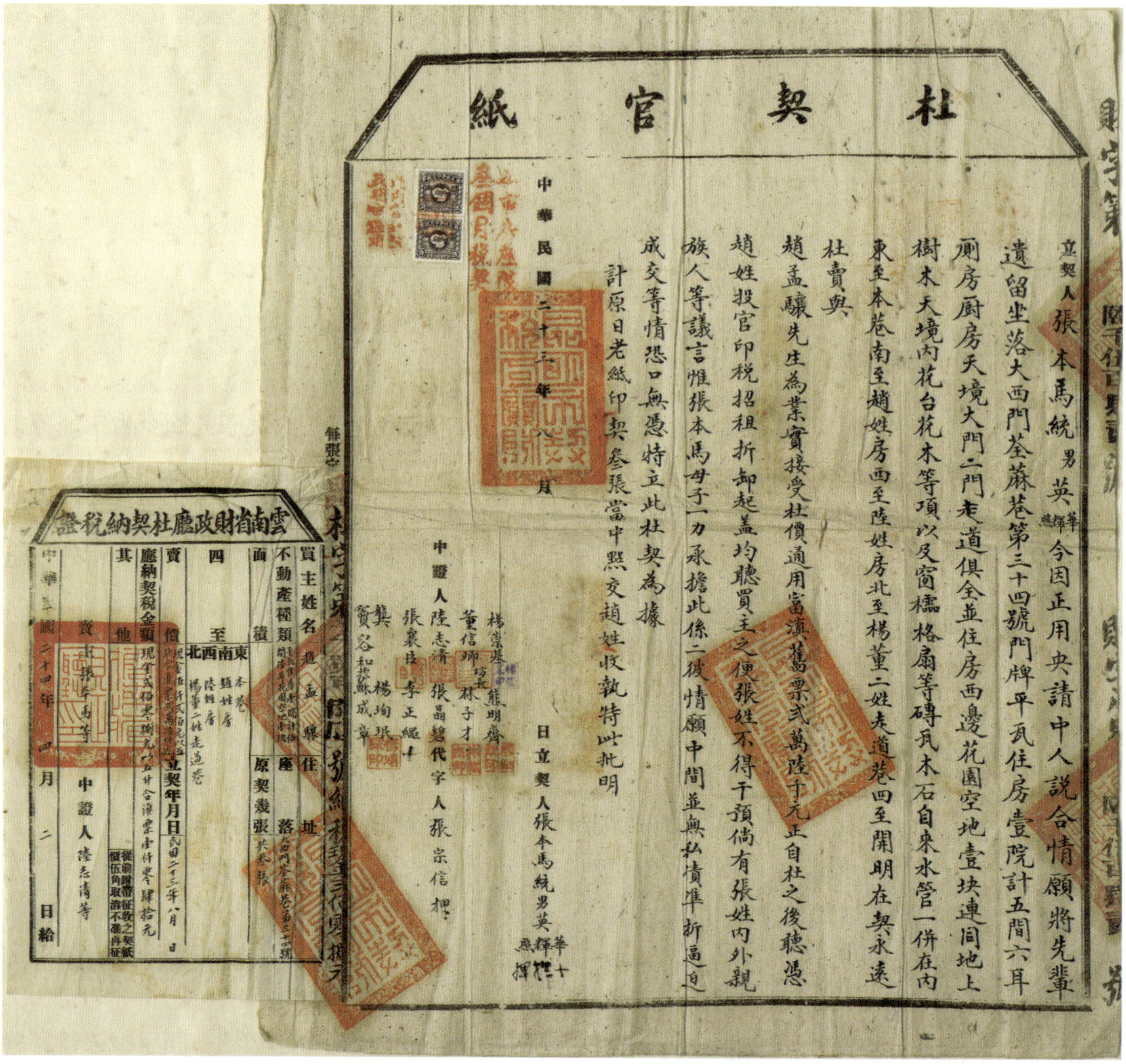

杜契官紙

立契人張本馬統男英華輝熙今因正用央請中人說合情願將先輩
遺留坐落大西門荃蔴巷第三十四號門牌平瓦住房壹院計五間六耳
厠房廚房天境大門二門走道俱全並住房西邊花園空地壹塊連同地上
樹木天境內花台花木等項以及窗檽格扇等磚瓦木石自來水管一併在內
東至本巷南至趙姓房西至陸姓房北至楊董二姓走道巷四至開明在契永遠
杜賣與
趙孟驤先生為業實接受杜價通用富滇舊票貳萬陸千元正自杜之後聽憑
趙姓投官印稅招租折卸起蓋均聽買主之便張姓不得干預倘有張姓內外親
族人等議言惟張本馬母子一力承擔此係二彼情願中間並無私債準折逼迫
成交等情恐口無憑特立此杜契為據
計原日老紙印契叁張當中照交趙姓收執特此批明

中華民國二十三年八月　日立契人張本馬統男英華輝熙十押

中證人陸志清　張晶碧　代字人張宗信押
楊崇基　熊明齋　董信卿　坊長　林子才　張襄臣　李正繩　楊珣琛　龔寶容　和蘇成章

雲南省財政廳杜契納稅證

| | |
|---|---|
| 買主姓名 | 趙孟驤 |
| 住址 | |
| 不動產種類 | 平瓦住房壹院計伍間陸耳厠房及花園空地壹塊 |
| 座落 | 大西門荃蔴巷第三十四號 |
| 面積 | |
| 原契幾張 | 共叁張 |
| 四至 | 東 本巷　南 趙姓房　西 陸姓房　北 楊董二姓走道巷 |
| 賣價 | 現金伍仟貳佰元以五十合滇票貳萬陸仟元 |
| 立契年月日 | 民國二十三年八月　日 |
| 應納契稅金額 | 現金貳佰叁拾捌元以五十合滇票壹仟叁肆拾元 |
| 其他 | 從前附帶征收之契紙價伍角取消不準再征 |

賣主張本馬等　中證人陸志清等

中華民國二十四年四月二日給

图 79　民国二十三年八月（1934 年）张本马等立杜卖平瓦房契（荃麻巷）

## 杜契官纸

立契人张本马统男英华、英辉、英照，今因正用，央请中人说合，情愿将先辈遗留坐落大西门茎麻巷第三十四号门牌平瓦住房一院，计五间六耳，厕房、厨房、天境、大门、二门、走道俱全，并住房西边花园空地一块，连同地上树木，天境内花台、花木等项，以及窗棂格扇等，砖瓦木石、自来水管一并在内，东至本巷，南至赵姓房，西至陆姓房，北至杨董二姓走道巷，四至开明在契，永远杜卖与赵孟骧先生为业，实接受杜价通用富滇旧票二万六千元正。自杜之后，听凭赵姓投官印税、招租、折（拆）卸起盖，均听买主之便，张姓不得干预。倘有张姓内外亲族人等议（异）言，惟张本马母子一力承担。此系二比情愿，中间并无私债准折、逼迫成交等情。恐口无凭，特立此杜契为据。

计原日老纸印契三张，当中点交赵姓收执。特此批明。

中华民国二十三年八月　日

立契人：张本马统男英华、英辉、英照

中证人：杨崇基　熊明斋　董信卿　坊长林子才　陆志清　张晶碧
张襄臣　李正绳　龚　杨珣珉　窦容和　苏成章

代字人：张宗信

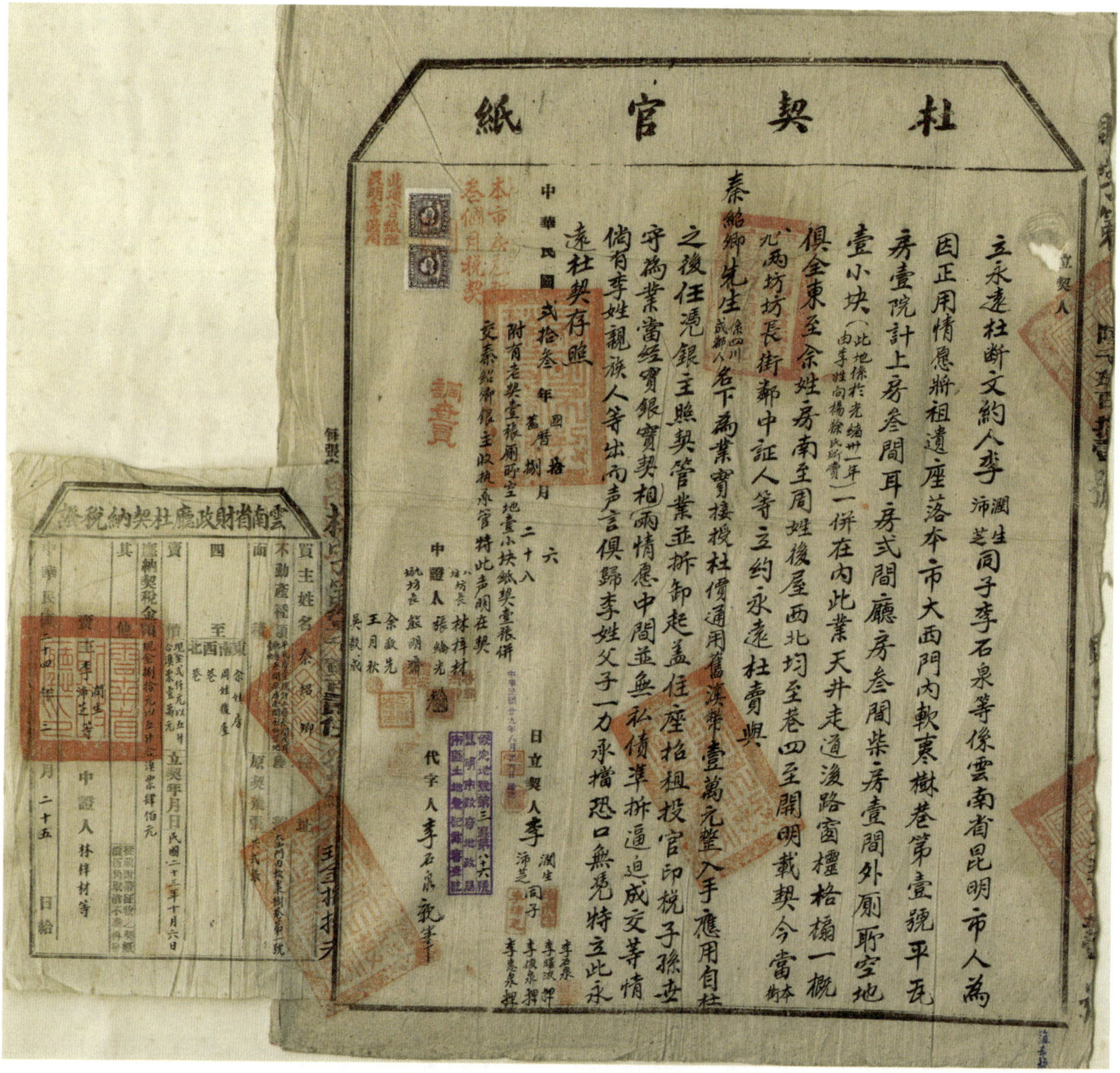

图 80　民国二十三年八月二十八（1934 年 10 月 6 日）李润生等立杜卖平瓦房契（文林街软枣树巷）

## 杜契官纸

立契人立永远杜断文约人李润生、李沛芝同子李石泉等，系云南省昆明市人，为因正用，情愿将祖遗座（坐）落本市大西门内软枣树巷第一号平瓦房一院，计上房三间，耳房二间，厅房三间，柴房一间，外厕所空地一小块（此地系于光绪卅一年由李姓向杨徐氏所卖），一并在内。此业天井、走道、后路、窗棂、格扇一概俱全。东至佘姓房，南至周姓后屋，西北均至巷，四至开明载契。今当本街八九两坊坊长、街邻、中证人等立约，永远杜卖与秦绍卿先生（系四川成都人）名下为业，实接授杜价通用旧滇币一万元整，人手应用。自杜之后，任凭银主照契管业，并拆卸起盖，住座招租，投官印税，子孙世守为业。当经实银实契，两相情愿，中间并无私债准拆（折）、逼迫成交等情。倘有李姓亲族人等出而声言，俱归李姓父子一力承挡。恐口无凭，特立此永远杜契存照。

中华民国二十三年国历十月六日（旧历八日二十八日）

立契人：李润生、李沛芝同子李石泉、李曙波、李俊泉、李惠泉

附有老契一张，厕所空地一小块纸契一张，并交秦绍卿银主收执承管，特此声明在契。

中证人：八坊坊长林梓材　张纶光

九坊坊长熊明斋　佘敬先　王月秋　吴毅成

代字人：李石泉亲笔

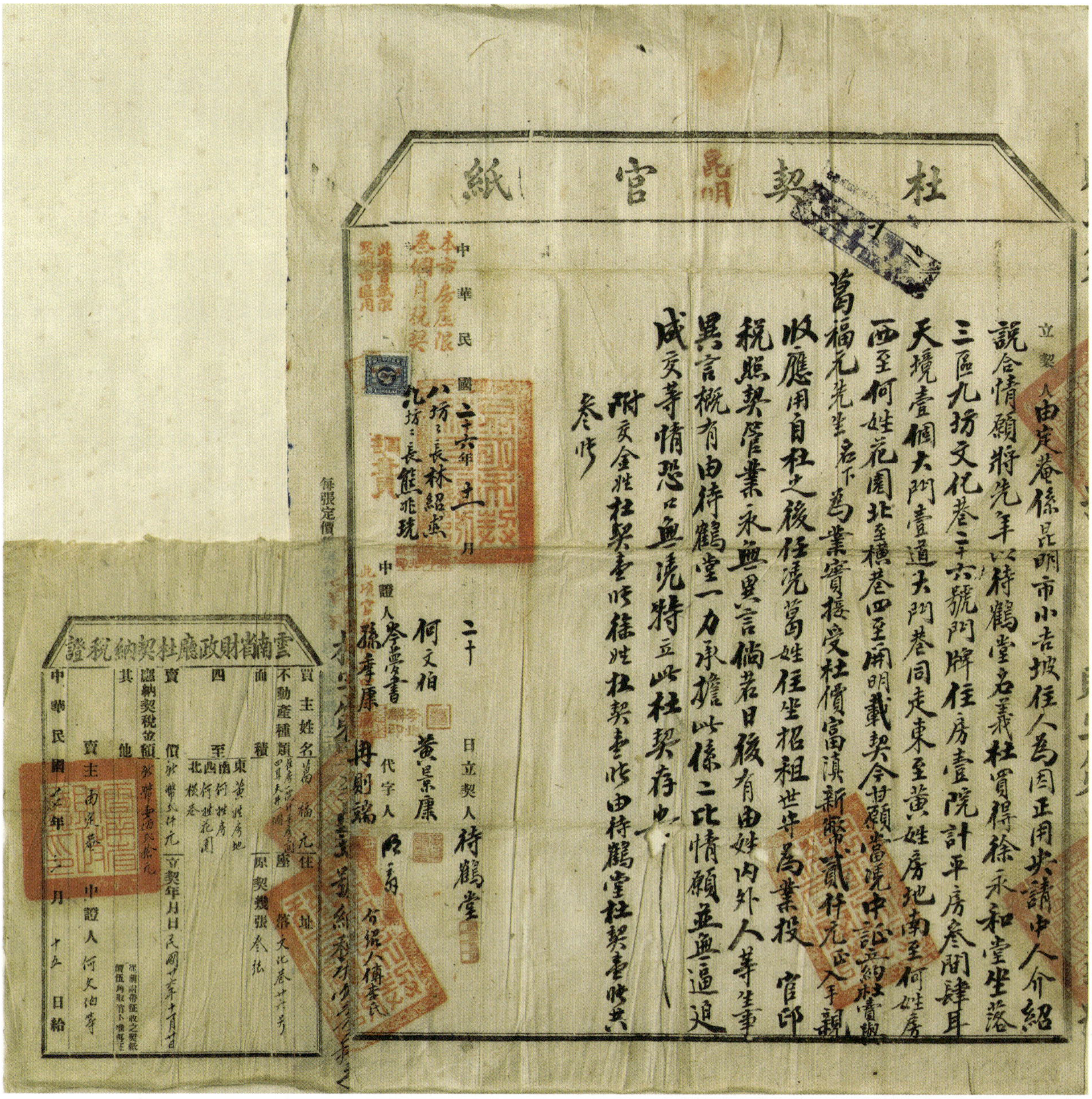

图 81　民国二十六年十一月二十（1937 年 12 月 22 日）由定庵立杜卖住房契（文化巷）

### 杜契官纸

立契人由定庵，系昆明市小吉坡住人，为因正用，央请中人介绍说合，情愿将先年以待鹤堂名义杜买得徐永和堂坐落三区九坊文化巷二十六号门牌住房一院，计平房三间四耳，天境一个，大门一道，大门巷同走，东至黄姓房地，南至何姓房，西至何姓花园，北至横巷，四至开明载契。今甘愿当凭中证立约，杜卖与葛福元先生名下为业，实接受杜价富滇新币二千元正，入手亲收应用。自杜之后，任凭葛姓住坐招租世守为业，投官印税，照契管业，永无异言。倘若日后有由姓内外人等生事异言，概有由待鹤堂一力承担。此系二比情愿，并无逼迫成交等情。恐口无凭，特立此杜契存典。

附交金姓杜契一张，徐姓杜契一张，由待鹤堂杜契一张，共三张。

中华民国二十六年六月二十日

立契人：待鹤堂

中证人：何文伯　黄景康　岑梦书　孙季康　冉则瑞

代字人：明高本

本市房产限三个月税契　八坊三长林照杰　九坊三长熊兆珧

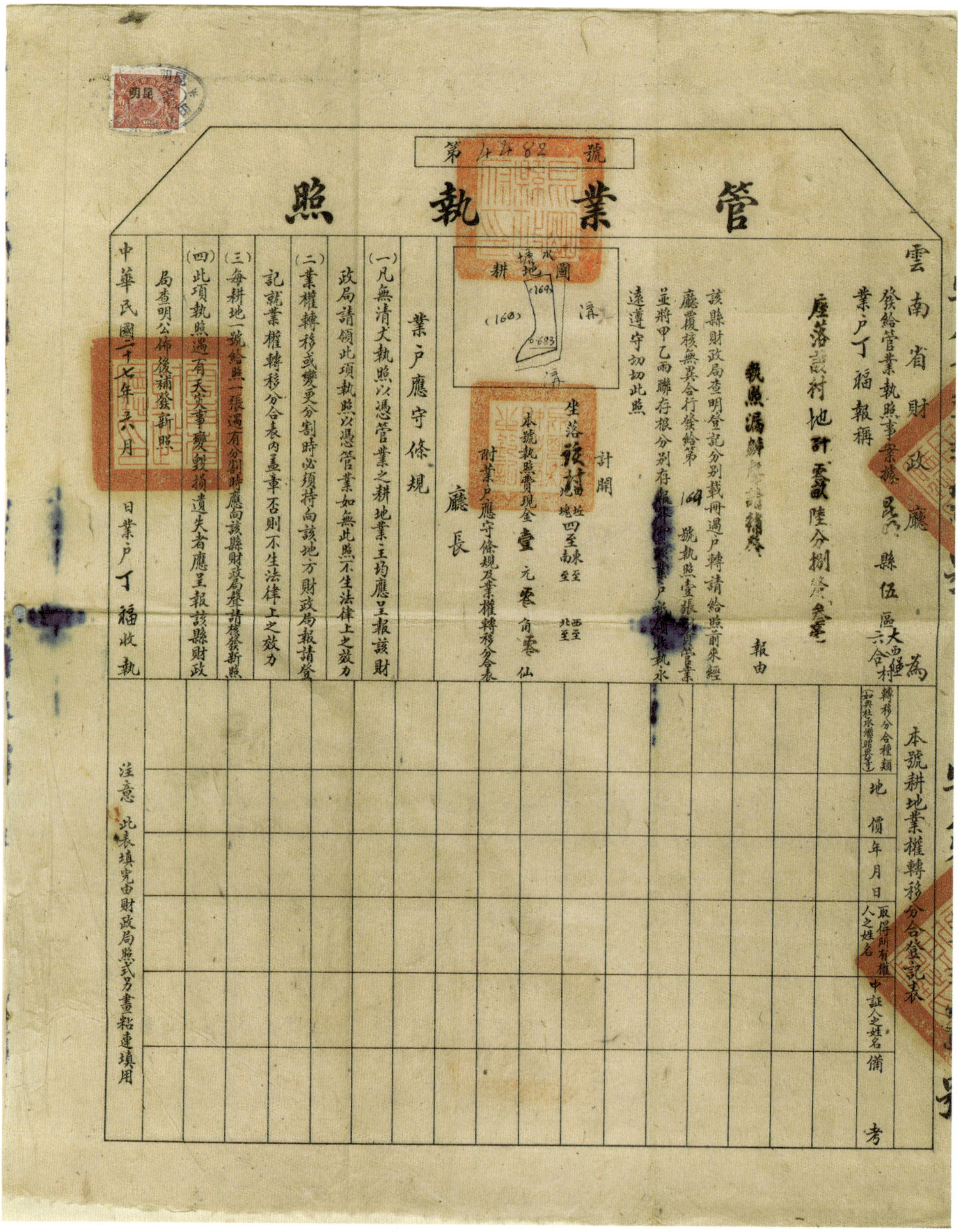

图 82 民国二十七年六月（1938 年）普济堂管业执照 昆明县五区大西堡六合村（人民西路六合村）

## 管业执照（第 4482 号）

云南省财政厅为发给管业执照事。案据昆明县五区大西堡六合村业户丁福报称，坐落该村地计零亩六分八厘三毫，执照漏办，声请补发。报由该县财政局查明登记，分别载册过户，转请给照。前来经厅覆核无异，合行发给第 164 号执照一张，以资管业。并将甲乙两联存根分别存□□□□□□户□□□执。永远遵守。切切此照。

耕地图（略）

计开

坐落该村田坵、地块，四至：东至（空），西至（空），南至（空），北至（空）。

本号执照费现金一元零角零仙。

附业户应守条规及业权转移分合表

厅长（空）

业户应守条规：

（一）凡无清丈执照以凭管业之耕地，业主均应呈报该财政局，请领此项执照以凭管业。如无此照，不生法律上之效力。

（二）业权转移或变更分割时，必须持向该地方财政局报请登记，就业权转移分合表内盖章，否则不生法律上之效力。

（三）每耕地一号给照一张。遇有分割时，应向该县财政局声请核发新照。

（四）此项执照遇有天灾事变毁损遗失者，应呈报该县财政局查明公布后，补发新照。

中华民国二十七年六月（空）日　业户丁福收执

本号耕地业权转移分合登记表

转移分合种类（如典、杜、承继、赠与等）（空）

地价（空）

年月日（空）

取得所有权人之姓名（空）

中证人之姓名（空）

备考（空）

注意：此表填完由财政局照式另画粘连填用。

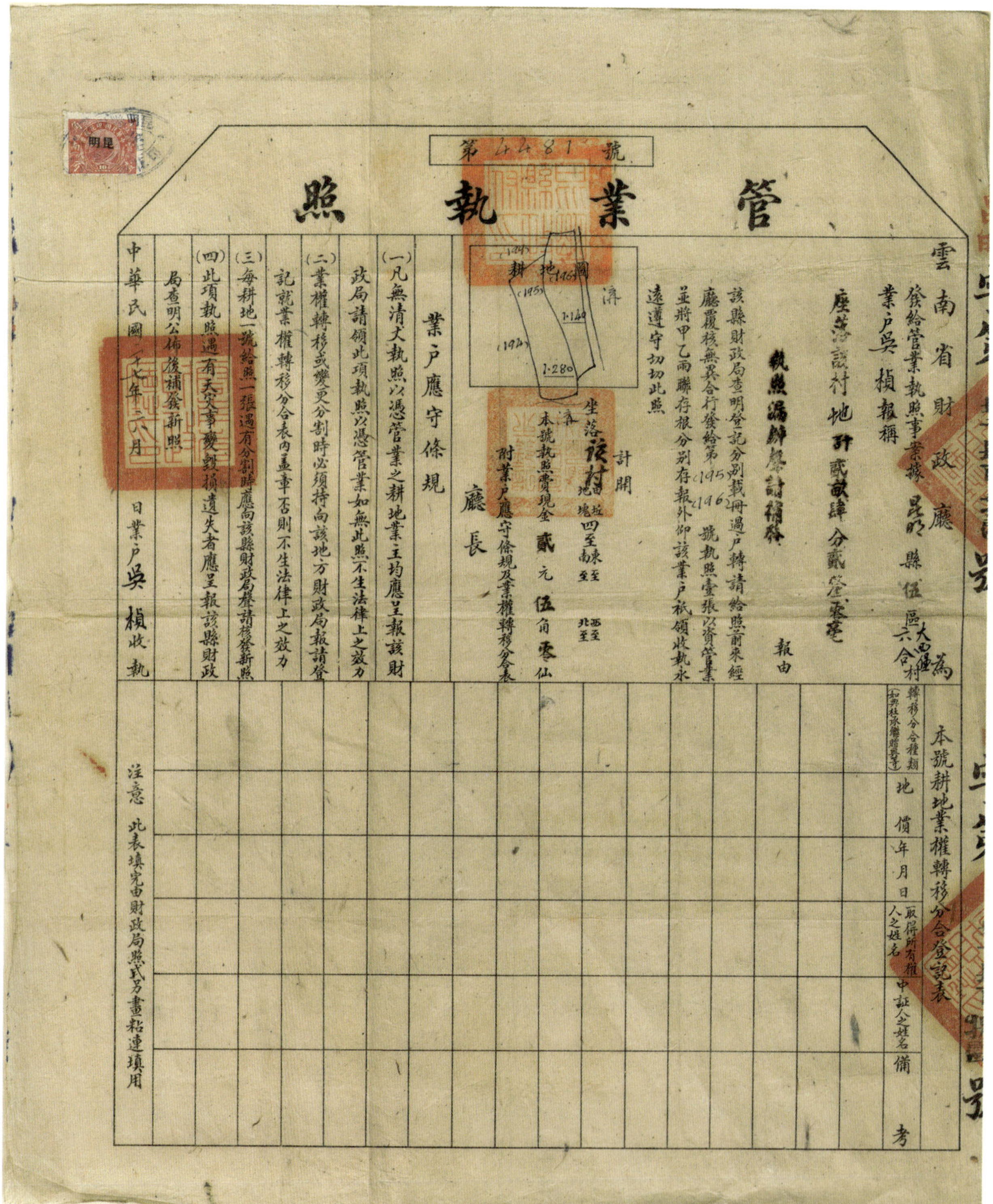
第 2281 號

管業執照

雲南省財政廳
發給管業執照事案據昆明縣伍區六合村大西堡業戶吳楨報稱為
座落該村地計貳畝肆分貳釐零毫
執照遺失懇請補發
報由
該縣財政局查明登記分別載冊過戶轉請給照前來經
廳覆核無異合行發給第(195)(196)號執照壹張以資管業
並將甲乙兩聯存根分別存報外仰該業戶祇領收執永
遠遵守切切此照
計開
坐落該村 地坵 地塊 四至 東至 南至 西至 北至
本號執照費現金貳元伍角零仙
附業戶應守條規及業權轉移分合表
廳長

耕地圖
(194) (146) (195) 1.140 (192) 1.280

業戶應守條規
(一)凡無清丈執照以憑管業之耕地業主均應呈報該財政局請領此項執照以憑管業如無此照不生法律上之效力
(二)業權轉移或變更分割時必須持向該地方財政局報請登記就業權轉移分合表內蓋章否則不生法律上之效力
(三)每耕地一號給照一張遇有分割時應向該縣財政局聲請核發新照
(四)此項執照遇有天災事變毀損遺失者應呈報該縣財政局查明公佈後補發新照

中華民國二十七年六月　日業戶吳楨收執

本號耕地業權轉移分合登記表

| 轉移分合種類(如典杜承繼贈與等) | 地價 | 年月日 | 取得所有權人之姓名 | 中證人之姓名 | 備考 |
|---|---|---|---|---|---|
| | | | | | |

注意　此表填完由財政局照式另畫粘連填用

图 83　民国二十七年六月（1938 年）吴桢管业执照　昆明县五区大西堡六合村（人民西路六合村）

## 管业执照（第 4481 号）

云南省财政厅为发给管业执照事。案据昆明县五区大西堡六合村业户吴桢报称，座（坐）落该村地计二亩四分二厘零毫执照漏办，声请补发。报由该县财政局查明登记，分别载册过户，转请给照前来。经厅覆核无异，合行发给第 195、196 号执照一张，以资管业。并将甲乙两联存根分别存报外，仰该业户祗领收执。永远遵守。切切此照。

耕地图（略）

计开

坐落该村田坵、地块，四至：东至（空）西至（空）南至（空）北至（空）。

本号执照费现金二元五角零仙。

附业户应守条规及业权转移分合表

厅长（空）

业户应守条规：

（一）凡无清丈执照以凭管业之耕地，业主均应呈报该财政局，请领此项执照以凭管业。如无此照，不生法律上之效力。

（二）业权转移或变更分割时，必须持向该地方财政局报请登记，就业权转移分合表内盖章，否则不生法律上之效力。

（三）每耕地一号，给照一张。遇有分割时，应向该县财政局声请核发新照。

（四）此项执照遇有天灾事变毁损遗失者，应呈报该县财政局查明公布后补发新照。

中华民国二十七年六月（空）日　业户吴桢收执

本号耕地业权转移分合登记表

转移分合种类（如典、杜、承继、赠与等）（空）

地价（空）

年月日（空）

取得所有权人之姓名（空）

中证人之姓名（空）

备考（空）

注意：此表填完由财政局照式另画粘连填用。

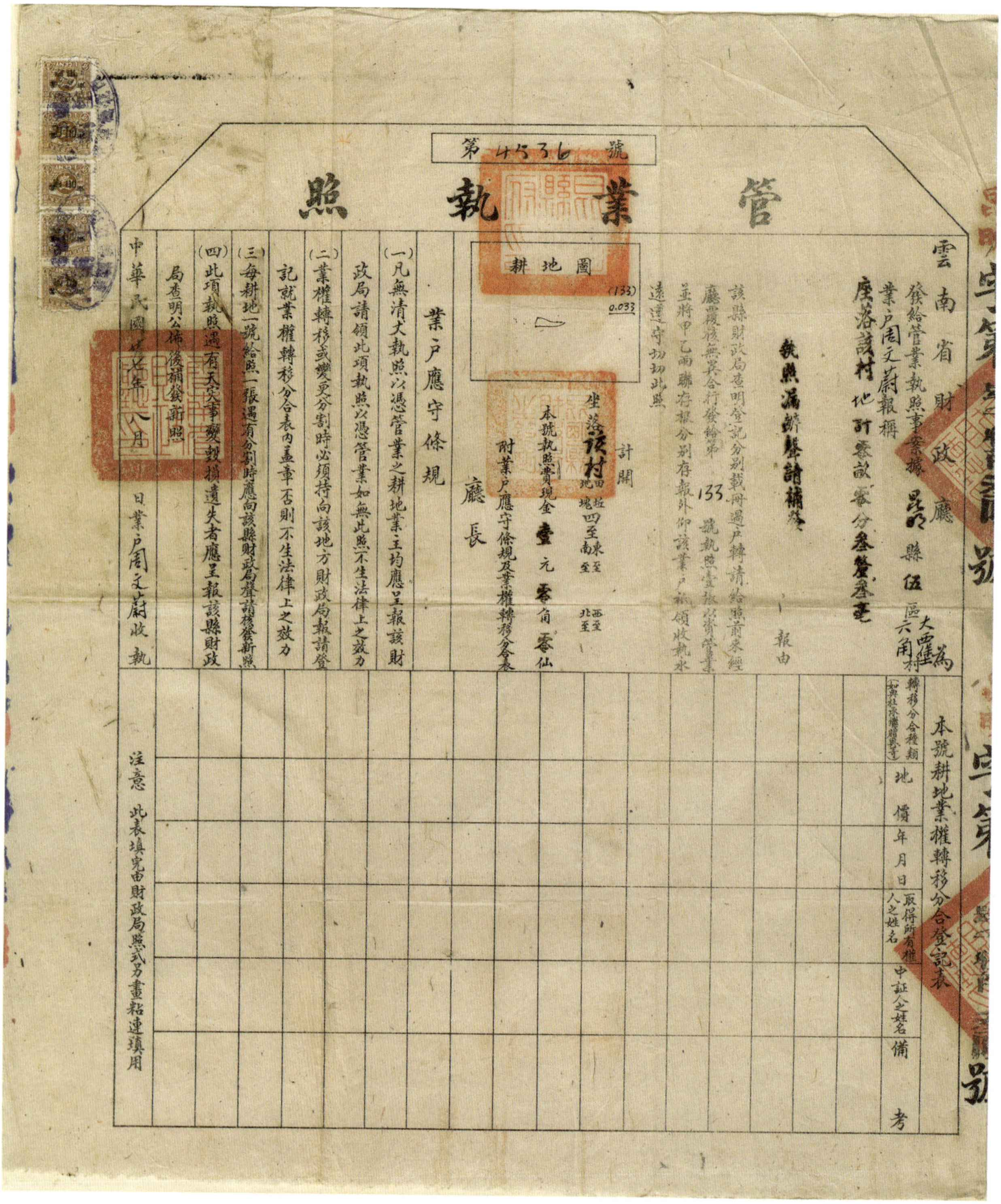


图 84 民国二十七年八月（1938 年）周文蔚管业执照 昆明县五区大西堡六合村（人民西路六合村）

## 管业执照（第 4536 号）

云南省财政厅为发给管业执照事。案据昆明县五区大西堡六角村业户周文蔚报称，座（坐）落该村地计零亩零分三厘三毫执照漏办，声请补发。报由该县财政局查明登记，分别载册过户，转请给照前来。经厅覆核无异，合行发给第 133 号执照一张，以资管业。并将甲乙两联存根分别存报外，仰该业户祇领收执。永远遵守。切切此照。

耕地图（略）

计开

坐落该村田坵、地块，四至：东至（空）西至（空）南至（空）北至（空）。

本号执照费现金一元零角零仙。

附业户应守条规及业权转移分合表

厅长（空）

业户应守条规：

（一）凡无清丈执照以凭管业之耕地，业主均应呈报该财政局，请领此项执照以凭管业。如无此照，不生法律上之效力。

（二）业权转移或变更分割时，必须持向该地方财政局报请登记，就业权转移分合表内盖章，否则不生法律上之效力。

（三）每耕地一号，给照一张。遇有分割时，应向该县财政局声请核发新照。

（四）此项执照遇有天灾事变毁损遗失者，应呈报该县财政局查明公布后补发新照。

中华民国廿七年八月（空）日　业户周文蔚收执

本号耕地业权转移分合登记表

转移分合种类（如典、杜、承继、赠与等）（空）

地价（空）

年月日（空）

取得所有权人之姓名（空）

中证人之姓名（空）

备考（空）

注意：此表填完由财政局照式另画粘连填用。

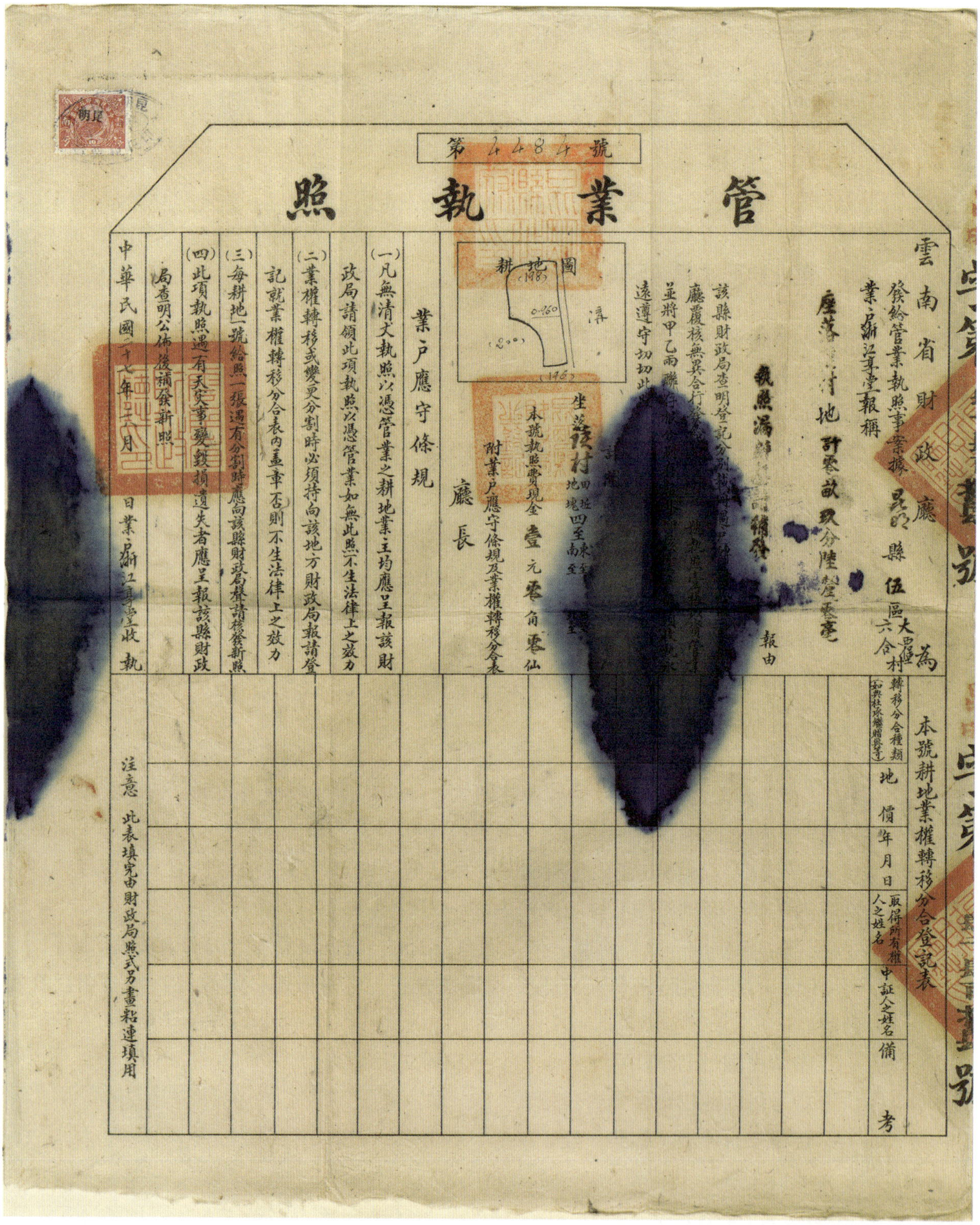

第 4484 號

管業執照

雲南省財政廳

為發給管業執照事案據昆明縣伍區大西堡六合村業戶浙江享堂報稱

座落[illegible]村地[illegible]計零畝玖分陸釐零毫

[illegible]照漏[illegible]補發

報由

該縣財政局查明登記分別[illegible]

廳覆核無異合行發給[illegible]

並將甲乙兩聯[illegible]

遠遵守切切此[illegible]

坐落[illegible]村　地段四至　東至[illegible]　南至[illegible]

本號執照費現金壹元零角零仙

附業戶應守條規及業權轉移分合表

廳長

耕地圖

業戶應守條規

(一)凡無清丈執照以憑管業之耕地業主均應呈報該財政局請領此項執照以憑管業如無此照不生法律上之效力

(二)業權轉移或變更分割時必須持向該地方財政局報請登記就業權轉移分合表內蓋章否則不生法律上之效力

(三)每耕地一號給照一張遇有分割時應向該縣財政局聲請核發新照

(四)此項執照遇有天災事變致損遺失者應呈報該縣財政局查明公佈後補發新照

中華民國二十七年六月　日　業戶浙江享堂收執

本號耕地業權轉移分合登記表

| 轉移分合種類(如典杜承繼贈與等) | 地價 | 年月日 | 取得所有權人之姓名 | 中証人之姓名 | 備考 |
|---|---|---|---|---|---|
| | | | | | |

注意　此表填完由財政局照式另畫粘連填用

图 85　民国二十七年六月（1938 年）浙江享堂管业执照　昆明县五区大西堡六合村（人民西路六合村）

## 管业执照（第 4484 号）

云南省财政厅为发给管业执照事。案据昆明县五区大西堡六合村业户浙江享堂报称，座（坐）落该村地计零亩九分六厘零毫执照漏办，声请补发。报由该县财政局查明登记，分□□□□□□□□□□□□□□□厅覆核无异，合行发□□□□□□□□□□□□□□□并将甲乙两联□□□□□□□□□□□□□□□□□□□□□远遵守。切切此□。

耕地图（略）

□□

坐落该村田坵、地块，四至：东至（空）西至（空）南至（空）北至（空）。

本号执照费现金一元零角零仙。

附业户应守条规及业权转移分合表

厅长（空）

业户应守条规：

（一）凡无清丈执照以凭管业之耕地，业主均应呈报该财政局，请领此项执照以凭管业。如无此照，不生法律上之效力。

（二）业权转移或变更分割时，必须持向该地方财政局报请登记，就业权转移分合表内盖章，否则不生法律上之效力。

（三）每耕地一号，给照一张。遇有分割时，应向该县财政局声请核发新照。

（四）此项执照遇有天灾事变毁损遗失者，应呈报该县财政局查明公布后补发新照。

中华民国二十七年六月（空）日　业户浙江享堂收执

本号耕地业权转移分合登记表

转移分合种类（如典、杜、承继、赠与等）（空）

地价（空）

年月日（空）

取得所有权人之姓名（空）

中证人之姓名（空）

备考（空）

注意：此表填完由财政局照式另画粘连填用。

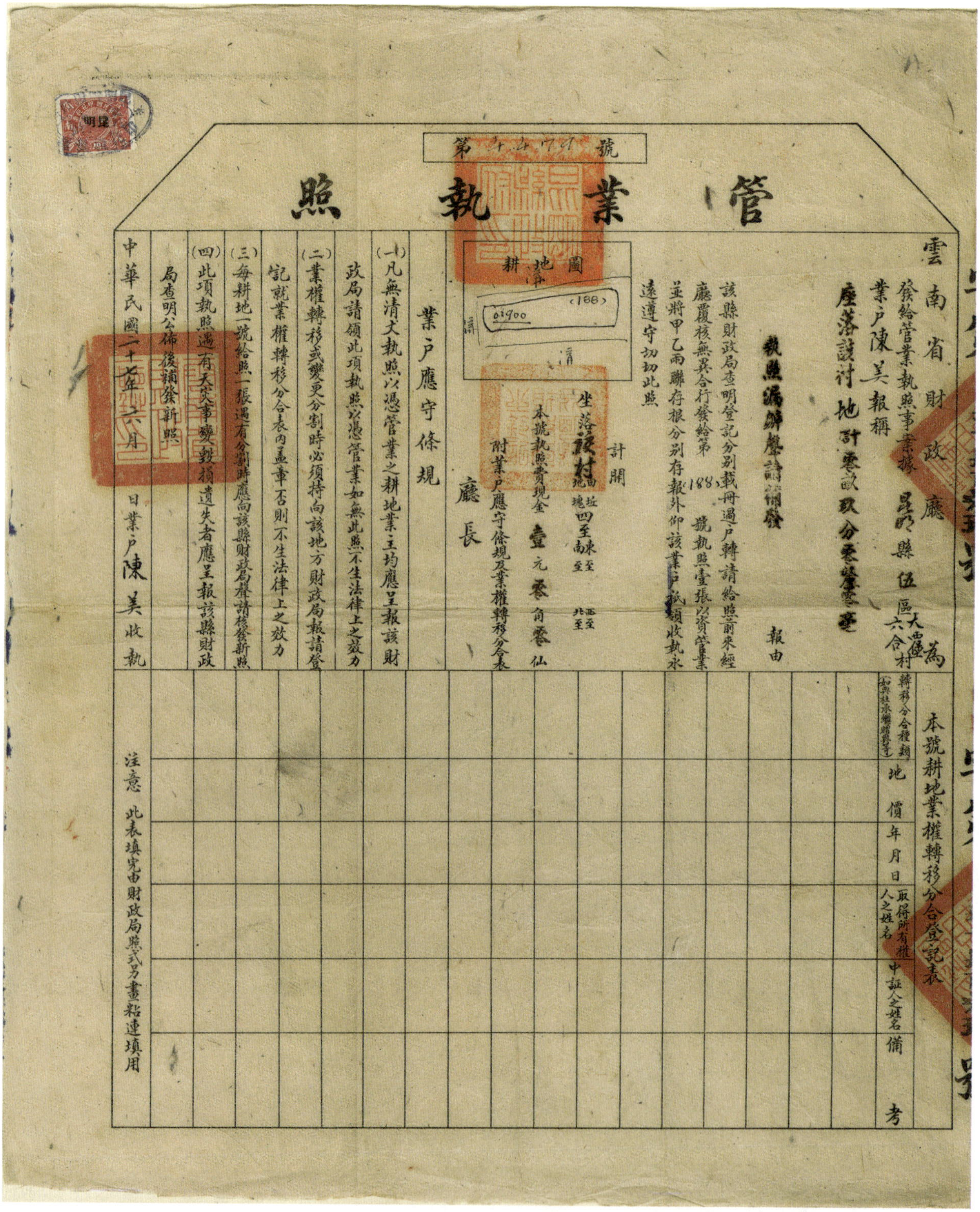

图 86　民国二十七年六月（1938 年）陈美管业执照　昆明县五区大西堡六合村（人民西路六合村）

## 管业执照（第4479号）

云南省财政厅为发给管业执照事。案据昆明县五区大西堡六合村业户陈美报称，座（坐）落该村地计零亩九分零厘零毫执照漏办，声请补发。报由该县财政局查明登记，分别载册过户，转请给照前来。经厅覆核无异，合行发给第188号执照一张，以资管业。并将甲乙两联存根分别存报外，仰该业户袛领收执。永远遵守。切切此照。

耕地图（略）

计开

坐落该村田坵、地块，四至：东至（空）西至（空）南至（空）北至（空）。

本号执照费现金一元零角零仙。

附业户应守条规及业权转移分合表

厅长（空）

业户应守条规：

（一）凡无清丈执照以凭管业之耕地，业主均应呈报该财政局，请领此项执照以凭管业。如无此照，不生法律上之效力。

（二）业权转移或变更分割时，必须持向该地方财政局报请登记，就业权转移分合表内盖章，否则不生法律上之效力。

（三）每耕地一号，给照一张。遇有分割时，应向该县财政局声请核发新照。

（四）此项执照遇有天灾事变毁损遗失者，应呈报该县财政局查明公布后补发新照。

中华民国二十七年六月（空）日　业户陈美收执

本号耕地业权转移分合登记表

转移分合种类（如典、杜、承继、赠与等）（空）

地价（空）

年月日（空）

取得所有权人之姓名（空）

中证人之姓名（空）

备考（空）

注意：此表填完由财政局照式另画粘连填用。

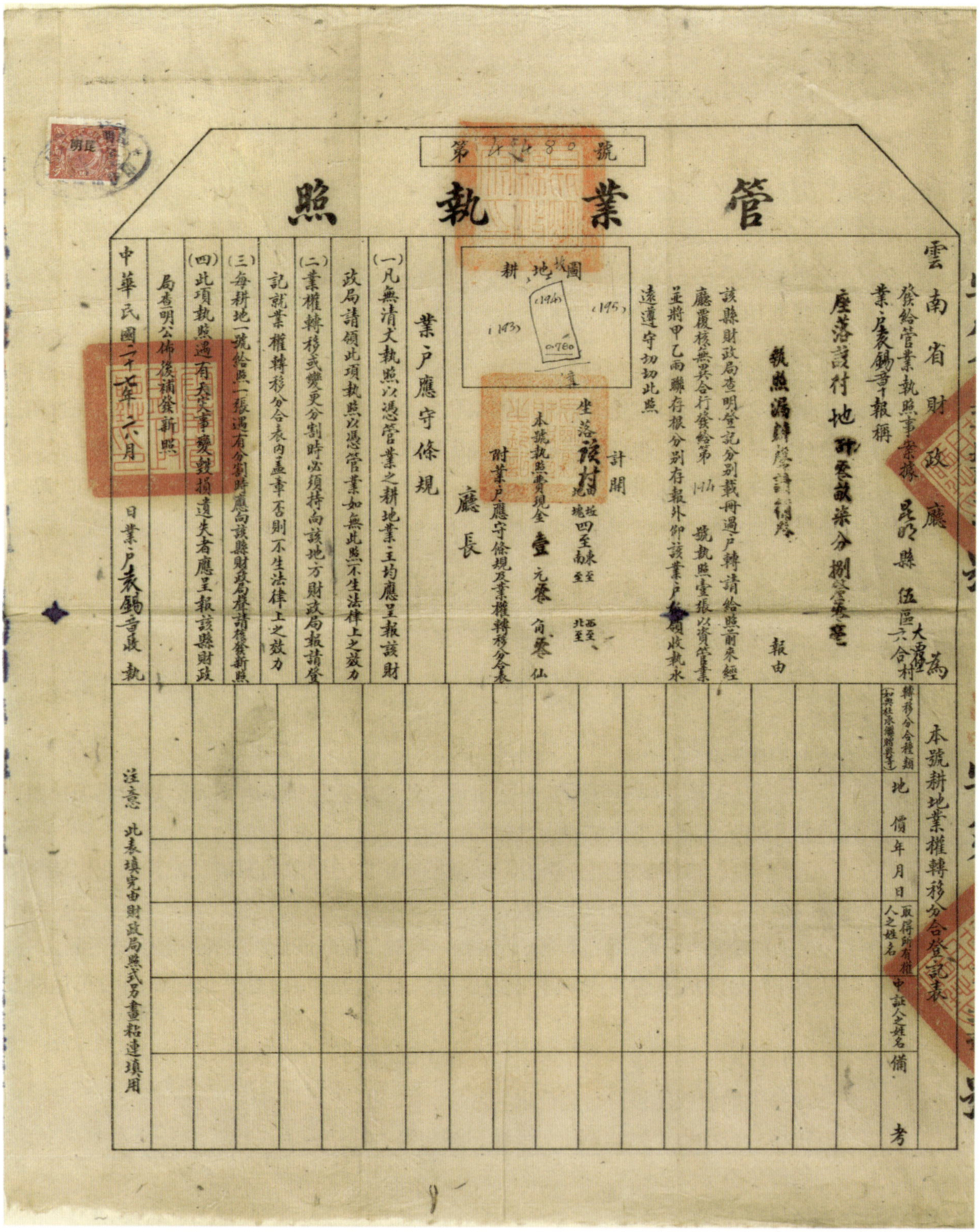

图 87 民国二十七年六月（1938 年）袁锡章管业执照 昆明县五区大西堡六合村（人民西路六合村）

## 管业执照（第 4480 号）

云南省财政厅为发给管业执照事。案据昆明县五区大西堡六合村业户袁锡章报称，座（坐）落该村地计零亩七分八厘零毫执照漏办，声请补发。报由该县财政局查明登记，分别载册过户，转请给照前来。经厅覆核无异，合行发给第 194 号执照一张，以资管业。并将甲乙两联存根分别存报外，仰该业户袛领收执。永远遵守。切切此照。

耕地图（略）

计开

坐落该村田坵、地块，四至：东至（空）西至（空）南至（空）北至（空）。

本号执照费现金一元零角零仙。

附业户应守条规及业权转移分合表

厅长（空）

业户应守条规：

（一）凡无清丈执照以凭管业之耕地，业主均应呈报该财政局，请领此项执照以凭管业。如无此照，不生法律上之效力。

（二）业权转移或变更分割时，必须持向该地方财政局报请登记，就业权转移分合表内盖章，否则不生法律上之效力。

（三）每耕地一号，给照一张。遇有分割时，应向该县财政局声请核发新照。

（四）此项执照遇有天灾事变毁损遗失者，应呈报该县财政局查明公布后补发新照。

中华民国二十七年六月（空）日　业户袁锡章收执

本号耕地业权转移分合登记表

转移分合种类（如典、杜、承继、赠与等）（空）

地价（空）

年月日（空）

取得所有权人之姓名（空）

中证人之姓名（空）

备考（空）

注意：此表填完由财政局照式另画粘连填用。

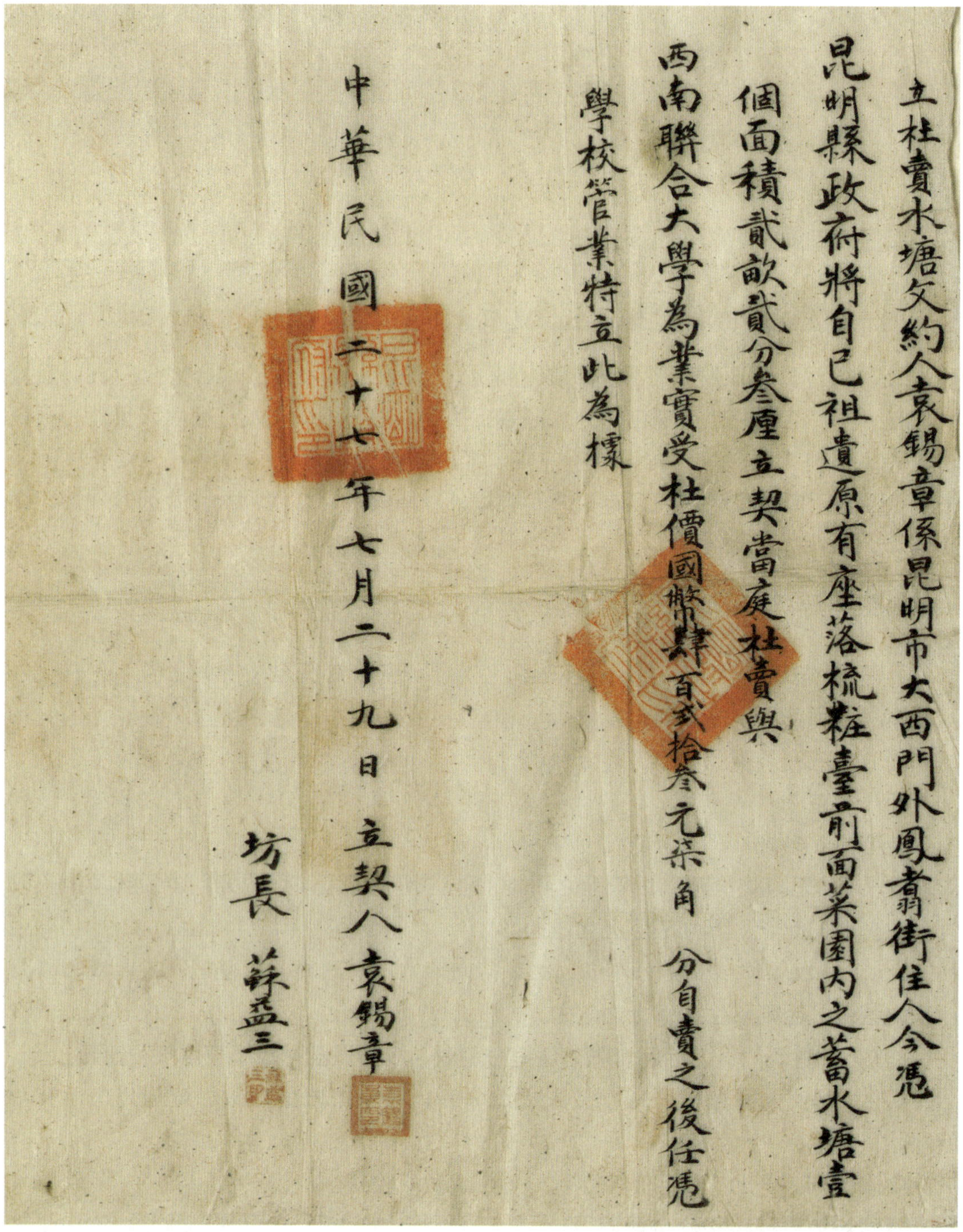
立杜賣水塘文約人袁錫章係昆明市大西門外鳳翥街住人今憑
昆明縣政府將自己祖遺原有座落梳粧臺前面菜園內之蓄水塘壹
個面積貳畝貳分叁厘立契當庭杜賣與
西南聯合大學為業實受杜價國幣肆百貳拾叁元柒角 分自賣之後任憑
學校管業特立此為據
中華民國二十七年七月二十九日 立契人 袁錫章
坊長 蘇益三

图 88 民国二十七年七月二十九（1938 年 8 月 24 日）袁锡章立杜卖水塘文约（大西门外凤翥街）

## 杜卖水塘文约

立杜卖水塘文契人袁锡章，系昆明市大西门外凤翥街住人，今凭昆明县政府将自己祖遗原有座（坐）落梳妆台前面菜园内之蓄水塘一个，面积二亩二分三厘，立契当庭杜卖与西南联合大学为业，实受杜价国币四百二十三元七角零分。自卖之后，任凭学校管业，特立此为据。

中华民国二十七年七月二十九日

立契人：袁锡章

坊长：苏益三

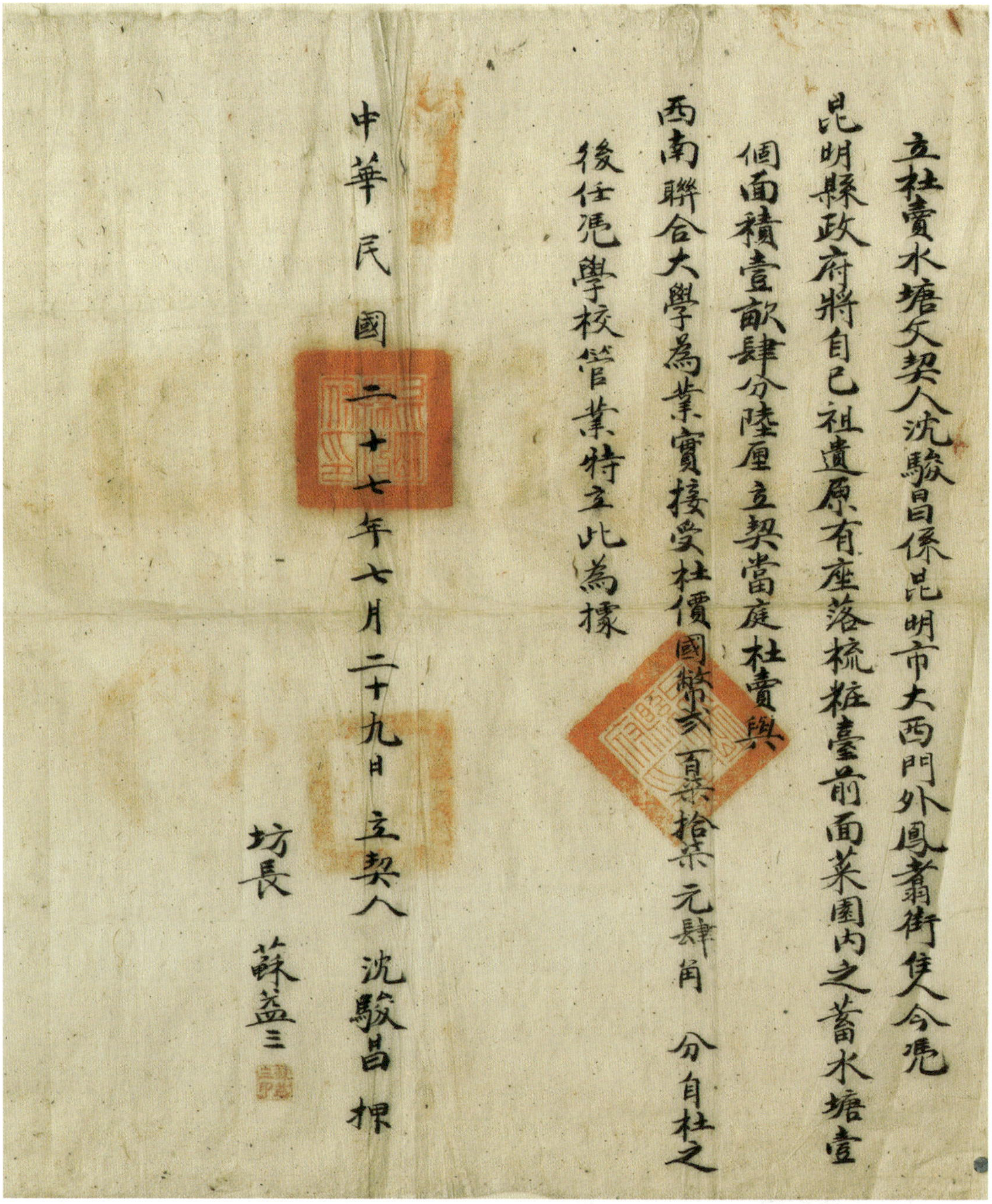
立杜賣水塘文契人沈駿昌係昆明市大西門外鳳翥街住人今凴
昆明縣政府將自己祖遺原有座落梳粧臺前面菜園内之蓄水塘壹
個面積壹畝肆分陸厘立契當庭杜賣與
西南聯合大學為業實接受杜價國幣叁百柒拾柒元肆角　分自杜之
後任凴學校管業特立此為據
中華民國二十七年七月二十九日　立契人　沈駿昌　押
坊長　蘇益三

图 89　民国二十七年七月二十九（1938 年 8 月 24 日）沈骏昌立杜卖水塘文约　大西门外凤翥街（凤翥街）

## 杜契官纸

立杜卖水塘文契人沈骏昌，系昆明市大西门外凤翥街住人，今凭昆明县政府将自己祖遗原有座（坐）落梳桩台前面菜园内之蓄水塘一个，面积一亩四分六厘，立契当庭杜卖与西南联合大学为业，实接受杜价国币二百七十七元四角（空）分。自杜之后，任凭学校管业，特立此为据。

中华民国二十二七年七月二十九日

立契人：沈骏昌

坊　长：苏益三

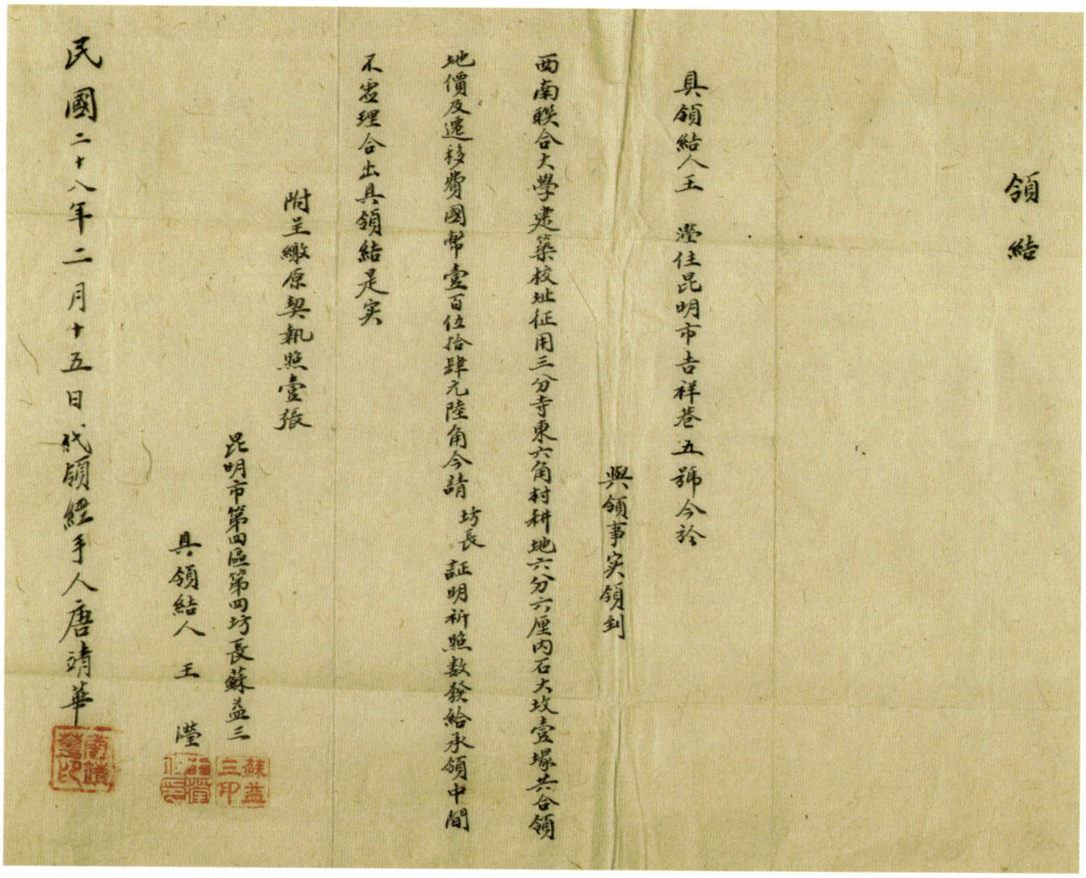

領結

具領結人王　瀅住昆明市吉祥巷五號今於

與領事實領到

西南聯合大學建築校址征用三分寺東六角村耕地六分六厘內石大坟壹塚共合領

地價及遷移費國幣壹百伍拾肆元陸角今請　坊長　証明祈照數發給承領中間

不虛理合出具領結是實

附呈繳原契執照壹張

昆明市第四區第四坊長蘇益三

具領結人　王　瀅

民國二十八年二月十五日代領經手人唐靖華

图 90　民国二十八年二月十五（1939 年 4 月 4 日）王滢管业执照（吉祥巷）

## 领结

具领结人王滢，住昆明市吉祥巷五号，今于（空）与领事实领到西南联合大学建筑校址，征用三分寺东六角村耕地六分六厘，内石大坟一塚，共合领地价及迁移费国币一百五十四元六角。今请坊长证明，祈照数发给承领，中间不虚，理合出具领结是实。

附呈原契执照一张。

昆明市第四区第四坊长：苏益三

具领结人：王滢

民国二十八年二月十五日

代领经手人：唐靖华

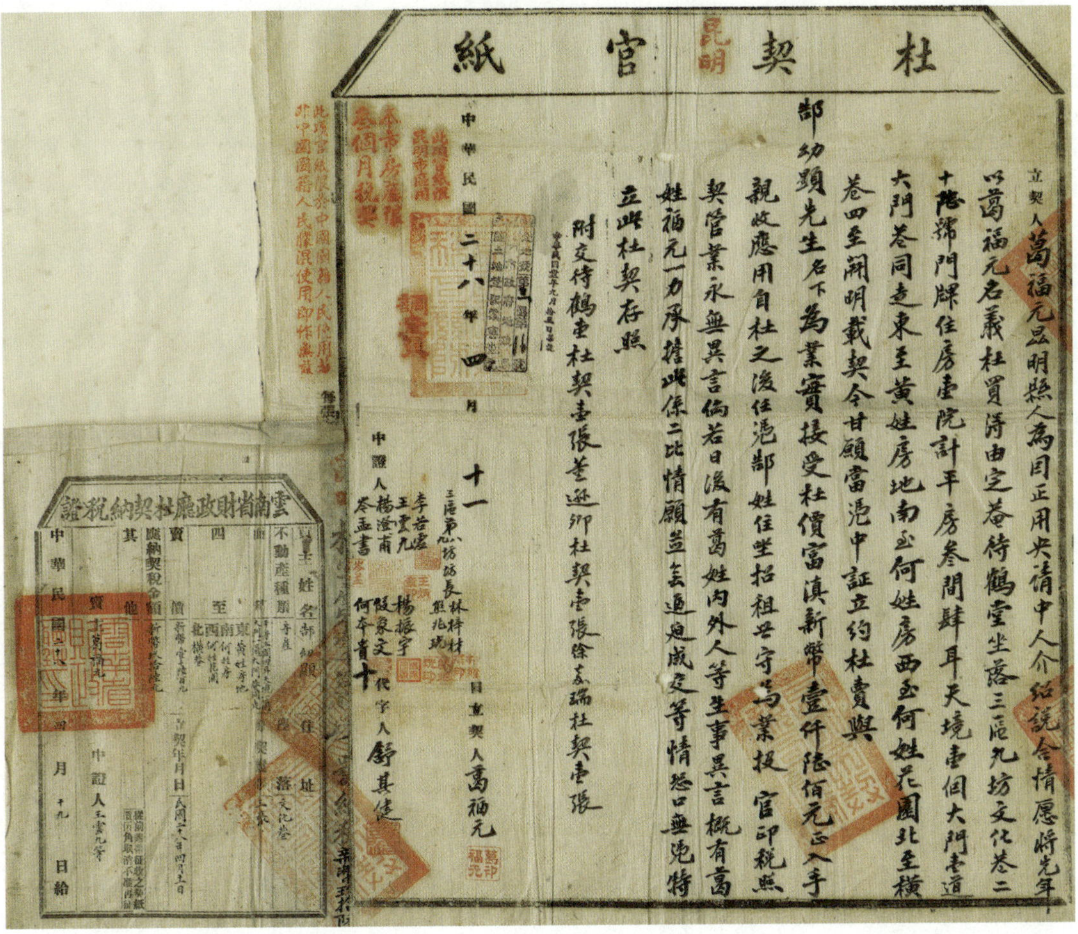


图 91　民国二十八年四月十一日（1939 年 5 月 29 日）葛福元立杜卖住房契（文化巷）

## 杜契官纸

立契人葛福元，昆明县人，为因正用，央请中人介绍说合，情愿将先年以葛福元名义杜买得由定庵待鹤堂坐落三房九坊，文化巷二十隐号门牌住房一院，计平房三间四耳，天境一个，大门一道，大门巷同走，东至黄姓房地，南至何姓房，西至何姓花园，北至横巷，四至开明载契。今甘愿当凭中证立约，杜卖与部幼显先生名下为业，实接受杜价富滇新币一千六百元正，入手亲收应用。自杜之后，任凭部姓住坐招租，世守与业，投官印税，照契管业，永无异言。倘若日后有葛姓内外人等生事异言，概有葛姓福元一力承担。此系二比情愿，并无逼迫成交等情。恐口无凭，特立此杜契存照。

附交待鹤堂杜契一张，董逊卿杜契一张，徐嘉瑞杜契一张。

中华民国二十八年四月十一日

立契人：葛福元

中证人：李若虚　王云九　杨澄甫　岑孟书　杨振宇　殷象文　何本贵

代字人：舒其健

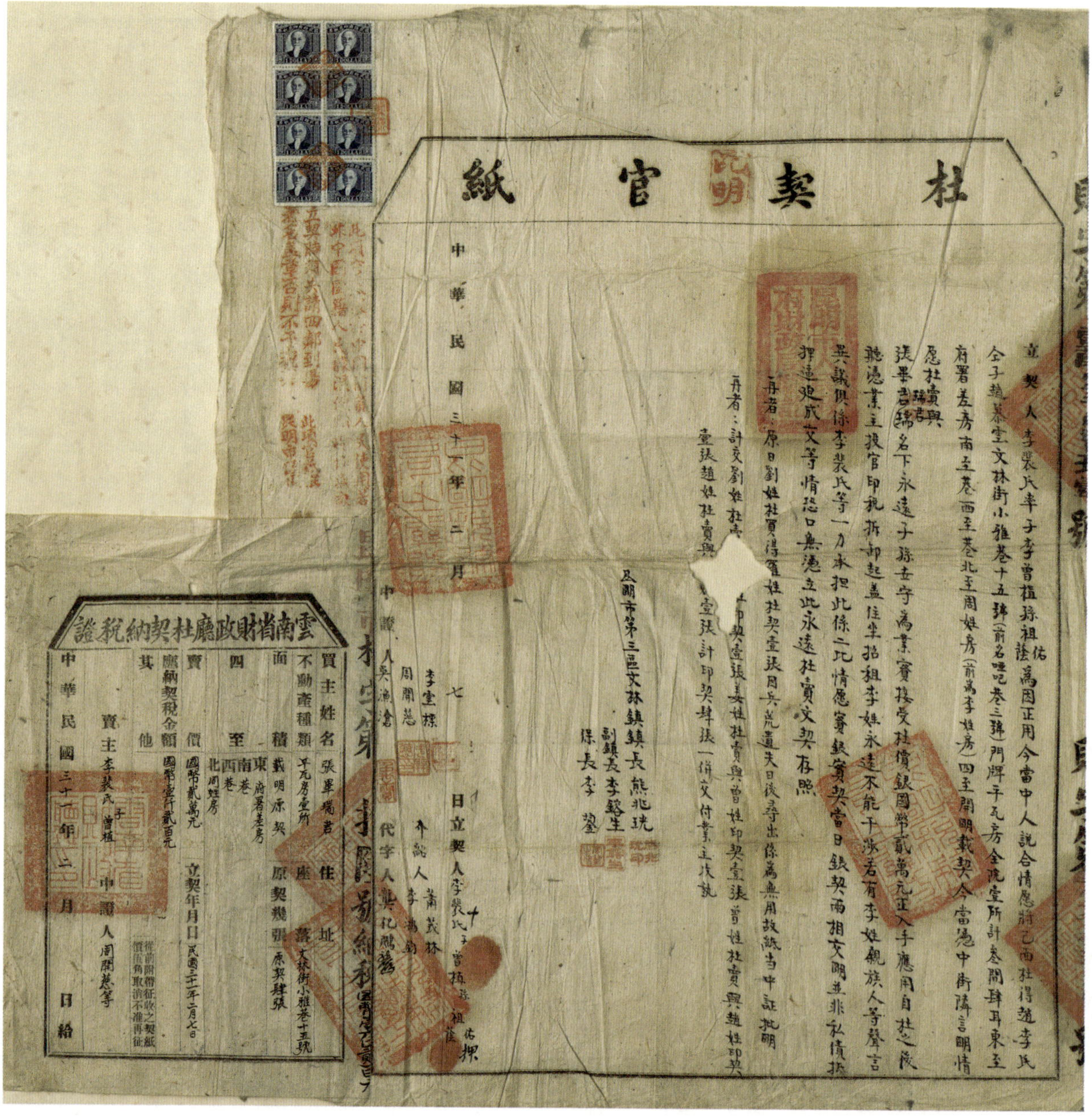

图92　民国三十一年二月初七（1942年3月23日）李裴氏立杜卖平瓦房契　文林街小雅巷（文林街）

## 杜契官纸

立契人李裴氏率子李曾植，孙李祖佑、李祖荫，为因正用，今当中人说合，情愿将己面杜得赵李氏同子赵慕云文林街小雅巷十五号（前名哑吧巷三号）门牌平瓦房全院一所，计三间四耳，东至府署差房，南至巷，西至巷，北至周姓房（前为李姓房），四至开明载契。今当凭中、街邻言明，情愿杜卖与张毕瑞君名下永远子孙世守为业，实接受杜价银国币二万元正，入手应用。自杜之后，听凭业主投官印契，拆卸起盖，住坐招租，李姓永远不能干涉。若有李姓亲族人等声言异议，俱系李裴氏等一力承担。此系二比情愿，实银实契，当日银契两相交明，并非私债抵押、逼迫成交等情。恐口无凭，立此永远杜卖文契存照。

再者，原日刘姓杜买得罗姓杜契一张，因兵荒遗失，日后寻出，系为无用故纸，当中证批明。

再者，计交刘姓杜卖□□□□□契一张，姜姓杜卖与曾姓印契一张，曾姓杜卖与赵姓印契一张，赵姓杜卖与□□一张，计印契四张，一并交付业主收执。

昆明市第三区文林镇镇长：熊兆珑

副镇长：李镕生

保长：李鋆

中华民国三十一年二月七日

立契人：李裴氏　子李曾植　孙李祖佑、李祖荫

中证人：李云标　周开慈　吴渔沧

介绍人：萧茂林　李鸿钧

代字人：龚化鹏

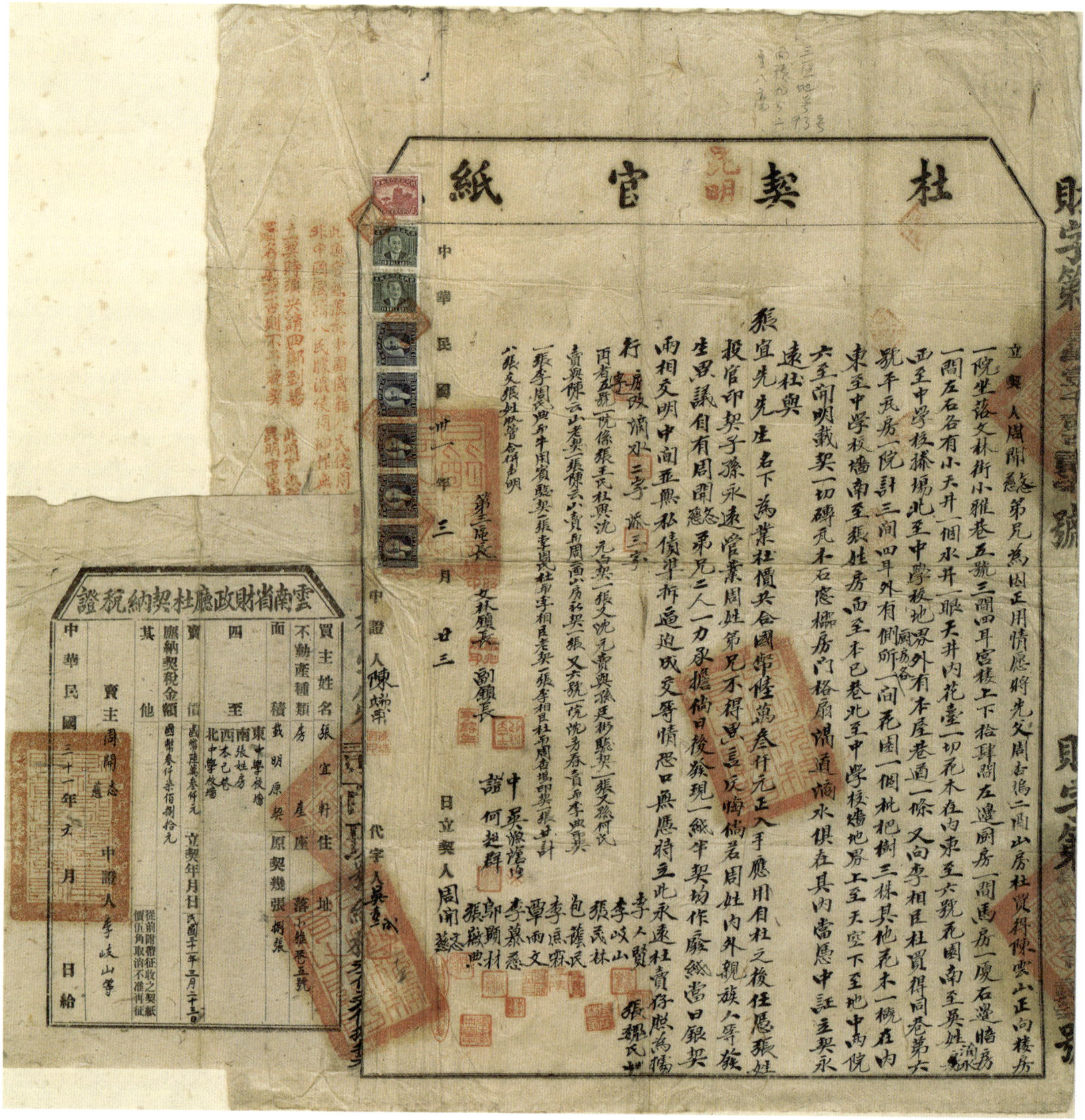

图 93　民国三十一年三月二十三日（1942 年 5 月 7 日）周开悉等立杜卖楼房契（文林街小雅巷）

## 杜契官纸

立契人周开忞、周开慈弟兄，为因正用，情愿将先父周杏扐二酉山房杜买得陈云山正向楼房一院，坐落文林街小雅巷五号三间四耳宫楼上下十四间，左边厨房一间，马房一厦，右边暗房一间，左右各有小天井一个，水井一眼，天井内花台（一切花木在内），东至六号花园，南至吴姓滴水房，西至中学校操场，北至中学校地界外，有本屋巷道一条。又向李相臣杜买得同巷第六号平房一院，计三间四耳，外有厕所、厨房各一间，花园一个，枇杷树三株，其他花木一概在内，东至中学校墙，南至张姓房，西至本巳巷，北至中学校墙地界，上至天空，下至地中，两院六至开明载契，一切砖瓦、木石、窗棂、房门格扇、涡道滴水，俱在其内。当凭中证立契永远杜与张宜先先生名下为业，杜价共合国币六万三千元正，入手应用。自杜之后，任凭张姓投官印契，子孙永远管业，周姓弟兄不得异言反悔。倘若周姓内外亲族人等发生异议，自有周开忞、周开慈弟兄二人一力承担。倘日后发现一纸半契，均作废纸。当日银契两相交明，并无私债准拆（折）、逼迫成交等情。恐口无凭，特立此永远杜卖存照为据。

行房改滴水二字，添三字。

再者，五号一院系张王氏杜与沈元白契一张，又沈元卖与孙廷彬验契一张，又孙何氏卖与陈云山老契一张，陈云山卖与周二酉山房永契一张，又六号一院沈芳春卖与李典印契一张，李周氏典与牛用实验契一张，李周氏杜与李相臣老契一张，李相臣杜与周杏扐印契一张，共计八张，交张姓收管，合并声明。

第三房长（印）文林镇长（印）副镇长（印）

中证：吴渔沧　何超群

中华民国三十一年三月二十三日

立契人：周开忞　周开慈

中证人：陈端东　张薇典　邬显材　李慕慈　覃雨文　李庶霖　包荫民
张茂林　李岐山　李人贤

代字人：吴□成

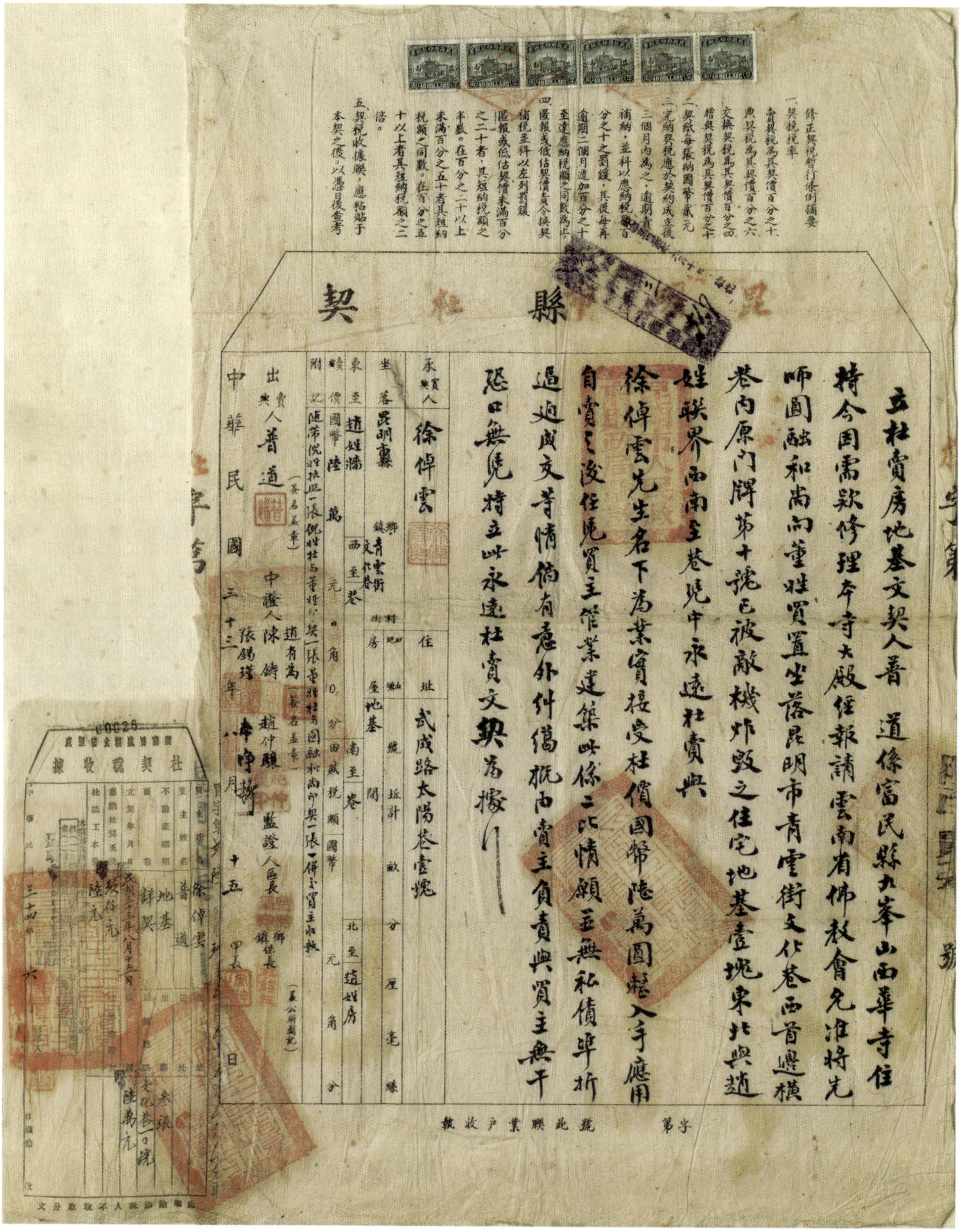

图 94　民国三十三年八月十五（1944 年 10 月 1 日）普道立杜卖房地基契（青云街文化巷）

## 昆明市（县）杜契

立杜卖房地基文契人普道，系富民县九峰山西华寺住持，今因需款修理本寺大殿，经报请云南省佛教会允准，将先师圆融和尚向董姓买置坐落昆明市青云街文化巷西首边横巷内，原门牌第十号，已被敌机炸毁之住宅地基一块，东北与赵姓联界，西南至巷，凭中永远杜卖与徐倬云先生名下为业，实接受杜价国币六万圆整，入手应用。自卖之后，任凭买主管业建筑。此系二比情愿，并无私债准折、逼迫成交等情。倘有意外纠葛，概由卖主负责，与买主无干。恐口无凭，特立此永远杜卖文契为据。

随带倪姓执照一张，倪姓杜与董姓印契一张，董姓杜与圆融和尚印契一张，一并交买主收执。

出卖人：普道

中证人：赵有为　陈铸　赵仲骧　张锡瑾　本净

监证人：区长（印）乡镇保长（印）甲长（印）

中华民国三十三年八月十五日

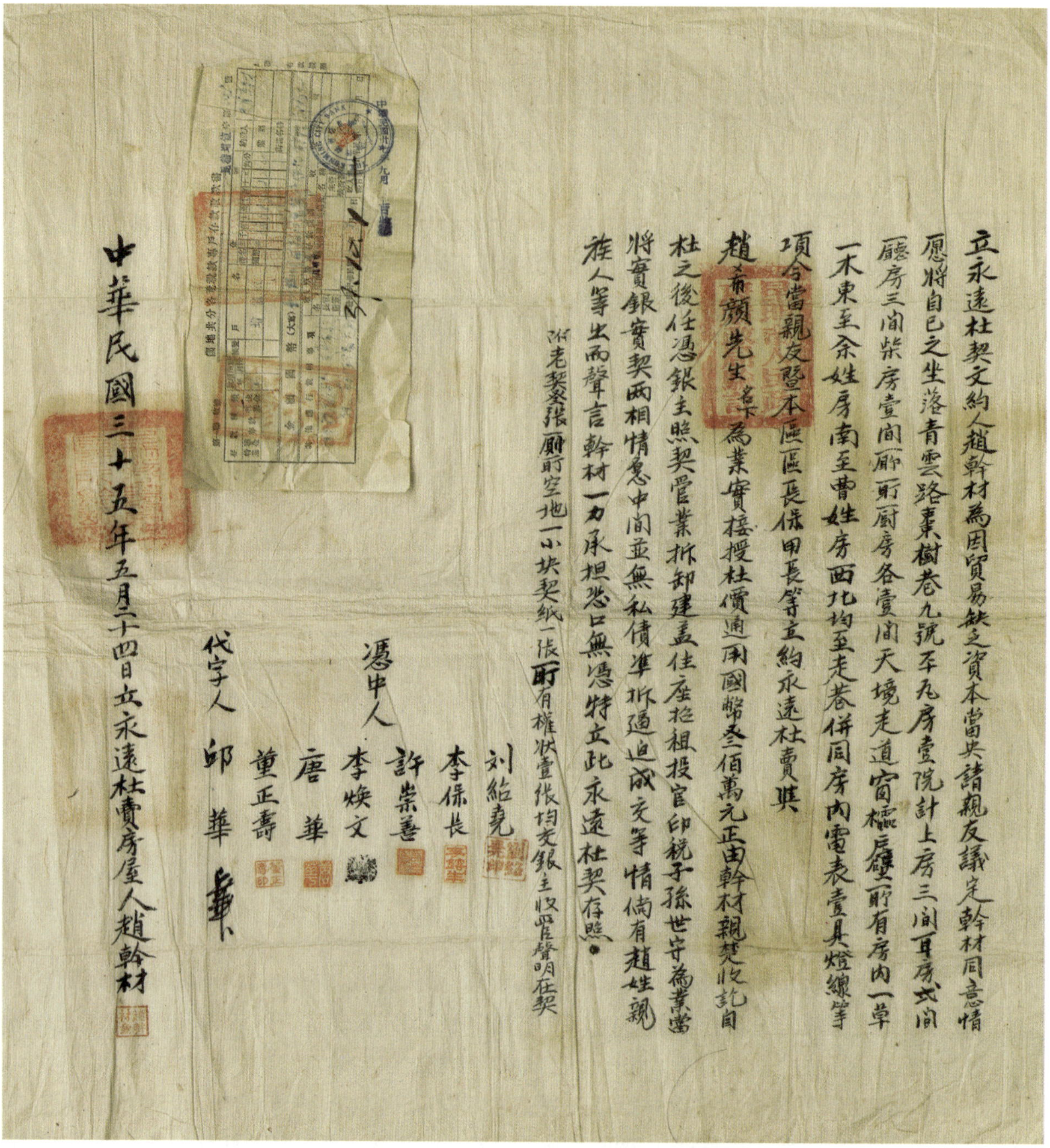

立永遠杜契文約人趙幹材為因貿易缺乏資本當央請親友議定幹材同意情
愿將自己之坐落青雲路棗樹巷九號平瓦房壹院計上房三間耳房弍間
廳房三間柴房壹間廊廚房各壹間天境走道窗櫺屋壁所有房内一草
一木東至佘姓房南至曹姓房西北均至走巷併同房内電表壹具燈線等
項今當親友暨本區區長保甲長等立約永遠杜賣與
趙希顏先生名下為業實接授杜價通用國幣叁佰萬元正由幹材親契收訖自
杜之後任憑銀主照契管業拆卸建蓋住座於祖投官印稅子孫世守為業當
將賣銀賣契兩相情愿中間並無私債準折逼迫成交等情倘有趙姓親
族人等出面聲言幹材一力承担恐口無憑特立此永遠杜契存照。
附老契叁張廁所空地一小块契紙一張所有權狀壹張均交銀主收管聲明在契

刘紹堯
李保長
許崇善
憑中人 李煥文
唐華
董正壽
代字人 邱華

中華民國三十五年五月二十四日立永遠杜賣房屋人趙幹材

图 95 民国三十五年五月二十四（1946 年 6 月 23 日）赵幹材立杜卖平瓦房契（青云路枣树巷）

## 杜卖房契

立永远杜契文约人赵幹材，为因贸易缺乏资本，当央请亲友议定，幹材同意情愿将自己之坐落青云路枣树巷九号平瓦房一院，计上房三间，耳房二间，厅房三间，柴房一间，厕所、厨房各一间，天境、走道、窗棂、户壁，所有房内一草一木，东至佘姓房，南至曹姓房，西北均至走巷，并同房内电表一具、灯线等项。今当亲友暨本区区长、保甲长等立约，永远杜卖与赵希颜先生名下为业，实接授杜价通用国币三百万元正，由幹材亲楚收讫。自杜之后，任凭银主照契管业，拆卸建盖，住座招租，投官印税，子孙世守为业。当将实银实契，两相情愿，中间并无私债准拆（折）、逼迫成交等情。倘有赵姓亲族人等出而声言，幹材一力承担。恐口无凭，特立此永远杜契存照。

附老契三张，厕所空地一小块契纸一张，所有权状一张，均交银主收管，声明在契。

凭中人：刘绍先　李保长（李镕生）　许崇善　李焕文　唐华　董正寿

代字人：邱华

中华民国三十五年五月二十四日　立

永远杜卖房屋人：赵幹材

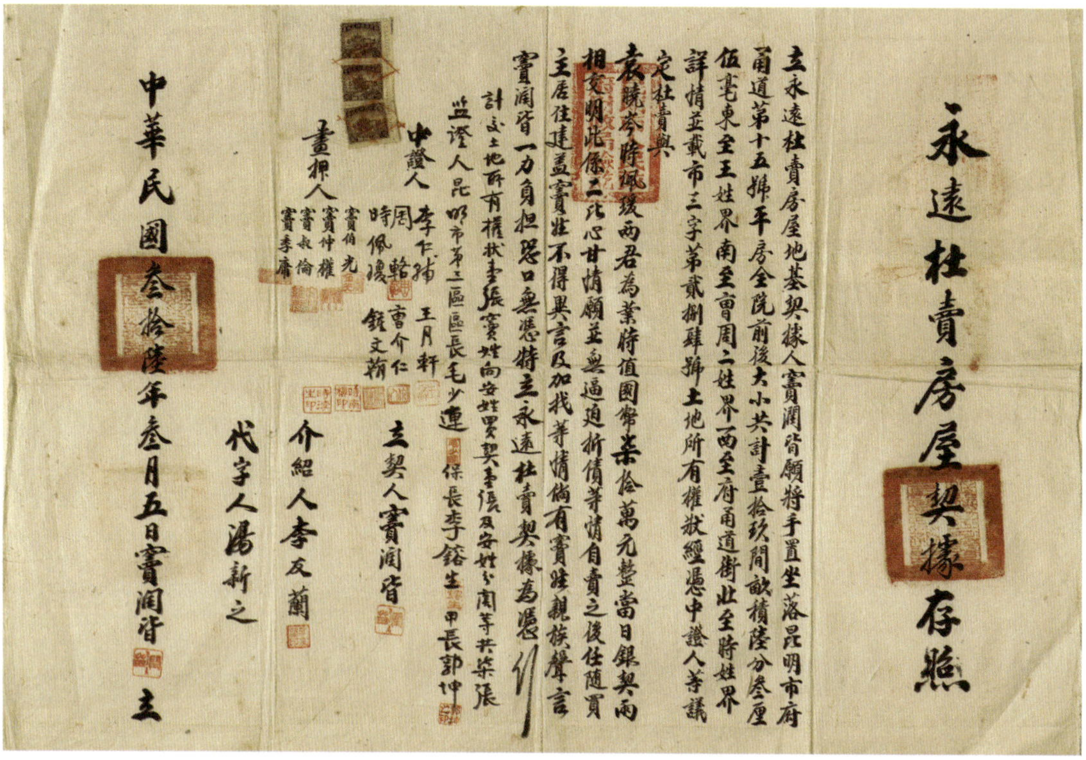
永遠杜賣房屋契據存照

立永遠杜賣房屋地基契據人竇潤皆願將手置坐落昆明市府甬道第十五號平房全院前後大小共計壹拾玖間畝積陸分叁厘伍毫東至王姓界南至曹周二姓界西至府甬道街北至時姓界詳情並載市三字第貳捌肆號土地所有權狀經憑中證人等議定杜賣與袁曉岑時佩瑗兩君為業時值國幣柒拾萬元整當日銀契兩相交明此係二比心甘情願並無逼迫折債等情自賣之後任隨買主居住建蓋竇姓不得異言及加找等情倘有竇姓親族聲言竇潤皆一力負担恐口無憑特立永遠杜賣契據為憑

計交土地所有權狀壹張竇姓向安姓買契壹張及安姓分□等共柒張

監證人昆明市第三區區長毛少連　保長李鎔生　甲長郭坤

中證人　李仁輔　王月軒　周輅　曹介仁　時佩琼　鍾文翰

立契人　竇潤皆

畫押人　竇伯光　竇仲權　竇叔倫　竇季庸

介紹人　李友蘭

代字人　湯新之

中華民國叁拾陸年叁月五日竇潤皆　立

图 96　民国三十六年三月初五（1947 年 4 月 25 日）竇润皆杜卖房屋契（府甬道）

## 永远杜卖房屋契据存照

立永远杜卖房屋地基契据人竇润皆，愿将手置坐落昆明市府甬道第十五号平房全院，前后大小共计一十九间，亩积六分三厘五毫。东至王姓界，南至曹周二姓界，西至府甬道街，北至时姓界，详情并载市三字第二八四号土地所有权状。经凭中、证人等议定，杜卖与袁晓岑、时佩瑗两君为业。时值国币七十万元整，当日银契两相交明。此系二比心甘情愿，并无逼迫折债等情。自卖之后，任随买主居住建盖，竇姓不得异言及加找等情。倘有竇姓亲族声言，竇润皆一力负担。恐口无凭，特立永远杜卖契据为凭。

计交土地所有权状一张，竇姓向安姓买契一张及安姓分□等共七张。

监证人：昆明市第三区区长毛少连　保长李镕生　甲长郭坤

中证人：李仁辅　王月轩　周辂　曹介仁　时佩琼　钟文翰

立契人：窦润皆　周辂　曹介仁　时佩琼　钟文翰

画押人：窦伯光　窦仲权　窦叔伦　窦季庸

介绍人：李友兰

代字人：汤新之

中华民国三十六年三月五日　窦润皆立

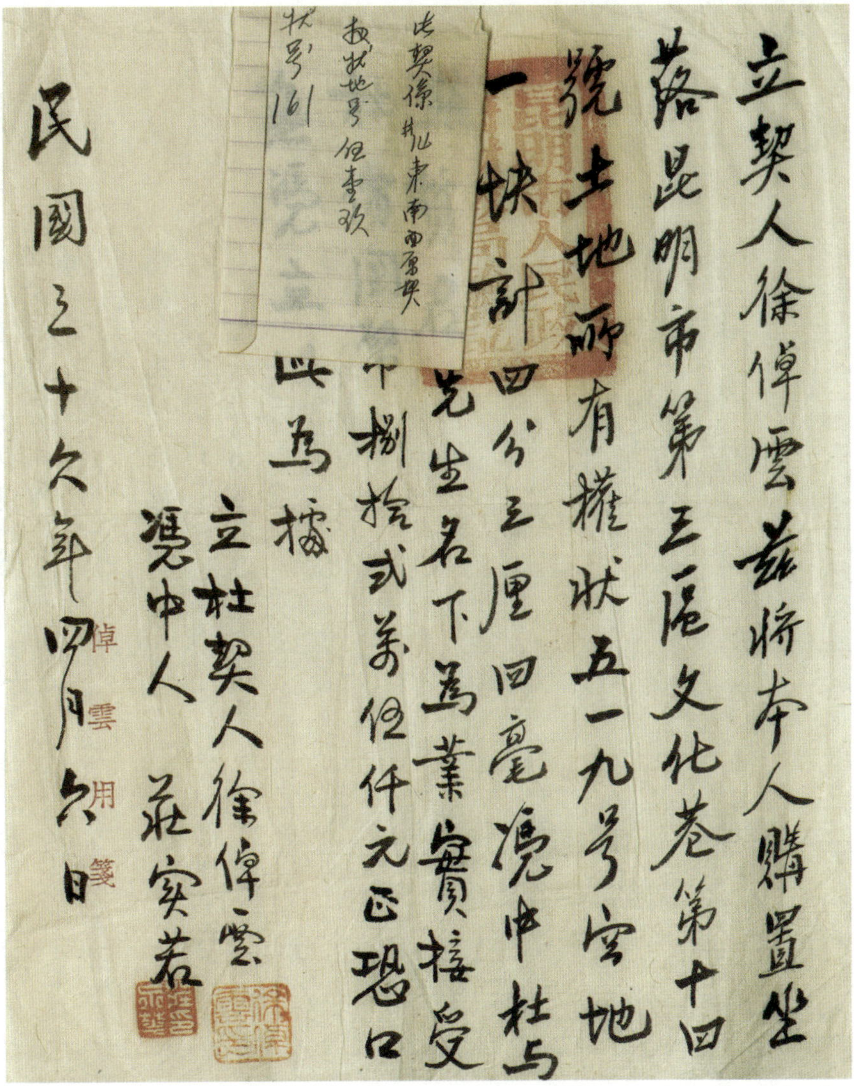
立契人徐倬雲兹将本人購置坐
落昆明市第三區文化巷第十四
號土地所有權狀五一九号空地
一块計四分三厘四毫凭中杜与
……先生名下為業實接受
……币捌拾式萬伍仟元正恐口
……此為據
立杜契人徐倬雲
凭中人莊實若
民國三十六年四月六日

图 97　民国三十六年四月初六（1947 年 5 月 25 日）徐倬云立杜卖地契（文化巷）

## 杜卖地契

立契人徐倬云，兹将本人购置坐落昆明市第三区文化巷第十四号土地所有权状五一九号空地一块，计四分三厘四毫，凭中杜与□□□先生名下为业，实接受□□国币八十二万五千元正。恐口无凭，立此为据。

立杜契人：徐倬云

凭中人：庄实若

民国三十六年四月六日

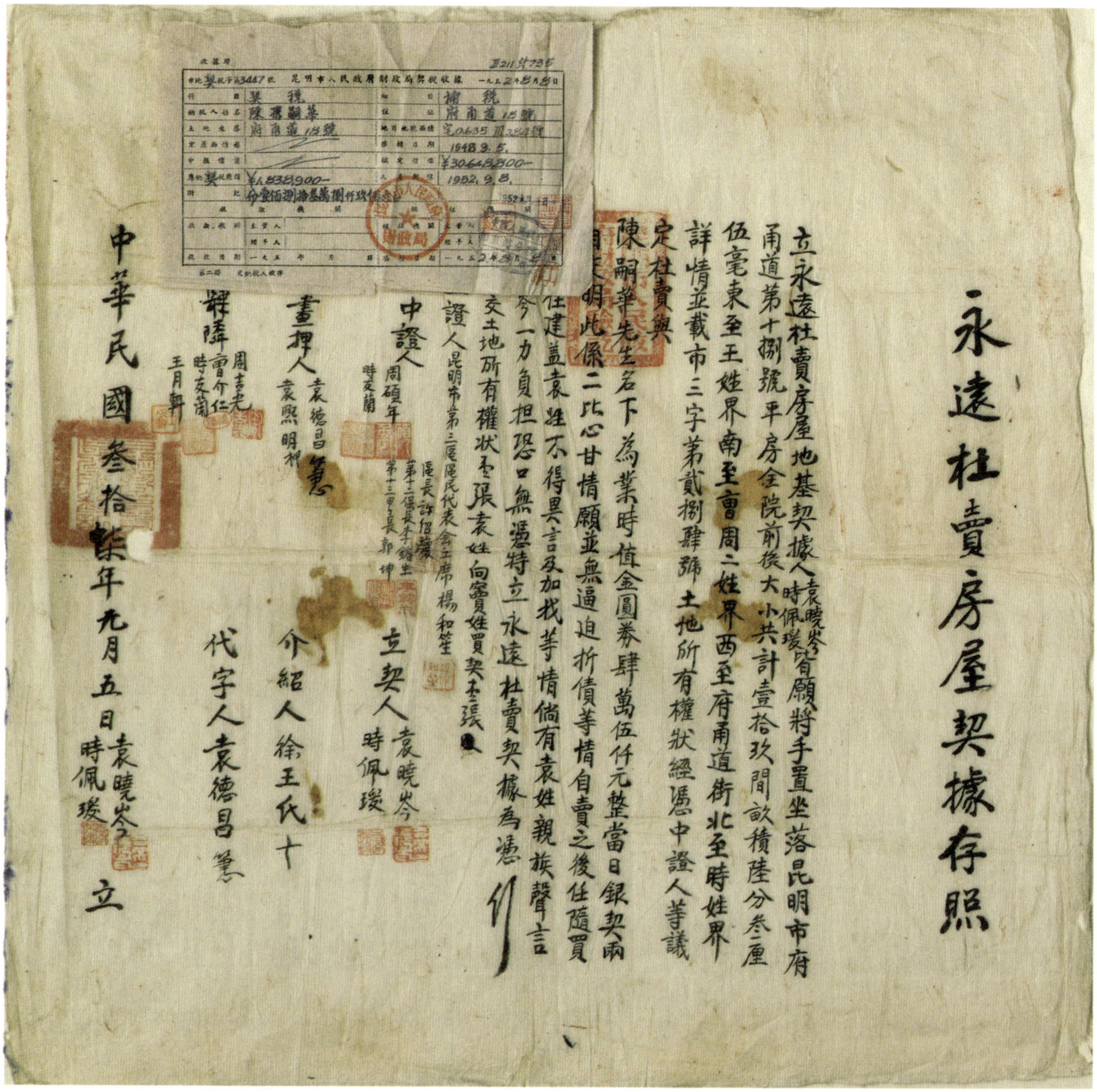
永遠杜賣房屋契據存照

立永遠杜賣房屋地基契據人袁曉岑 時佩璦 皆願將手置坐落昆明市府甬道第十捌號平房全院前後大小共計壹拾玖間畝積陸分叁厘伍毫東至王姓界南至曹周二姓界西至府甬道街北至時姓界詳情並載市三字第貳捌肆號土地所有權狀經憑中證人等議定杜賣與

陳嗣華先生名下為業時值金圓券肆萬伍仟元整當日銀契兩相交明此係二比心甘情願並無逼迫折債等情自賣之後任隨買主建蓋袁姓不得異言反加找等情倘有袁姓親族聲言袁姓一力負担恐口無憑特立永遠杜賣契據為憑

交土地所有權狀壹張 袁姓向寳姓買契壹張

證人 昆明市第三區區民代表會主席楊和笙 區長許紹璇 第十三保保長李錫生 第十三甲甲長郭坤

中證人 周碩年 時友蘭

畫押人 袁德昌 袁熙明

鄰 周吉光 曹介仁 時友蘭 王月舟

立契人 袁曉岑 時佩璦

介紹人 徐王氏

代字人 袁德昌

中華民國叁拾柒年九月五日 袁曉岑 時佩璦 立

图 98 民国三十七年元月五日（1948 年 2 月 14 日）袁晓岑等立杜卖平房契（府甬道）

## 永远杜卖房屋契据存照

立永远杜卖房屋地基契据人袁晓岑、时佩瑗，皆愿将手置坐落昆明市府甬道第十八号平房全院，前后大小共计一十九间，亩积六分三厘五毫。东至王姓界，南至曹周二姓界，西至府甬道街，北至时姓界，详情并载市三字第二八四号土地所有权状。经凭中、证人等议定，杜卖与陈嗣华先生名下为业。时值金圆券四万五千元整。当日银契两相交明，此系二比心甘情愿，并无逼迫折债等情。自卖之后，任随买□□□建盖，袁姓不得异言及加找等情。倘有袁姓亲族声言，□□岑一力负担。恐口无凭，特立永远杜卖契据为凭。

□交土地所有权状一张，袁姓向窦姓买契一张。

□监证人：昆明市第三区区民代表会主席杨和笙

中证人：周硕年　区长许绍骧　第十二保保长李镕生　第十三甲甲长郭坤　时友兰

立契人：袁晓岑　时佩瑗

画押人：袁德昌　袁熙明

介绍人：徐王氏

四邻：周吉光　曹介仁　时友兰　王月轩

代字人：袁德昌

中华民国三十七年九月五日　袁晓岑　时佩瑗立

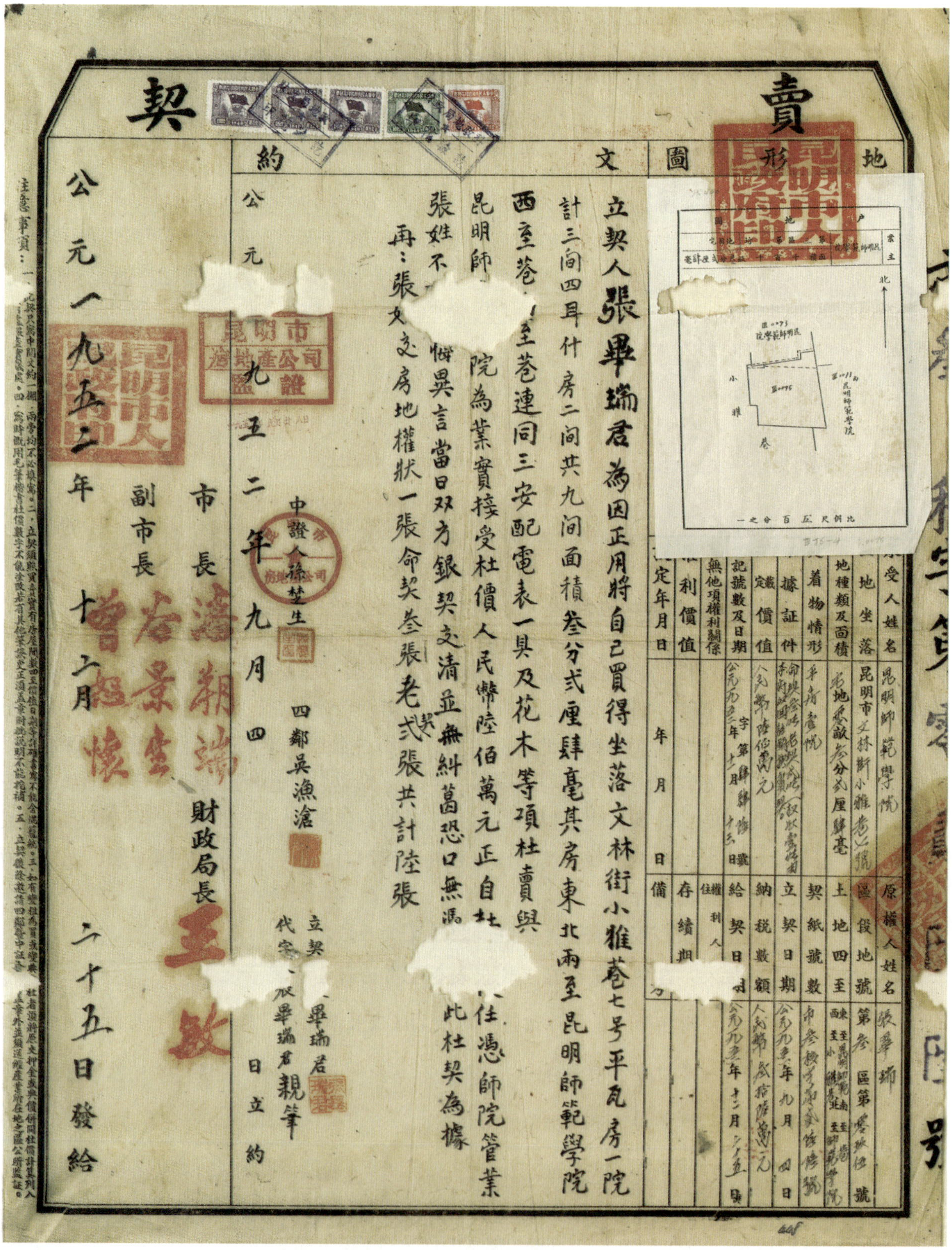

图 99　1952 年 9 月 4 日张毕瑞立卖房契（文林街小雅巷）

## 卖契

立契人张毕瑞君，为因正用，将自己买得坐落文林街小雅巷七号平瓦房一院，计三间四耳什房二间，共九间，面积三分二厘四毫，其房东北两至昆明师范学院，西至巷，□至巷，连同三安配电表一具及花木等项，杜卖与昆明师□□院为业，实接受杜价人民币六百万元正。自杜□□任凭师院管业，张姓不□□悔异言。当日双方银契交清，并无纠葛，恐口无凭，□□此杜契为据。

再，张姓交房地权状一张，命契三张，老契二张，共计六张。

中证人：孙楚生

立契□□毕瑞君

代字□□毕瑞君亲笔

公元□九五二年九月四日　立　约

市长：潘朔端

副市长：谷景生　曾恕怀

财政局局长：王敏

公元一九五二年十二月二十五日发给

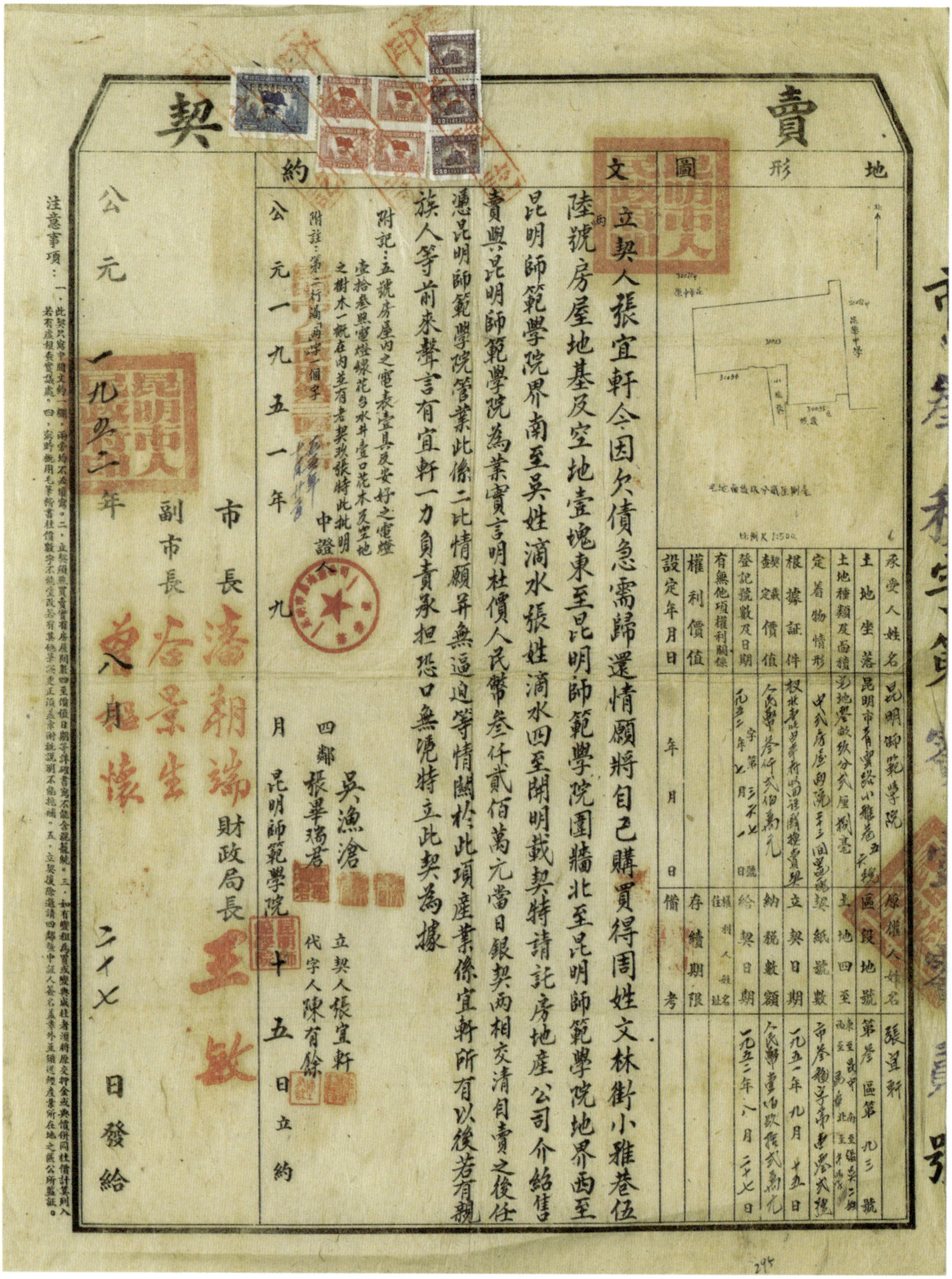
賣契

立契人張宜軒今因欠債急需歸還情願將自己購買得周姓文林街小雅巷伍陸號房屋地基及空地壹塊東至昆明師範學院圍牆北至昆明師範學院地界西至昆明師範學院界南至吳姓滴水張姓滴水四至開明載契特請託房地產公司介紹售賣與昆明師範學院為業實言明杜價人民幣叁仟貳佰萬元當日銀契兩相交清自賣之後任憑昆明師範學院管業此係二比情願並無逼迫等情關於此項產業係宜軒所有以後若有親族人等前來聲言有宜軒一力負責承担恐口無憑特立此契為據

附記：五號房屋內之電表壹具及安好之電燈壹拾叁盞電燈線花乡水井壹口花木及空地之樹木一概在內並有老契玖張特此批明

附註：第二行添改一個字

中證人 吳漁滄

四鄰 張華瑞君 昆明師範學院

立契人 張宜軒

代字人 陳有餘

公元一九五一年九月十五日立約

| 承受人姓名 | 昆明師範學院 | 原業人姓名 | 張宜軒 |
|---|---|---|---|
| 土地坐落 | 昆明市青雲路小雅巷五六號 | 區段地號 | 第叁區第九三號 |
| 土地種類及面積 | | 土地四至 | |
| 定著物情形 | | 契紙號數 | |
| 根據証件 | | 立契日期 | 一九五一年九月十五日 |
| 契價 | 人民幣叁仟貳佰萬元 | 納稅數額 | |
| 登記號數及日期 | | 給契日期 | 一九五二年八月二十七日 |
| 有無他項權利關係 | | 權利人姓名住址 | |
| 權利價值 | | 存續期限 | |
| 設定年月日 | 年 月 日 | 備考 | |

市長 潘朔端

副市長 杜景生

財政局長 王敏

公元一九五二年八月 日發給

图 100　1951 年 9 月 15 日张宜轩立卖房契（文林街小雅巷）

## 卖契文约

立契人张宜轩，今因欠债急需归还，情愿将自己购买得周姓文林街小雅巷五六号房屋地基及空地一块，东至昆明师范学院围墙，北至昆明师范学院地界，西至昆明师范学院界，南至吴姓滴水、张姓滴水，四至开明载契。特请托房地产公司介绍，售卖与昆明师范学院为业，实言明杜价人民币三千二百万元，当日银契两相交清。自卖之后，任凭昆明师范学院管业，此系二比情愿，并无逼迫等情。关于此项产业系宜轩所有，以后若有亲族人等前来声言，有宜轩一力负责承担。恐口无凭，特立此契为据。

附记，五号房屋内之电表一具及安好之，电灯一十三照，电灯线，花台，水井一口，花木及空地之树木一概在内，并有老契九张，特此批明。

附注，第二行漏“两”字一个字。

中证人：昆明市房地产公司

四邻：吴渔沧　张毕瑞

立契人：张宜轩

代字人：陈有余

公元一九五一年九月十五日　昆明师范学院　立约

市长：潘朔端

副市长：谷景生　曾恕怀

财政局长：王敏

昆明市人民政府　一九五二年八月二十七日　发给

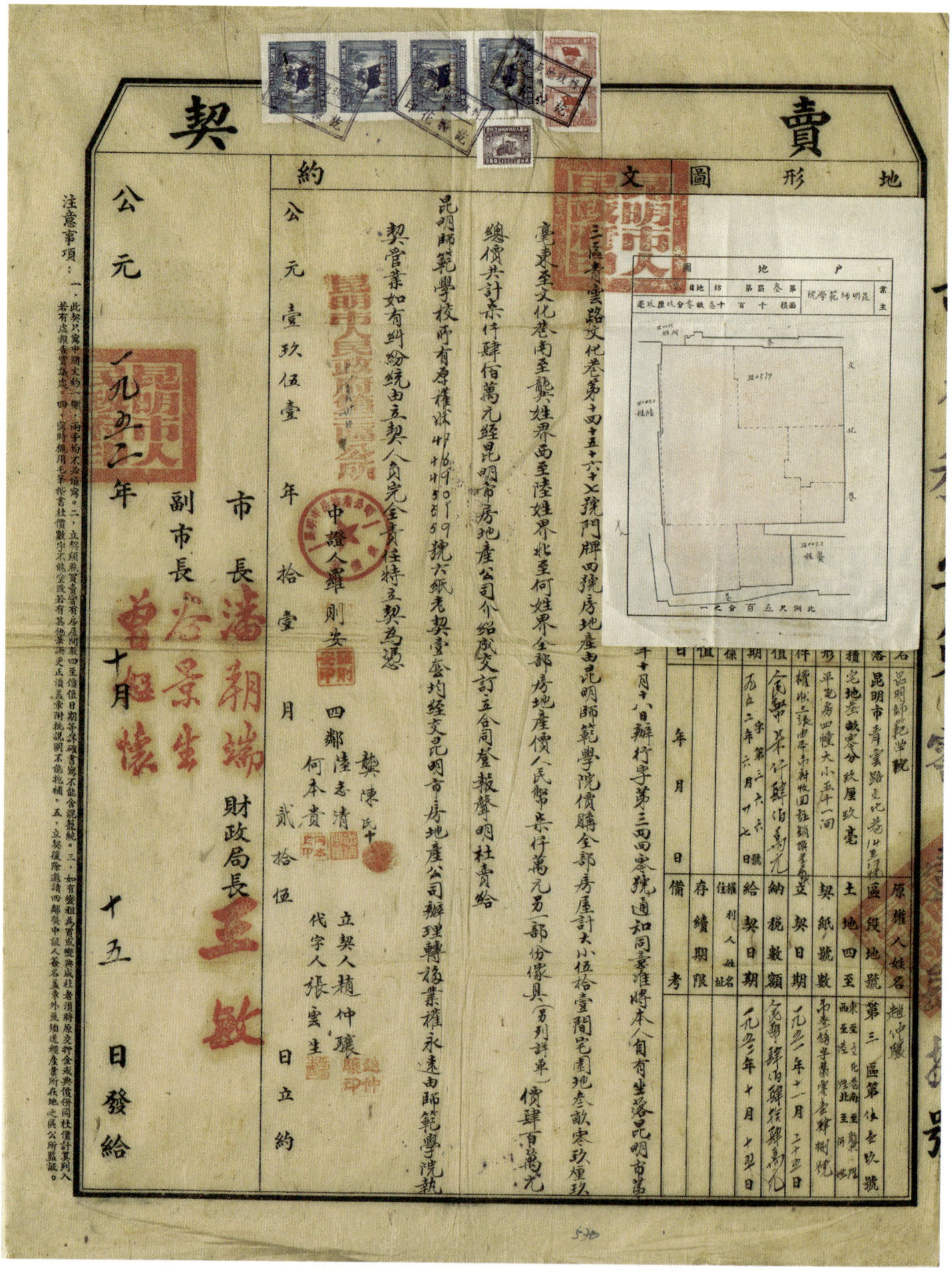

图 101 1951 年 11 月 25 日赵仲骧立卖平瓦房契 青云路（文化巷）

## 卖契

三区青云路文化巷第十四、十五、十六、十七号门牌，四号房地产由昆明师范学院价购全部房屋计大小五十一间宅，园地三亩零九厘九毫，东至文化巷，南至龚姓界，西至陆姓界，北至何姓界，全部房地产价人民币七千万元，另一部份家具（另列详单）价四百万元，总价共计七千四百万元。经昆明市房地产公司介绍成交，订立合同，登报声明，杜卖给昆明师范学校所有。原权状 47、48、49、50、51、59 号六纸老契一套均经交昆明市房地产公司办理转移业权，永远由师范学院执契管业。如有纠纷统由立契人负完全责任，特立契为凭。

中证人：罗则安

四邻：龚陈氏　陆志清　何本贵

立契人：赵仲骧

代字人：张云生

公元一九五一年十一月二十五日　立约

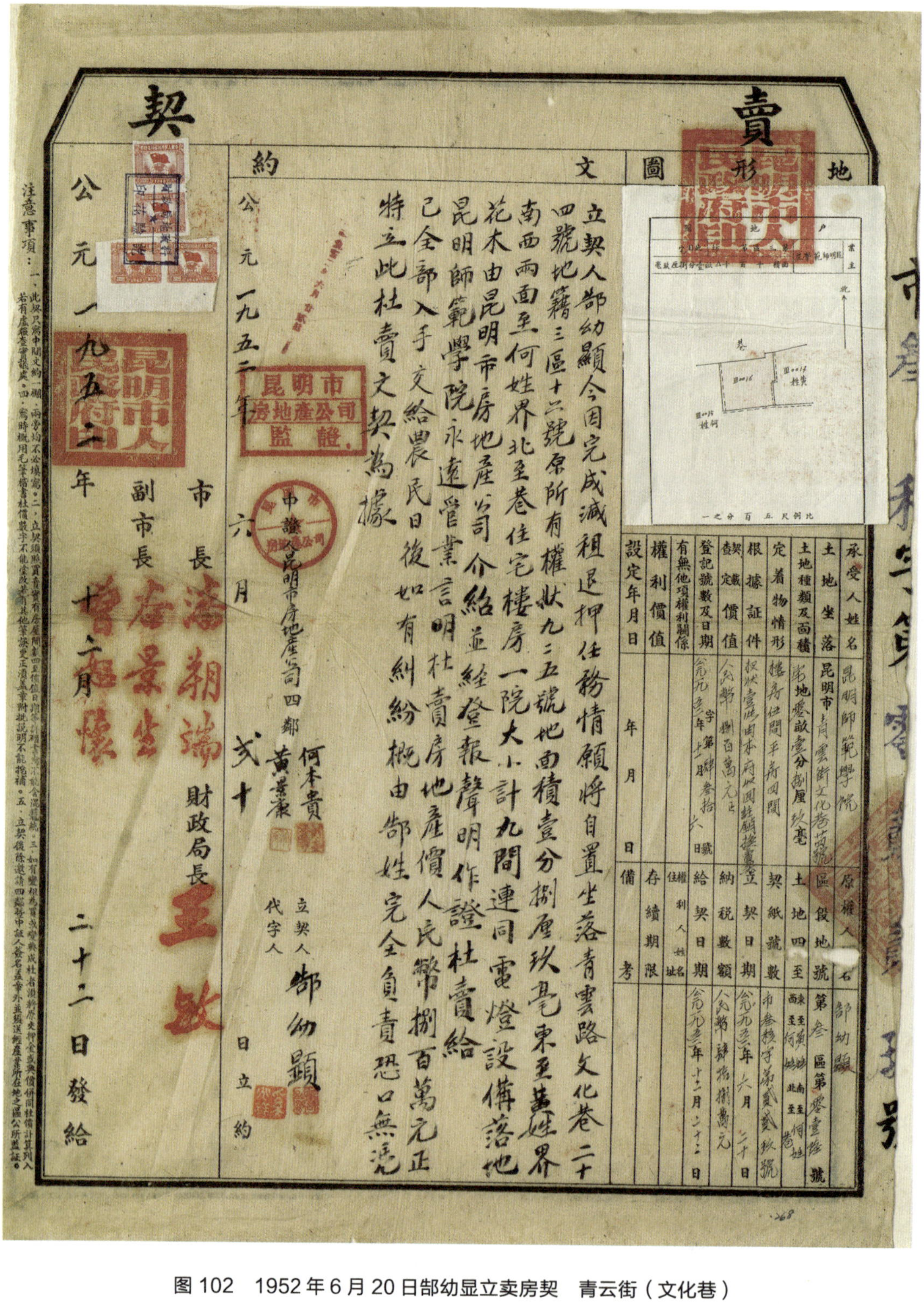

图 102 1952 年 6 月 20 日郜幼显立卖房契 青云街（文化巷）

## 卖契

立契人部幼显，今因完成减租退押任务，情愿将自置坐落青云路文化巷二十四号、地籍三区十二号、原所有权状九二五号地，面积一分八厘九毫，东至黄姓界，南西两面至何姓界，北至巷住宅，楼房一院，大小计九间，连同电灯设备、落地花木，由昆明市房地产公司介绍并经登报声明作证，杜卖给昆明师范学院永远管业。言明杜卖房地产价人民币八百万元正，已全部入手交给农民。日后如有纷争，概由部姓完全负责，恐口无凭，特立此杜卖文契为据。

中证人：昆明市房地产公司

四邻：何本贵　黄景康

立契人：部幼显

公元一九五二年六月二十日　立约

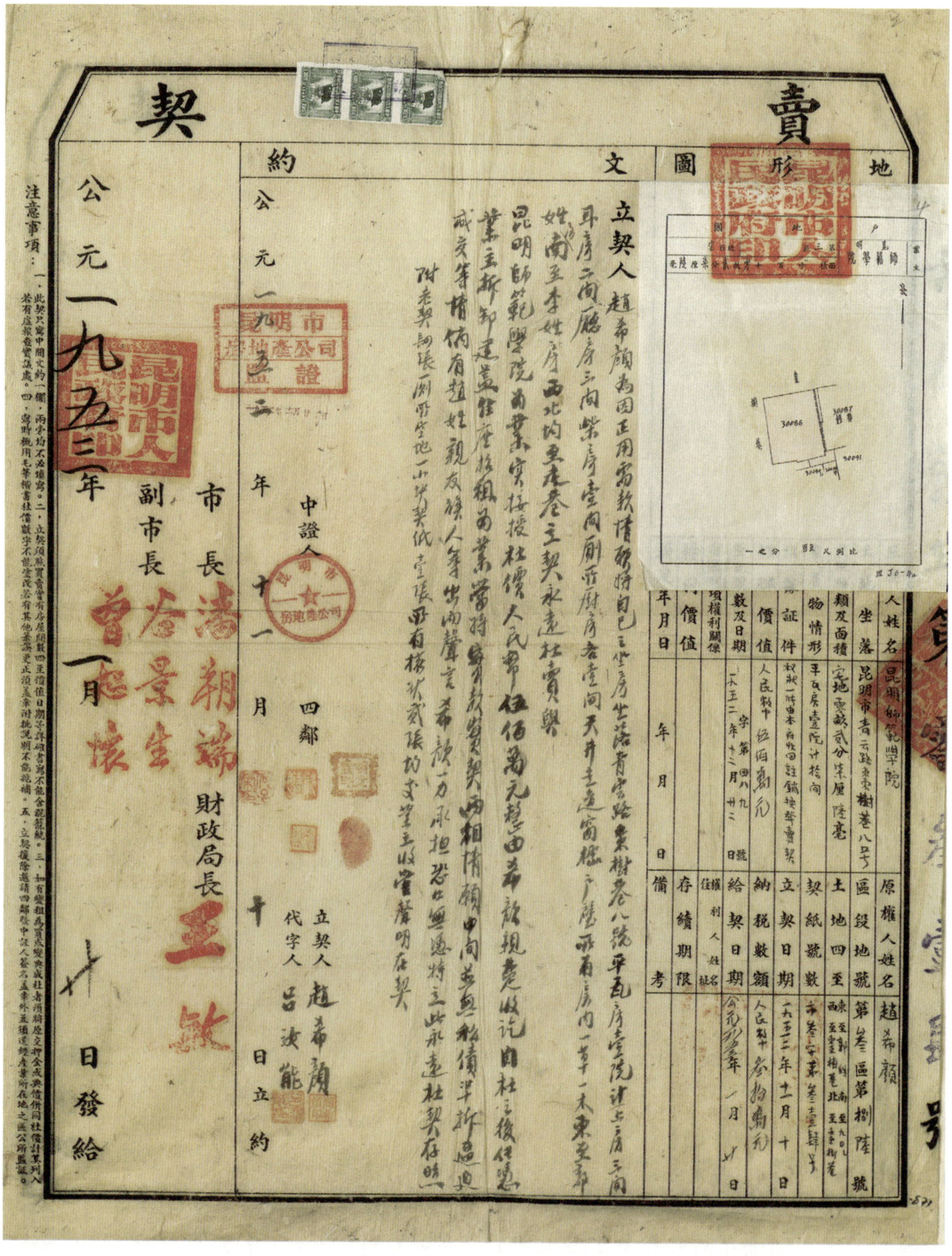

图 103　1952 年 11 月 10 日赵希颜立卖平瓦房契　青云路（枣树巷）

## 卖契

立契人赵希颜为因正用需款，情愿将自己之坐房坐落青云路枣树巷八号平瓦房一院，计上房三间，耳房两间，厅房三间，柴房一间，厕所、厨房各一间，天井、走道、窗棂、户壁，所有房内一草一木，东至郭姓房，南至李姓房，西北均至走巷，立契永远杜卖与昆明师范学院为业。实接授杜价人民币五百万元整，由希颜亲楚收讫。自杜之后，任凭业主拆卸建盖，住坐招租为业，当将实款实契，两相情愿，中间并无私债准拆（拆）、逼迫成交等情。倘有赵姓亲友族人等出而声言，希颜一力承担，恐口无凭，特立此永远杜契存照。

附老契四张，厕所空地一小块契纸一张，所有权状两张，均交业主收管，声明在契。

中证人：昆明市房地产公司

立契人：赵希颜

代字人：吕汝能

公元一九五二年十一月十日　立约

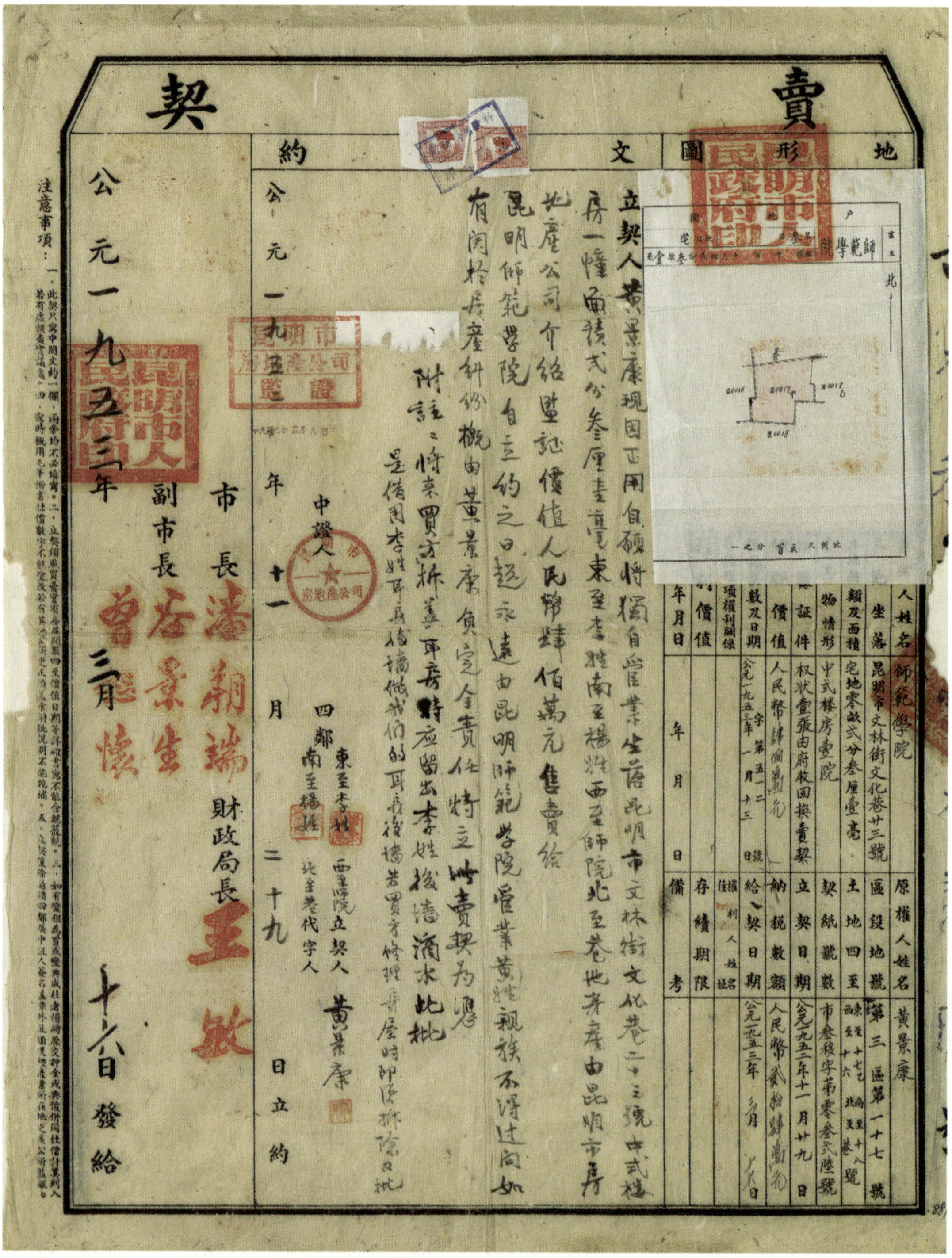

图 104　1952 年 11 月 19 日黄景康立卖楼房契　文林街（文化巷）

## 卖契

立契人黄景康现因正用，自愿将独自管业坐落昆明市文林街文化巷二十三号中式楼房一幢，面积二分三厘一毫，东至李姓，南至杨姓，西至师院，北至巷地。房产由昆明市房地产公司介绍监（鉴）证，价值人民币四百万元，售卖给昆明师范学院。自立约之日起，永远由昆明师范学院管业，黄姓亲族不得过问。如有关于房产纠纷，概由黄景康负定全责任，特立此卖契为凭。

中证人：昆明市房地产公司

四邻：东至李姓　西至师院　南至杨姓　北至巷

立契人：黄景康

公元一九五二年十一月二十九日　立约

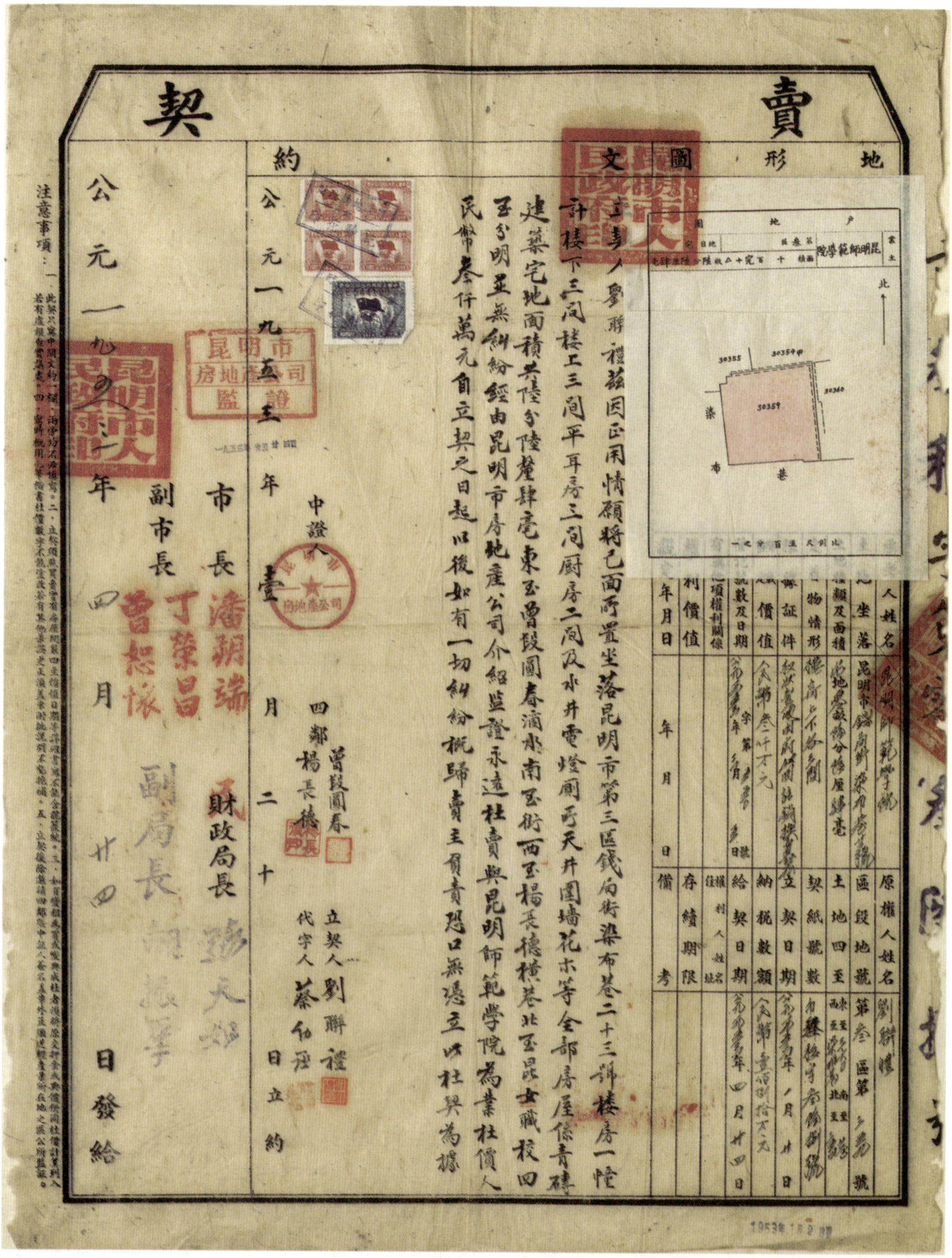

图 105　1953 年 1 月 20 日刘联礼立卖楼房契（钱局街染布巷）

## 卖契

立契人刘联礼兹因正用，情愿将己面所置坐落昆明市第三区钱局街染布巷二十三号楼房一幢，计楼下三间楼上三间，平耳房三间，厨房二间及水井电灯、厕所天井、围墙花木等，全部房屋系青砖建筑，宅地面积共六分六厘四毫，东至曾段圆春滴水，南至街，西至杨长德横巷，北至昆女职校，四至分明，并无纠纷。经由昆明市房地产公司介绍监（鉴）证，永远杜卖与昆明师范学院为业，杜价人民币三千万元。自立契之日起，以后如有一切纠纷概归卖主负责，恐口无凭，立此杜契为据。

中证人：昆明市房地产公司

四邻：曾段圆春　杨长德

立契人：刘联礼

代字人：蔡幼亟

公元一九五三年一月二十日　立约

# 西南联大新校舍平面图
# 及在昆明市区的分布情况

## 民国廿八年工程处绘制国立西南联合大学新校舍平面图

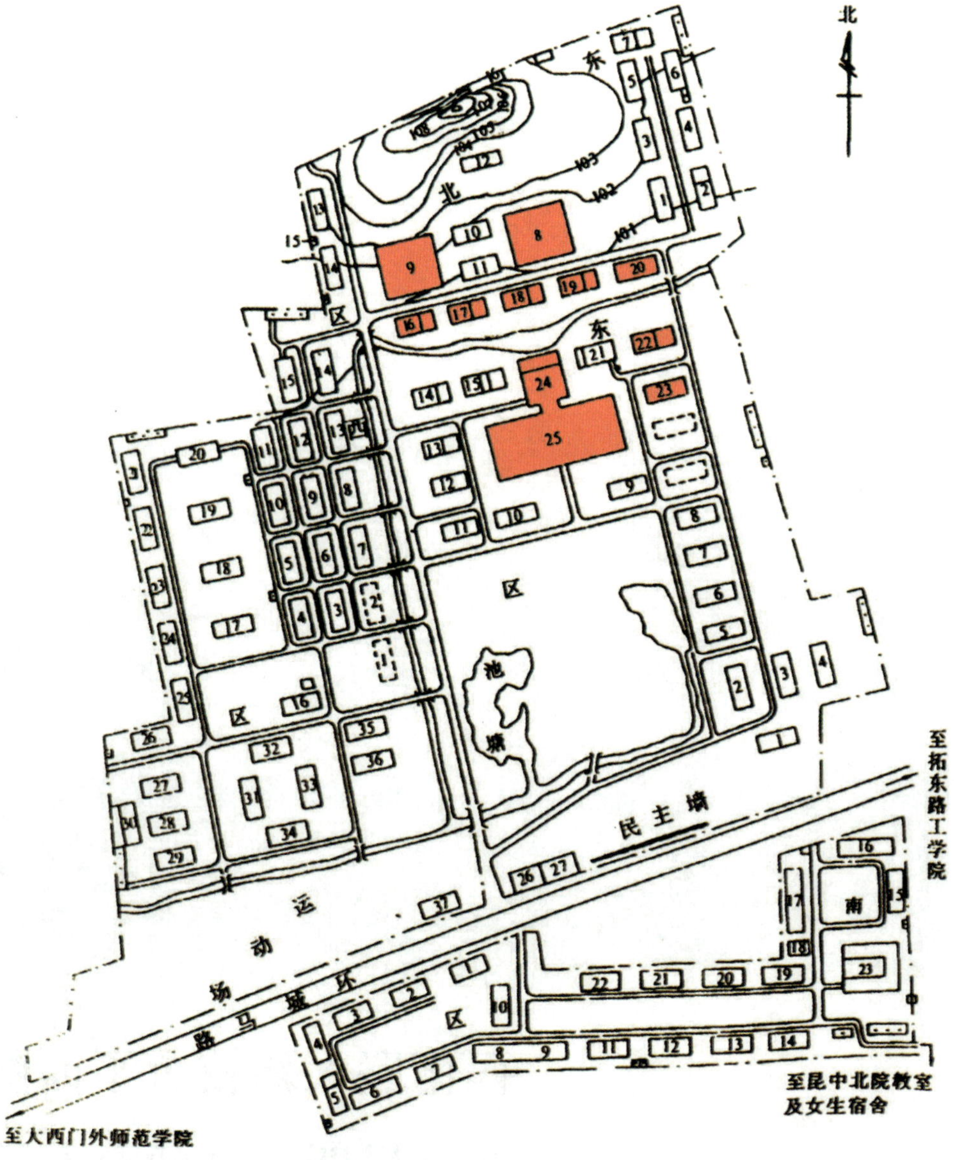


展示标识与联大格局对应

8 第一食堂　9 第二食堂　16-19 教室（19为现存教室）　20 哲学、心理学系及系实验室

22 政治系、法律系　23 常务委员（清华、北大、南开三校校长）办公室

24 图书馆办公室及书库　25 大阅览室

图 106　1939 年（民国二十八年）绘制的西南联大新校舍图

图 107　1940 年西南联大校园平面图

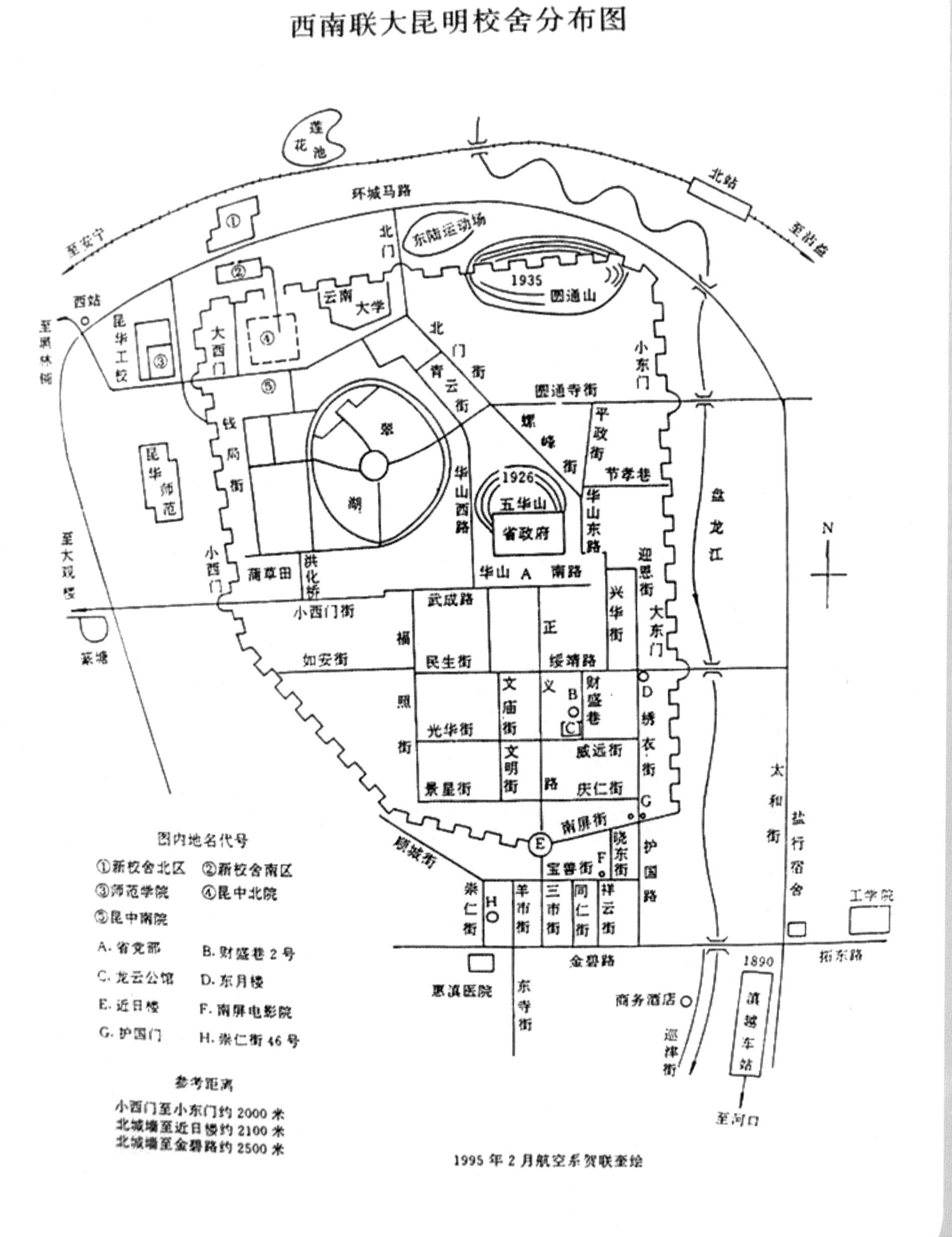


图 108　西南联大中后期在昆明市区的分布情况

# 部分房地契所处街巷名释义

1. 一二一大街

原环城北路西段。1996年后建小菜园立交桥，并将原环城北路西站至小菜园立交桥一段进行拓宽改造，改名为一二一大街。路旁云南师范大学（原西南联大旧址）内的“一二·一”烈士墓及纪念馆由此而得名。

2. 文化巷

位于昆明市五华区，翠湖之北。南起文林街，北至天君殿巷，长249米。历史上曾称荨麻地、全麻巷、荃麻巷、钱麻巷、钱妈巷等，以地处北城脚荒野，荨麻丛生得名。1950年后随着附近院校扩建、新建，此巷成为云南大学、昆明师范学院（今云南师范大学）、昆明工学院（今昆明理工大学）三校师生从学校至文林街往返的通道，俗称三家巷，现名为文化巷。

3. 翠湖北路

位于昆明市五华区，翠湖北畔。西南起仓园巷，接翠湖西路，东北至云南大学，接青云街和翠湖东路，长541米。明称佛护里，清名北海子边，民国年间叫玉龙堆，20世纪60年代后改称今名。有云南大学等单位。

4. 先生坡

位于昆明市五华区，翠湖之北。南起翠湖北路，沿坡上行至文林街，长115米。清末以地近贡院（今云南大学内），属坡地，内多驿馆，每逢乡试各地应考秀才（俗称先生）多居于此而得名，或谓乡试时改考卷的先生居此而得名。

5. 文林街

位于昆明市五华区，翠湖西北面。东起翠湖北路与青云街交接处，西至东风西路北口，与龙翔街相通，长700米。明清时有云南府署，地近贡院（今云南大学内），考生多经此街，是文人云集之地，取“文人如林”之意而得名。分段称贡院坡、文林街。1952年统称青云路。1983年复名文林街。

6. 小雅巷

位于昆明市五华区。南起文林街中段北侧，北至云南师范大学附属小学，长 53 米。历史上此地接近北城墙，住户较少，俗称小哑吧巷。另传因巷内原住有两个哑巴小孩而得名。民国初年，定名小哑巷，后雅化为今名。

7. 大西门

位于昆明市五华区，东风西路与龙翔街东口、文林街西口交接处附近，今新建设电影院门前一带之习称地名。“大西门”原为城门，明洪武十五年（1382 年）建，因与小西门相对，俗称“大西门”，由城门变为地名。大西门，官方明代称广威门，清改名为宝成门，城楼称拓边楼。

8. 西仓坡

位于昆明市五华区，翠湖西面。东起翠湖北路，西至原市粮食局第二直属库，北通府甬道，长 108 米，西高东低。清道光八年（1828 年），在此建太平仓，俗称大西仓，得名太平巷。清末改称西仓坡，沿用至今。坡西头原是西南联大宿舍，闻一多先生曾在此居住。1946 年 7 月 15 日，闻一多先生被国民党特务杀害于坡头，现在殉难处立有“闻一多先生殉难处”大理石碑，被列为五华区重点文物保护单位。

9. 钱局街

位于昆明市五华区，翠湖西面。南接翠湖南路，北至文林街，长 560 米。因清顺治十七年（1660 年）清政府命云南开局制钱，在此设宝云钱局，故名钱局街。

10. 染布巷

位于昆明市五华区，翠湖之西。东通钱局街中段西侧，西接大西城巷，长 120 米。清末有一户姓邱的人家在此巷开染房，浆染纱帕、小布等，故称染布巷。

11. 青云巷

位于昆明市五华区，翠湖之东，五华山北面。西起华山西路的独口巷，东阻，长 72 米。清末，以巷居青云街南段得名。

12. 凤翥街

位于昆明市五华区，翠湖西北面。南起昆师路，中与龙翔街相交，北至一二一大街（原环城北路），长 700 米。清初是大西门（宝成门）外沿城墙的一条小道，称关厢。后以明代建造的文昌宫（在今文林小学及成都军区招待所址）内的凤翥楼名雅称为今名。

13. 枣树巷

在昆明城区，翠湖西北面。南起文林街，北至原师大附中宿舍，长约 50 米。因清末巷内有一棵枝干粗壮、果大味甜的软枣树，民间俗称软枣树巷，辛亥革命后取名枣树巷。

14. 府甬道

位于昆明市五华区，翠湖的西北面。南起西仓坡，北至文林街，长 138 米。明清时是云南府署（今云南师范大学附属小学）衙门前的甬道，故得名。原南端有照壁，中有“滇南首郡”牌坊，1949 年后拆除，拓宽路面。现府甬道 14 号为民主周刊社旧址。

15. 青云街

位于昆明市五华区，翠湖东北面。南接圆通街，西北抵翠湖北路和文林街交接处，长 500 米。明、清时此街南段曾名祝国街，因有祝国庵得名；北段因至贡院（今云南大学），得名贡院街，后在此附近设左哨衙门（后为省文化厅宿舍），遂改称左哨街。南北段中间有一座龙门桥。因考生过龙门桥，经贡院街，进入贡院，考试及第为举人后方能赴京应试，取“一登龙门则身价百倍”和“沿此路方能青云直上”之意，而称青云街。约在 1938 年前后统名青云街。

16. 人民西路

位于昆明市五华区。东起东风西路，通人民中路，西至眠山东麓，接昆瑞公路，长5.4千米。明代部分地带为水城，清代为沼泽地，渐开田园。鱼翅河经此注入滇池，曾沿河铺建一条石板路，称为迤西大道，又名西关外大路。原为土石小路，1958 年后填平河道，拓宽路面，建成通向滇西的交通干道，取“人民事业兴旺发达”之意命名为人民路。1979 年以地处城区西部，相对于人民东路，得名人民西路。

17. 六合村

位于昆明西郊，人民西路南侧，属西山区原东风办事处红联乡。此地原有前祠堂、中祠堂、后祠堂、王家小村、石桥等六个小村，1951 年合并为一村，故称六合村。聚落呈长形，东西向分布。

18. 吉祥巷

位于昆明市五华区，正义路之西。南起东风西路，北接景星街，长 218 米。清代成巷时以有一座尼姑庵——吉祥庵得名吉祥庵巷，辛亥革命后省去“庵”字而名吉祥巷。

19. 通城巷

位于昆明市五华区，正义路之西。北起景星街，南至东风西路，长 60 米。清代成巷后曾名哑巴巷，因其不雅，清末以此巷连通旧城南城墙而改名为通城巷。

20. 三转弯

位于昆明市五华区，正义路西。南起如安街中段，北抵小富春街，长 119 米。清代以巷内有三处转弯而得名。

21. 周家巷

位于昆明市五华区。北起大观街东头南侧独口巷，南阻，长 30 米。以清末巷内多周姓人家而得名。

22. 甬道街

位于昆明市五华区。北起光华街，南至景星街，长 100 余米。因清代是云贵总督衙门的出入通道而得名。原为土木结构居民住宅，现为花鸟市场。音乐家聂耳出生于此街。

（以上街巷名参考《昆明市地名志》《昆明地名博览辞典》等整理。）

# “老昆明地图”的历史记忆

昆明市南屏步行街口，在花岗岩地面上，嵌刻着一幅铜质“老昆明地图”地图浮雕，自2005年面世至今，已历时18个春秋。

地图两侧的楹联式文字题为《故城记》：“昆明故城，定于元成于明。城形似龟，南临滇池，北接蛇山，蛇首五华圆通祖遍三山囿于城中，截菜海子为内湖，呈龟蛇相交之态，谓可福于滇。城设六门，南门为首，取八卦震音，曰丽正门，北门为尾，东西各二门为足；由五华山至丽正门为城之中轴，余各门与中轴相通，城内多衙门官邸祠庙学堂，少有民户。旧有‘三坊十八铺’之说，坊为街区，铺指驿站，城将成铭三石埋于地，上书‘五百年前后云南胜江南’，数百年一瞬，古风犹存。滇中风物世所赏慕，今辟南屏街步行街，于广场嵌刻清末昆明街道图，以志沧桑。岁在乙酉正月初一记。”

“老昆明地图”绘制了主要街巷，10余条街道的名称还保存至今。其中，本书中部分房地契所处街巷名称及其他地名亦在图中可以寻觅辨认，如钱局街、先生坡、凤翥街、荃麻巷（今文化巷）、菜海子（今翠湖）、贡院（今云南大学东陆校区）、通城巷、甬道街等。本书中所有照片均为本书作者拍摄。

1.1－老昆明地图－南屏步行街口

在拍摄南屏步行街口“老昆明地图”全景时，偶遇一位老先生，拄着手杖，在一位年轻人的陪同下，在“老昆明地图”前久久徘徊，不时用手杖指点图上，与年轻人交流，追索着过去的记忆。

1.2- 老昆明地图 - 南屏步行街口铜像

1.3- 老昆明地图 -《故城记》局部

1.4- 老昆明地图 -《故城记》右侧

1.5- 老昆明地图 -《故城记》左侧

1.6- 老昆明地图 - 钱局街

1.7- 老昆明地图 - 先生坡

1.8- 老昆明地图 – 凤翥街、荃麻巷（文化巷）

1.9- 老昆明地图 - 菜海子（翠湖）

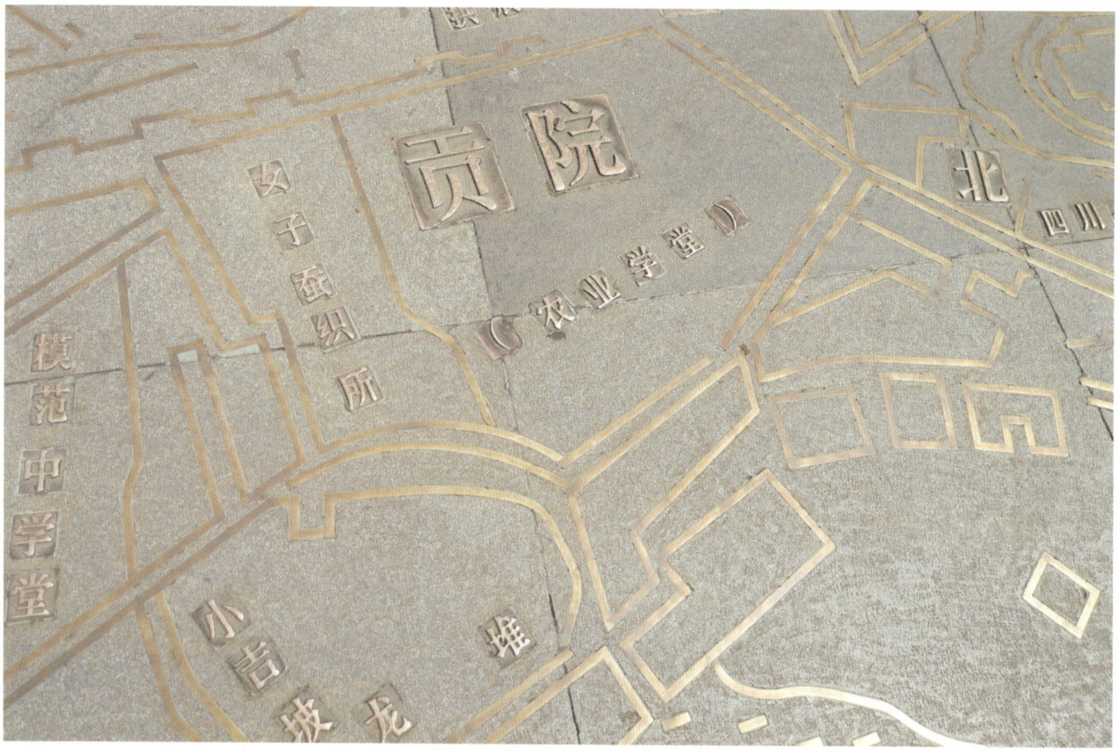


1.10- 老昆明地图 - 贡院（云南大学东陆校区）

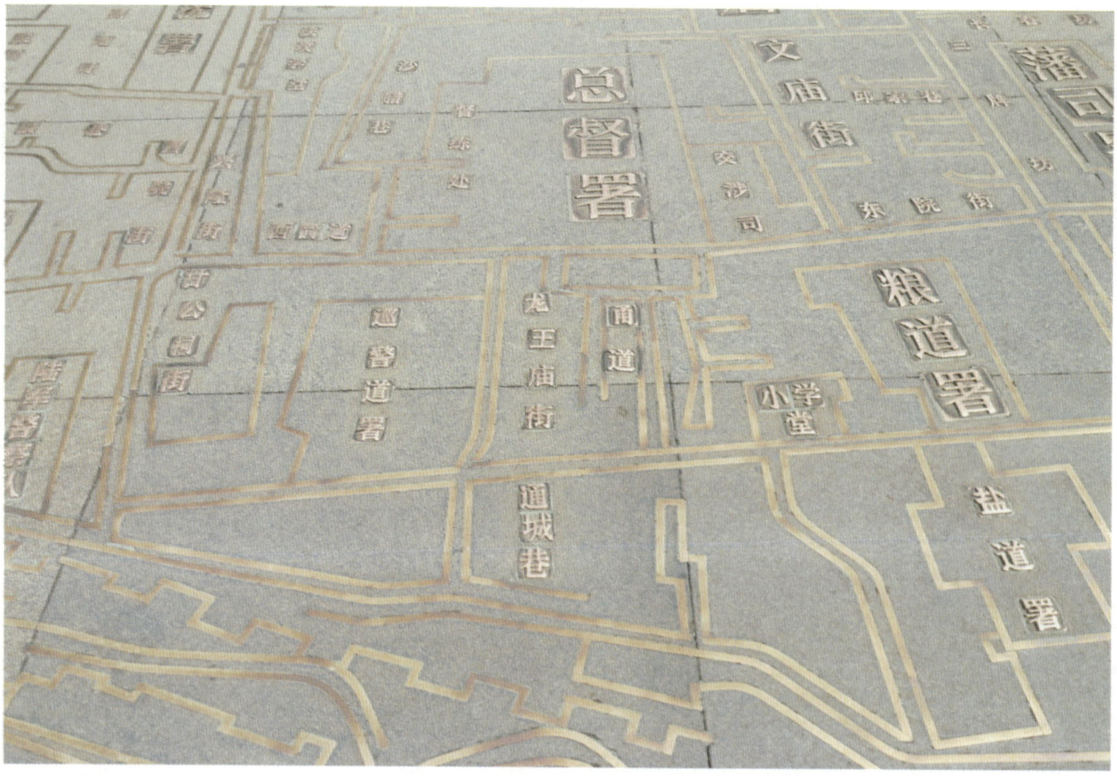


1.11- 老昆明地图 - 通城巷、甬道街

在甬道花街（北）入口处地面上，也嵌刻着一幅基于民国时期地图绘制的“老昆明地图”，它体现了昆明老城区从近代至今的主要街巷肌理及历史遗迹。图中铜板区域为文明街历史文化街区的紫线保护范围。地图左下角标注有“二零一八年 昆明市之江置业有限公司”字样。

2.1- 甬道街口（北）老昆明地图（远处为抗战胜利堂及纪念碑）

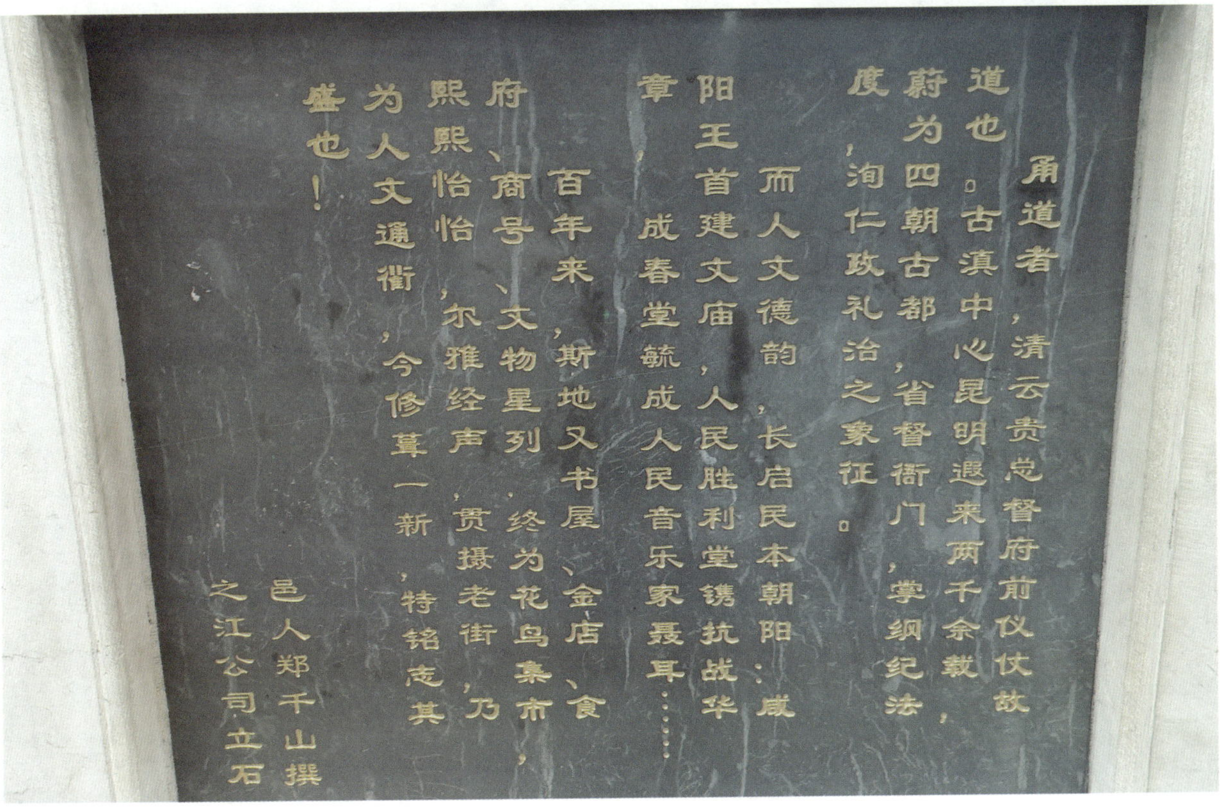


2.2- 甬道街口（北）之江公司立石碑文

2.3- 甬道街口（北）指示路牌

2.4- 甬道街口（南）指示路牌

2.5- 景星街与甬道街（南）交叉口指示路牌

2.6- 甬道街口（南）与景星街交叉口

2.7- 甬道街聂耳故居

2.8- 甬道街口（北）老昆明地图说明

2.9- 甬道街口（北）老昆明地图 - 文明街历史文化街区保护范围

2.10- 甬道街口（北）老昆明地图 - 正义门

2.11- 甬道街口（北）老昆明地图 - 护国门

2.12- 甬道街口（北）老昆明地图 - 大东门

2.13- 甬道街口（北）老昆明地图 - 小东门

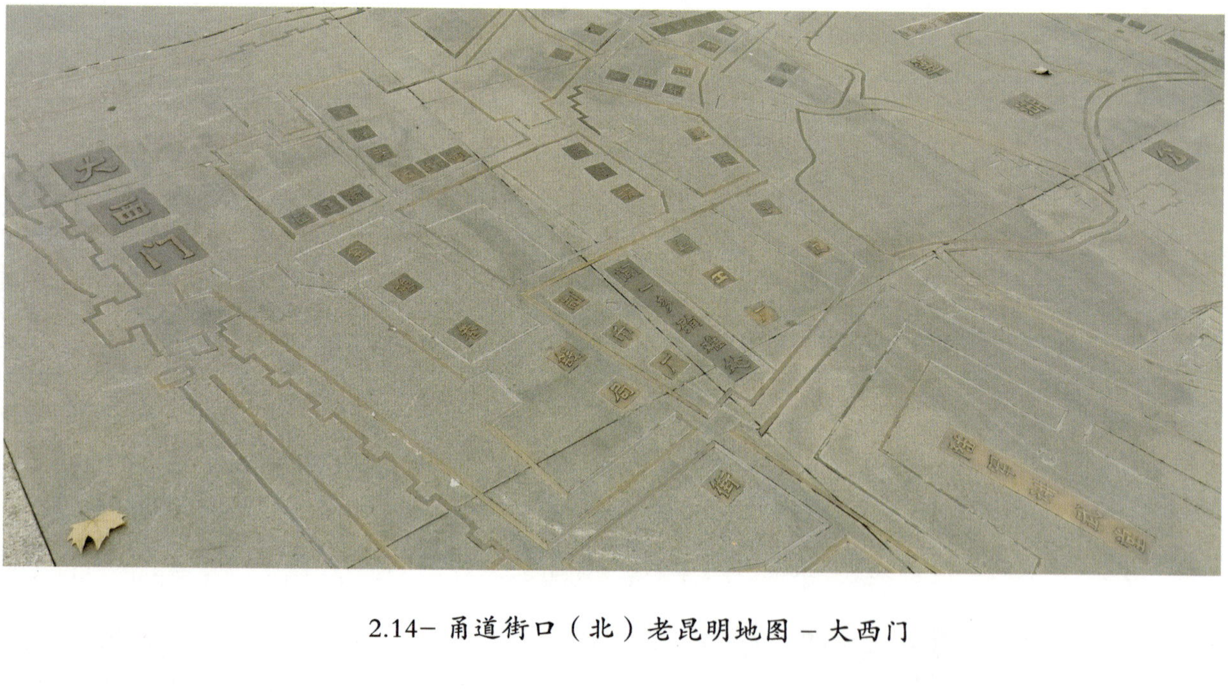


2.14- 甬道街口（北）老昆明地图 - 大西门

2.15- 甬道街口（北）老昆明地图 - 小西门

2.16- 甬道街口（北）老昆明地图 - 北门

# 参考文献

[1] 黄小娟 . 一幅嵌刻在城市中轴上的“老昆明地图”[J]. 中国测绘 ,2014(4):55-57.

# 后 记

《西南联大馆藏档案记忆·珍贵房地契释读》（以下简称《西南联大珍贵房地契释读》）根据云南师范大学档案馆（校史馆）馆藏的西南联大、西南联大师范学院、国立昆明师范学院、昆明师范学院（20 世纪 50 年代）等各个历史时期珍贵房地契编纂，展现了作为"红土高原上人民教师的摇篮"云南师范大学的历史渊源和艰辛的办学历程。这些珍贵的房地契档案，是自西南联大以来从事档案管理的历代"档案人"妥善保管，代代相传至今。

在档案馆（校史馆）历任馆领导崔汝贤、秦侠、包绍红等奠定的坚实基础上，《西南联大珍贵房地契释读》由档案馆（校史馆）王晶负责组织编纂工作，校史文化中心何斯民负责全部房地契档案仿制，硕士研究生关正（西南联合研究生院）、胡义聪（地理学部）、邹雄（地理学部）参与了全书房地契的整理、编目，部分初稿释文、校对等工作。

全书由王晶组织释读，编排、统稿、校对和审定，负责征求意见、出版相关工作。统稿审核后，征求全体编委意见。对征集到的意见，对照原始资料进行了认真的修改、补充和完善。徐波、张振利在最终审定中提出了宝贵的意见和建议。图书馆殷国聪教授在本书的编纂策划，申报"西南联大文库出版基金"立项资助等过程中给予了大力支持和指导。

2024 年末，《西南联大珍贵房地契释读》经过认真编撰，即将正式出版。在此，谨对支持及参与本书出版工作的全体人员表示衷心感谢！

由于编者水平有限，房地契档案资料局部残缺破损，难于辨认释读等主客观因素，故文中还存在很多不足。我们热切期盼师生员工、专家学者、读者给予批评指正，以便在今后的工作中改进。

档案馆　校史馆"档案史料丛书"编辑部

二〇二四年十二月